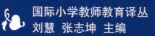

国际小学教师教育译丛
刘慧 张志坤 主编

U0635046

面向未来培养教师

发展中的芬兰学科教师教育

[芬]艾诺·瑞珀
[芬]里塔·贾蒂宁　主编

李敏 刘祎莹 陈艳婕 郭钰影 唐璇 张倩　译

天津出版传媒集团
天津人民出版社

图书在版编目（CIP）数据

面向未来培养教师：发展中的芬兰学科教师教育 /
(芬) 艾诺·瑞珀, (芬) 里塔·贾蒂宁主编；李敏等译
. -- 天津：天津人民出版社, 2022.3
（国际小学教师教育译丛 / 刘慧, 张志坤主编）
书名原文：Subject Teacher Education in
Transition：Educating Teachers for the Future
ISBN 978-7-201-17724-3

Ⅰ.①面… Ⅱ.①艾… ②里… ③李… Ⅲ.①教师教
育-研究-芬兰 Ⅳ.①G659.531

中国版本图书馆 CIP 数据核字(2021)第 201268 号

Subject Teacher Education in Transition：Educating Teachers for the Future/by Eero Ropo, Ri-
itta Jaatinen/ISBN: 978-952-359-017-5.

Copyright ⓒ 2020 by Tampere University Press.

著作权合同登记号：图字 02-2021-044 号

面向未来培养教师：发展中的芬兰学科教师教育
MIANXIANG WEILAI PEIYANG JIAOSHI：FAZHAN ZHONG DE FENLAN XUEKE JIAOSHI JIAOYU

出　　　版	天津人民出版社
出 版 人	刘　庆
地　　　址	天津市和平区西康路35号康岳大厦
邮政编码	300051
邮购电话	(022)23332469
电子信箱	reader@tjrmcbs.com

策划编辑	武建臣
责任编辑	郑　玥
特约编辑	武建臣
装帧设计	汤　磊

印　　　刷	天津新华印务有限公司
经　　　销	新华书店
开　　　本	710毫米×1000毫米　1/16
印　　　张	16.5
插　　　页	2
字　　　数	200千字
版次印次	2022年3月第1版　2022年3月第1次印刷
定　　　价	76.00元

李敏教授与艾诺教授在坦佩雷大学校园

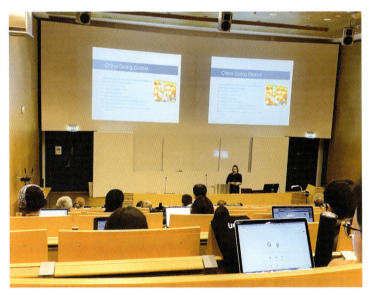

有关中国发展议题的讲座

坦佩雷大学图书馆

坦佩雷大学校园

"国际小学教师教育"译丛

序

　　20 世纪 90 年代末,我国小学教师培养由中师升级、转型为高师本科培养,经过二十余年的发展,基本形成了小学教师培养的大学模式。步入中国特色社会主义新时代,面向未来,我国小学教师培养模式必将再上新台阶。借鉴国际小学教师培养经验,继承我国小学阶段养成教育传统,构建具有中国特色的卓越小学教师培养模式,是《教育部关于实施卓越教师培养计划2.0的意见》(以下简称《卓越教师 2.0》)的明确要求,也是我国小学教师教育国际化发展、扩大其国际影响的重要内容。为此,选择、翻译、介绍国外小学教师教育理论与实践模式,是借鉴国外小学教师教育理论与实践模式的基础、前提,同时也是推动我国小学教师教育发展的重要力量。但至今还鲜见这方面的译著问世,作为被誉为全国小学教育专业的"领头雁""带头羊"的首都师范大学初等教育学院,有责任开启、推动这方面的研究工作。

　　国际视野,是我院建院以来秉承的办学理念之一;国际化发展,是我校进入"双一流"大学,尤其是"十四五"事业发展的重要举措。培养"具有未来教育家潜质的卓越小学教师"是我院人才培养的目标所在,卓越小学教师的培养,应"拓展师范生国际视野,积极参与国际教师教育创新研究,加大教师教育师资国外访学支持力度",这是《卓越教师 2.0》的明确要求。我们对"国际视野"的理解主要有这样几个层面:一是我们所培养的小学教师要具有国际视野,以适应未来人类社会发展需要;二是构建我国小学教师教育理论体系与实践模式要有国际视野,这是培养具有国际视野小学教师的保障;三是小学教师教育者要具有国际视野,学术研究要具有国际影响力;四是高校小学教育专业的文化建设要体现国际视野,这是在国际教育舞台上讲好中国小学教师教育故事的文化支撑。

2019年,对我院来说,可谓是"国际学术交流年"。不仅成功举办了以"走近·对话·共享——多元取向小学教师教育伦理与实践"为主题的首届小学教师教育国际会议,为世界各国小学教师教育研究者、一线小学教师搭建了跨文化、跨领域、跨时空对话的平台,来自中国、澳大利亚、芬兰、法国、匈牙利、冰岛、日本、韩国、瑞士、美国等10个国家102个单位(其中大学78所)三百余位专家学者参加,这样的盛况在中国小学教师教育发展史上有着里程碑意义;而且还先后派出近百位师生到芬兰、英国、美国、日本、新加坡、匈牙利等国家的高校及小学访问、研学,这在我院发展史上是具有里程碑意义的有力举措。我院小学教师教育研究国际化进程的推进得益于首都师范大学的发展战略,也直接受益于我院小学教育专业入选"北京市重点建设一流专业"(2019)提供的建设经费支持。

我在策划组织我院师生出访国外高校、开展国际交流时就提出,我院师生不仅仅是"走出去",开阔视野,感受不同文化,学习先进经验,而且还要"带进来",以丰富、深化国际访学的成果。那么能"带回来"什么?李敏教授在去芬兰坦佩雷大学访学前,我和她交流,希望她能了解芬兰小学教师培养的几个问题,如有哪些政策或文本支持大学教师和小学教师相互合作,从而支撑师范生培养等。她在与艾诺·瑞珀(Eero Ropo)教授的一次见面时咨询了我的问题,得到的答案是芬兰没有具体指导师范生的制度文本,即使大学也没有类似实习手册等工作文本,他们是在职前的教育教学过程中就高度融入师范生理论与实务的教学,并与一线小学有紧密的合作与联系,而芬兰的小学在师范生培养上有着很强的社会责任感,小学一直与大学共同承担着师范生培养的职责;之后艾诺·瑞珀教授又向李敏介绍了他在2020年刚出版的《面向未来培养教师——发展中的芬兰学科教师教育》一书。李敏回国后便积极申请加入学院的国际小学教育译丛项目，并组织人员翻译。在此非常感谢天津人民出版社支持出版这套译丛，由此开启了我们出版"国际小学教师教育译丛"之旅。我希望能够借助这套译丛促进我院教师团队和小学教育专业的发展，同时为我国小教界输出国际小学教师教育资源，后续会陆续出版瑞士、韩国、日本、美国、英国等国家的小学教师教育译著。

　　关于本套译丛是定位于国外小学教育研究，还是国外小学教师教育研究，我们进行了认真思考。两者虽然有紧密的内在关联性，但内涵、范畴不同，而我们更为关注的是国外小学教师教育研究，故本套丛书聚焦于"小学教师教育"，包括职前培养与职后培训。我们不仅仅是出版译著，还要让它"活起来"，即伴随着每一部译著的出版，我们将组织召开我国与该译著国家小学教师教育比较的学术研讨会，使之发挥更大作用。我们期待这套译著能有助于加强我国教育研究者与国外小学教师教育研究者的互动、分享；有助于拓展、丰富我国小学教师教育研究视野、成果；有助于我们借鉴国际小学教师教育理论与经验，构建具有中国特色的小学教师教育理论体系与实践模式。

　　期待教师教育同人加入我们！

刘慧

2021 年 8 月 7 日于西山艺境

译 序

　　十分荣幸能在第一时间将芬兰坦佩雷大学教育学院资深教授艾诺·瑞珀研究团队的最新成果翻译、引进到中国教育界。艾诺教授在教师教育、学习研究方面颇有建树，他多年来一直担任坦佩雷大学教育学院教师教育中心的首席专家，亦是国际知名学者。《面向未来培养教师——发展中的芬兰学科教师教育》一书是艾诺教授在退休前，联合和邀请了自己长期在教师教育研究领域通力合作的一些同事、学者进行的回顾性研究。因此该书非常全面、细致、深入地勾勒出芬兰的高校是如何通过夯实基础、分科教学、综合提升等方式在职前阶段实现了高水平、高素养的师资培养。

　　近些年来，芬兰教育的经验不时地会被教育同行提及，也正是出于对芬兰高质量教育体系的好奇，尤其是对教师教育如何与一线教师有效衔接存有许多具体的问题，所以我一直在努力争取赴芬兰访学的机会。2019 年末，在北京师范大学教育学部滕珺教授的联络与帮助下，我与坦佩雷大学蔡瑜琢教授取得了联系，进而与艾诺教授建立了访学的工作联系。2020 年 1 月 28 日至 2020 年 5 月 5 日，在新冠肺炎疫情迅速席卷全球的特殊时期，我在艾诺教授的帮助下，走进了坦佩雷大学教育学院研究团队，参与了有限的几次学术活动。令人感佩的是，在与艾诺教授见面的第二天，教授就打来电话，说当天就可以带我进入坦佩雷教师教育基地学校（小学、初中九年一贯制学校）进行观摩和交流。在基地学校为期一个半月的参与式学习与观察工作中,我深刻地感受到芬兰的一线学校所具有的浓厚研究传统和研究氛围,从校长到每一位偶遇的老师都对我这样一位一待就是一整天的外来研究者始终保持着热情、耐心和尊重,这让我获得了许多宝贵的一手资讯和深度交流的机会。在访学期间,我对艾诺教授和一线校长有过几轮面对面的访谈,“中小学师资的硕士学历起点”“芬兰的信任文化”“以研究带动教育教学发展”“重视教师和学生的认同”等都是高频出现的核心论点。

尽管三个多月的访学生活让我近距离地走进了芬兰的教师教育和芬兰的中小学,接触了丰富的教育理念、看到了生动的教育现场,但仍然有许多教师教育领域的细致问题未能触及和打开。有幸在访学即将结束前与艾诺教授的一次讨论中,教授向我提及这本刚刚出版的论著。我读完后立即向教授发了邮件,希望能将其翻译成中文,借此与更多的中国教师教育研究者和实践者形成交流和对话。感谢艾诺教授在访学期间给与我的帮助,也感谢他费心地与本书的合著者——联系获准授权,最终促成了这本译著的顺利出版。

本书的出版得到了首都师范大学初等教育学院“国际小学教师教育译丛”项目的支持,刘慧院长给予翻译团队许多关心和专业支持,张志坤副院长作为顾问给予很多翻译工作上的具体指导。本书的具体翻译工作由首都师范大学三位教师和三位硕士生承担,在翻译工作的分工上,我们充分考虑了不同章节的学科属性,分别邀请了具有中文、数学、英文等专业背景的研究者参与了本书各主题章节的翻译。具体分工如下:

(1)李敏:组织和推进整体翻译工作,负责第一部分导言的翻译,并负责全书统稿。

(2)刘祎莹:负责全书统稿工作及全书校对,负责第一部分专题一、后记的翻译。

(3)陈艳婕:负责第二部分专题二、三、四的翻译。

(4)郭钰影:负责第三部分专题五、六的翻译。

（5）唐璇：负责第四部分专题七、八的翻译。

（6）张倩：负责第四部分专题九、十的翻译。

从确认翻译计划以来，我们经历了一个完整的春夏秋冬，每一位翻译者都秉承着高度负责的态度参与此项翻译工作。我们十分珍惜和欣喜能够有这样一个机会将芬兰优秀的教师教育高校典型——芬兰坦佩雷大学的经验和智慧带到国内，也希望能借此增进中芬之间更多的教育理解和对话，为我国教师教育的发展增添一份力量！

感谢天津人民出版社郑玥、武建臣编辑细致入微的工作，他们不辞辛苦地与艾诺教授反复沟通几位参编者的版权授予事宜，并对翻译文本提出一些重要的参考意见。

尽管我们投入了充足的精力和时间，但似乎翻译工作常常都是未尽的，译文中也一定还存有我们未能及时发现的疏漏或是错误，恳请教育同人批评指正。

李　敏

2021 年 5 月 26 日于首都师范大学 A507

目 录

第一部分

学科教师教育的基本问题

导言：芬兰的学科教师教育
——以坦佩雷大学的发展为例

艾诺·瑞珀(Eero Ropo)

里塔·贾蒂宁(Riitta Jaatinen)

特诺·奥缇(Tero Autio)[①]

一、芬兰学校体系中的教师

在导言中,主要介绍芬兰学科教师教育的历史和背景。以坦佩雷大学教师教育的发展为例,突出本土化和全球化的理论视角。本章将重点介绍芬兰教师教育的历史,并对该书的内容进行概述。每章会涉及一到多个研究和发展项目,并进一步探讨它们对教师教育的贡献。

在芬兰的教师教育中, 教师可分为四种类型。根据芬兰历史和教育传统,不同类别的教师会接受不同类型的教育。学前教育教师(幼儿园教师)自 20 世纪初便在幼儿园教师教育机构接受培训。1995 年,学前教师教育机构被大学合并,学前教育转为本科(3 年)学位。

芬兰的小学教师教育则始于 19 世纪 60 年代, 第一所小学教师教育机构(芬兰语为 kansakoulunopettajaseminaari)在于韦斯屈莱(Jyväskylä)成立。到 1974 年,教育学院成立,全国不同地区的教育机构也开始被大学合并。在芬

---

① Eero Ropo & Riitta Jaatinen(eds), *Subject Teacher Education in Transition: Educating Teachers for the Future* Tampere, Tampere University Press, 2020, pp.9–24. http://urn.fi/URN:ISBN:978–952–359–016–8.

兰的小学,教师(班主任)工作一般涉及一年级到六年级。起初,小学教师需要接受三年制的学士学位培养,直到1979年,立法将其改为教育科学五年制的硕士培养模式。

在芬兰,学科教师是指专门教授一门或多门学科的教师。自19世纪公共教育和师范教育开始以来,他们就接受大学教育。从一开始,学科教师教育采用了师范制度(normaalikoulussa harjoittelu),师范生在大学毕业后可在专门的公立学校实习。师范学校的师范教育有一年的实习期,师范生在有经验的学科教师(auskultointi)指导下进行教学实践。

这一制度一直沿用到1974年,当时师范学校与不同的大学合并。1979年,大学开始为小学教师开设硕士学位课程,所有的大学学位课程也在进行改革。在教师的教育学学习中,理论学习和实践学习成为所有教师(包括学科教师)的必修课。立法规定具体的教师教育学课程包括三个方面,即教育基础研究、学科教学法(包括学科教学研究)和学校教学实践。大学可授予硕士学位,并具有设计教师教育的目标和内容的自主性。然而在国家层面,从一开始就统一规定教师的教育学课程需占总学分的1/3(目前教师的教育学课程为60个ECTS,即欧洲学分转换系统学分)。

20世纪70年代末和80年代初进行的教育改革,部分原因归结为芬兰学校系统的全面改革。自20世纪70年代以来,新的综合学校(peruskoulu)为所有人提供普及九年制教育。在此之前,在双轨制的教育背景下,学科教师在八年制的中学(初中和高中)(oppikoulu和lukio)为学生提供各种教学,帮助他们进入大学学习。当然,不同学科和领域也为学校教育和教师角色带来了新的视角(例如,Mandl et al.,1990;Carretero et al.,1991;Jaakkola et al.,1995)。这种学科教师教育模式也传播到职业教育的教师教育。根据芬兰的现行立法,职业学校和应用型大学的教师除了学科学习或职业学习,以及工作经验外,还须完成教师教育学课程的60学分(ECTS)。

二、20 世纪 90 年代的学科教师教育改革

20 世纪 90 年代初,坦佩雷大学教育系开始快速推进学科教学和教师教育方面的理论和实践改革,着重围绕坦佩雷大学提供的语言、历史和社会科学、数学和自然科学等学科进行教师教育计划的改革和优化。这种发展的诱因是 20 世纪 80 年代教师教育学被列为硕士学位的一个辅修科目。原本获得学科学位后即可取得教师资格, 改革后则要在第三年或第四年进行辅修科目的学习后才能取得教师资格。这种教师资格认证方式的发展不仅具有现实意义,而且使研究中的理论与实践论述得到了补充和强化。学生既能接受学科教育学习和校内培训, 又能不断更新关于学科教学论的研究和相关知识。

当时普遍的设计原则是将具体的学科内容重新建构为与教学相关且有意义的模块,并根据不同的年龄和年级进行调整,从而设计出有利于学生知识和审美、实践和道德资源积累的学习目标。这种简单的模式通常被称为知识传递模式,在这种模式下,教师传授学生所需要的知识,学生则被视为知识的接受者, 他们的职责是根据课程学习的要求去获取知识。根据这种模式,教师成为道德和认知上的权威,他能够为学生指明哪些知识是值得获取的。但按照目前的理论模式,这种教师和教学的观念过于简单,而且是建立在对学习过程认识不正确的基础上, 然而在当时是发展教学理论的主导原则(Autio 2006/2012)。

这种传统的教学思维至少受到了两种理论话语的挑战。第一种与对学习概念的理解有关,可以概括为:将"学习"看作"习得"转变为将"学习"理解为"心理和社会的建构"。在这个过程中,学生根据自己的成长史和成长经历及所处的社会环境做出解释(例如,Autio 2006/2012;Lehtovaara 1996;Ropo & Värri 2003;Jaatinen 2007)。这种转变打破了教与学之间的因果模式,要求教

师改变教学思维。然而只是以教与学的因果关系为基础的课程和评估在芬兰以外的一些教育体系中仍然很普遍。

第二种表现在学习理论的发展也对传统的学科教学和课程设计思路提出了挑战。显然,学科教师教育需要对学校教育有深刻的理解。首先是从师范培训(teacher training)到教师教育(teacher education)的教育观念的转变,这种转变也挑战了以往对学校教学的理解（Autio 2006/2012；Lehtovaara 2001；Ropo & Värri 2003；Kohonen et al.,2001）。毕竟这种新思路最初并没有具体的理论依据。然而人们认识到,后现代需要新的教育理念来使受教育者认识主体性、个人身份以及全球公民身份(Doll 1993；Autio 2006)。20 世纪 90 年代，有关新方向的理论认识迅速发展，在学科教学的各个领域都有所发展（例如，参见 Kohonen 1992a、b、c；Kohonen 2001；Lehtovaara 2001；Jaatinen 2001；Kaikkonen 2001；Silfverberg 1999）。

自从二战以来、德国解体后,英美的教育心理学理论发展越来越强调实证研究,行为科学开始普遍流行。同时,北欧的教育和教师教育主要基于德国的教学法,特别是以教养(Bildung)观念为基础(Autio 2006/2012)。2000年,芬兰首次的 PISA 测试结果显示芬兰取得了令人惊讶的成功,但不清楚是什么关键因素产生了这样的成就。一些研究者认为,北欧在教育中应用哲学思维的方式可能是芬兰取得成功的最重要的基石(参见 Autio 2006)。

回顾过去，就当前所谓课程研究的理论化而言，坦佩雷大学的学科教师教育是 20 世纪 90 年代的先锋派。相比较质化研究而言,坦佩雷方案在教育科学主流的定量研究方面是一个局外人,但他们在将人描述为具有历史、现在和未来的主体和个人方面越来越受到认可。这种公众的认可侧重于教师教育，特别是学校教育，以及能够最大限度地将学生作为整体的人来理解(Ropo et al.,1995)。在芬兰之外的国家,越来越多的研究者也意识到了这一点，比如在美国的课程研究中兴起的再概念化运动(Reconceptualization Movement in curriculum)，这种运动的倡导者和追随者的观点越来越被全世界的学者所认可,包括正在蓬勃发展的中国,基于这种再概念化运动推进了教育体系的改革。

在坦佩雷大学,这一改革从语言教师教育逐渐蔓延到其他学科领域(例如,参见 Lehtovaara 2001;Kohonen 2001)。在这场改革中,通常的做法是要从整体性去考虑学校的教与学, 强调把对话性和民主性理念作为教学目标和教学方法。从体验式学习到文化情境式学习,都为课堂中的生命体验和学习某一门学科增添了新的视角。此外,这场改革让教师开始通过学生的自传和个人经历来关注和理解学生的学习差异(Kohonen etal.,2001),所有这些理论的拓展和更新需要新的专业知识补充,例如,在哲学方面,需要追溯 20 世纪初芬兰早期理论家的理念,如阿曼(Ahlman)、赫罗(Hollo)和萨鲁玛(Salomaa)的教师教育理念。

可以说,这种整体的发展方式使得教师的自主和自由性得到拓展,摆脱了在方法论层面上日益机械化的教育思想的局限。或许这也是芬兰教育成功的关键因素之一。这场改革也可以被看作是反对在全世界蔓延的“应试教育”的一种“疫苗”。这里所说的“应试教育”,通常遵循的是标准化的国家考试方式,过度强调考试和考试成绩,同时将考试成绩作为衡量学生学业成就的主要依据,但这种现象迄今为止还没有在芬兰出现过(Westbury 2000;Autio 2017)。

20 世纪 90 年代,评价成为课程和学校教学的重要组成部分,这一观点在坦佩雷大学教师教育系得到广泛认可。然而这种评价并不是量化评价,而是强调加强真实情境下的自我反思, 发展一种能够以自传和阐释视角为主的定性评价。这种评价方式不是为了让外界了解这个学生与其他学生相比所表现的成功和成就。相反,它的目的是让学生能从整个人生中,通过个人自传的视角解读自己的生活经历,学会进行自我目标的设定和自我评价(见本书 Kohonen 的章节)。

本书各章阐述了教师教育给 21 世纪的学校带来的影响和发展。教师应该接受一种面向未来工作的教育，并学会如何与影响未来的一代代学生相处。尽管人们对未来持有大致相同的概念，但缺乏全球化意义上的共识。对未来的描述会因为受到个体、社会与文化的历史发展、传统、期望等因素的影响而具有不同的呈现。教师，作为全球化教育的重要一分子，作为教育领域的代表，基于道德伦理责任的前提，在寻找开展复杂性对话的路径和方向，寻求解决日益复杂问题的方法等方面，都发挥着至关重要的作用。我们在上文简要介绍的教师教育的改革发展历程是已经成功的经验，然而改革依然永无止境。

三、本书的编排

在"关于协作、时间管理及意义——'千禧一代'在教师教育项目中的创新"一章中，玛瑞塔·玛克恩（Marita Mäkinen）、约翰娜·安娜拉（Johanna Annala）和杰瑞·林登（Jyri Lindén）呈现了当前师范生对学科教师教育计划（Subject Teacher Education Programme）（STEP）的看法。研究者认为，面对 21 世纪的挑战，为了保障教师教育能够跟上时代的步伐，需要听取师范生的意见和声音。"社会实践"建立在项目实践与师范生的社会化本质基础上，是设计、实施和更新教师教育项目的助推力。这一章旨在通过代际理论的视角，深化师范生对教师教育观念的理解。通过倾听和了解这些师范生的观点，教师教育工作者可以减少由于代际差异而产生的直接和隐性的误解。

在"推进《欧洲语言档案》下的芬兰语言教育"一章中，威吉·凯恩（Viljo Kohonen）追溯了法国斯特拉斯堡（Strasbourg）欧洲委员会推进外语教育的历史发展及制订《欧洲语言档案》手册（ELP）的过程。芬兰的《欧洲语言档案》手册发展被视为委员会在外语教学方面创新型的工作之一，其目的是在语言教育中促进学习者自主学习和自我评估，这一方案有三十多年的历史（从1980年初到 2014 年）。本章介绍芬兰以档案手册为导向的研究开发工作，是在凯恩教授管理和领导的几个密切合作的项目中进行的，参与人员涉及涵盖教师教育的学院和众多中小学语言教师及其学生。

在"多学科日常学习记录——一个母语教师教育者的自白"一章中，皮尔乔·瓦蒂宁(Pirjo Vaittinen)讨论了母语教学法和分科教学法，通过以教师教育工作者的专业身份进行讲述并提出了自己的观点。作者在坦佩雷大学学科教师教育领域，围绕"反思"与"研究"对于培养自主型教师展开了诸多教学与探究活动。当谈到自身在这一领域所做的诸多个人选择及背后的理由时，她认为这与芬兰母语教学的历史和传统有关，同时也与来自前同事们的影响有关。在20年的教师教育职业生涯中，作者一直将"反思"和"研究"视为教师教育的基础，并将学科教学法视为教师角色的一部分，也是成为一名教师的必备素养。

保利·凯科宁(Pauli Kaikkonen)在他的"跨文化和跨文化教育之旅的反思"一章中，揭示并讨论了他作为外语教师和研究者的个人发展，着重强调了他的研究项目是他拓展对跨文化(外语)教育理解方面的重要资源。除此之外，作为反思过程的重要内容，作者还讨论了"真实性""身份"和"多语言主义"等现代外语教育的重要概念。最后，保利·凯科宁揭示了他目前对外语教育理解的几个观点，同时提出了一些比较核心的关键视角。

哈里·西尔弗伯格(Harry Silfverberg)在他"固守传统的学科教师教育：打破常规的数学与科学实验"一章中，介绍了坦佩雷大学持续20年在数学学科中进行的4项关于学科教师教育方案的改革。这些改革都挑战了传统的观念，即学科教师教育计划应具有和可能具有什么样的结构类型，应该包含的课程和其他内容，以及各教育部门的管理应该由哪些机构负责。本章探讨了这些项目的缘起、项目的基本观点及每个项目的整体研究历程。一些项目仍在研究中，有的项目已经结束，还有的项目很快要结束。然而虽然有些项目已经结束，但项目中的许多创新的背景性观点仍然在机构的实践中以其他形式存在。就已完成的项目而言，哈里还讨论了项目结束的原因，尽管公众对项目的价值和创新性已达成了普遍意义上的共识。

　　从学科教学研究的角度来看，数学过程对学校教师来说非常重要。例如，通过过程研究，教师可以更加专注于学校的学习，更多聚焦应用能力的提升，实现更深层次的学习。但是在大学阶段的传统学科研究中，这种研究方法仍然不够透彻。贾斯卡·波拉宁（Jaska Poranen）在他"在数学过程中解决真正的问题"一章中，给自己设置了一个问题，并想通过这一问题更清楚地了解研究情况。他使用 GeoGebra 软件作为核心工具。许多实验性特征就会随之出现；紧接着许多猜想和假设也会出现。这种过程研究似乎是一个猜想和反驳的链条或网络；也可能包括一些需要理解的定性推理。在最后，作者还在学科教学中，也就是他作为大学教师的教学内容里，将这一写作过程与学科教学中的某些特定主题建立了一种更普遍的联系。

　　在"教师的跨文化和跨宗教能力"一章中，尹科瑞·瑞萨恩（Inkeri Rissa-nen）、阿尼卡·库斯托（Arniika Kuusisto）和艾丽娜·库斯托（Elina Kuusisto）基于芬兰过去已有的研究，探究了教师跨文化和跨宗教能力的概念，并讨论了在教师教育中培养这些能力所面临的各种挑战。他们首先描绘了研究文献中如何定义教师的跨文化能力和跨文化敏感性，接着探讨了关于处理宗教差异的特殊挑战。理解跨宗教敏感性概念的前提是，理解是什么使教师不仅要具有跨文化的能力，而且要具有跨宗教的能力。作者讨论了芬兰语境及芬兰教师教育中跨文化和跨宗教能力的现状。此外，还阐述了芬兰教师和师范生的跨文化敏感性和跨宗教敏感性，以及在教师教育过程中这些敏感性培养的研究结果。在该章结尾，他们从教师教育进一步发展的角度讨论了这些研究发现的意义。

　　在"多元文化作为一种资源——培养移民背景的教师成为芬兰学校多元文化的宝贵资源"一文中，玛雅·伊利约克匹（Maija Yli-Jokipii）和雅库·维瑞（Jaakko Vuorio）介绍了在坦佩雷大学教师教育领域开展的课程项目的实施情况和产生的影响。"Kuulumisia"是一个正在进行的项目，在这个项目的支持下,大学为有移民背景的学生提供获取教师资格所需的相关教育和培训。作者解释了这种教育诞生的背景和可能性,并阐明了在芬兰具有移民背景的教师所面临的挑战和机遇。此外,雅库·维瑞(2015年)在本章中也结合了他的硕士学位论文中关于教育背景性研究的部分成果。

朱科·普利宁(Jouko Pullinen)和朱哈·梅尔塔(Juha Merta)在他们的"优秀的艺术教师:在教师教育中培养视觉形象"一章中,报告了他们对美术教育专业学生的案例研究。他们的兴趣在于了解学生们将自己更多地定义为未来的教师还是美术家,以及他们如何去相信他们能将这两种不同的职业身份结合起来。他们从一门课程中收集数据,这门课的目的是鼓励艺术之间的学术对话。在课程中,学生们要完成视觉和文学作业,例如,设计一幅肖像画,并在其中设计一幅图片,选择方位,决定如何融入环境及使用什么样的道具。这样做的目的是将学生对美术"教师身份"的看法总结在一张照片中。随后,同学们对照片进行分组解读和讨论。学生根据自己对照片的解释与小组基于照片的解释来共同形成他们的"身份照片",并在讨论结束后将自己的身份故事写下来。这些故事和照片会作为研究数据使用,它们为研究者提供了多种探索和描述美术教育专业学生身份的素材。最后,根据研究成果和文献资料,探讨了什么样的人才能成为一个专业技能熟练的艺术教师的问题。

在"师范生的专业成长——基于'教师作为研究者'课程实践的案例研究"一章中,奥蒂·斯特伯(Outi Stüber)和安妮·杰尔基宁(Anne Jyrkiäinen)介绍并讨论了他们在坦佩雷大学学科教师教育中进行的一项案例研究。他们的目的是根据蒙特科斯基(Mentkowski)和她的合著者的理论(Mentkowski et al., 2000)来研究师范生的专业成长。通过在教师教育过程中进行合作学习与知识积累来促进师范生的专业发展,并探索、设计和评估了课程和教学实践。本章报告的案例研究遵循了教育设计研究(Educational Design Research, EDR)的原则,呈现了教育设计的一个研究周期。研究数据由师范生的项目报告组成,旨在支持师范生之间的社会学习,同时促进他们的专业发展。结果表明,这些类型的教学实践补充了蒙特科斯基(Mentkowski)及其合著者(2000 年)提出专业发展的所有四个领域:推理、表现、自我反思和发展。

　　本书的目的是将坦佩雷大学在学科教师教育上开展的一些研究与开发工作精选出来。所有作者都曾是坦佩雷大学的教师教育工作者,或目前是坦佩雷大学的研究人员、教育工作者。

参考文献

1.Autio,T. 2006/2012. *Subjectivity,Curriculum,and Society.* New York:Routledge.

2.Autio,T. 2014a. The Internationalization of Curriculum Studies. Introductory Chapter One. In W. Pinar(ed.)*The International Handbook of Curriculum Research.* New York:Routledge,17–31.

3.Autio,T. 2014b. The Exchanges with Tero Autio. Chapter X. In W. Pinar(ed.)*Curriculum Studies in China:Intellectual Histories,Present Circumstances.* New York:Palgrave Macmillan,175–198.

4.Autio,T. 2017. Kansainvälistyvä opetussuunnitelmatutkimus kansallisen koulutuspolitiikan ja opetussuunnitelmareformien älyllisenä ja poliittisena resurssina. In T. Autio,L. Hakala and T. Kujala(eds.)*Opetussuunnitelmatutkimuskeskustelunavauksia suomalaiseen kouluun ja opettajankoulutukseen.* Tampere:Tampere University Press,17–60.

5.Carretero,M.,Pope,M.,Simons,R –J.,& Pozo,J.I. 1991. Learning and instruction. *European research in an international context.* Vol 3. Oxford:Pergamon Press.

6.Doll,W. 1993. *Post -Modern Perspective on Curriculum.* New York: Teachers College Press.

7.Henderson,J. & Colleagues. 2015. *Reconceptualization Curriculum Development: Inspiring and Informing Action.* New York: Routledge.

8.Hua,Z. 2014. Curriculum Studies and Curriculum Reform in China: 1922–2012. In W. Pinar(ed.)*Curriculum Studies in China: Intellectual Histories, Present Circumstances.* New York: Palgrave Macmillan,29–68.

9.Jaakkola,R.,Ropo,E.,& Autio,T. 1995. Vocational education and societal change: Challenges for curriculum. *Educational Practice and Theory*,17,1,25–36. doi.org/10.7459/ept/17.1.03.

10.Jaatinen,R. 2001. Autobiographical knowledge in foreign language education and teacher development. In V. Kohonen,R. Jaatinen,P. Kaikkonen & J. Lehtovaara *Experiential learning in foreign language education.* London: Pearson Education,106–140.

11.Jaatinen,R. 2007. *Learning languages,learning life–skills. Autobiographical reflexive approach to teaching and learning a foreign language.* New York: Springer Science+Business Media,LLC.

12.Kaikkonen,P. 2001. Intercultural learning through foreign language education. In V. Kohonen,R. Jaatinen,P. Kaikkonen & J. Lehtovaara *Experiential learning in foreign language education.* London: Pearson Education,61–105.

13.Kohonen,V. 1992a. Evaluation in learning and teaching languages for communication. In J. Trim(ed.)*Language learning and teaching methodology for citizenship in a multicultural Europe.* Strasbourg: Council of Europe,Council for Cultural Cooperation,63–75.

14.Kohonen,V. 1992b. Foreign language learning as learner education: facilitating self–direction in language learning. In B. North(ed.)*Transparency and* coherence in language learning in Europe:objectives,evaluation,certification. Report on the Rüschlikon symposium. Strasbourg:Council of Europe,Council for Cultural Co-operation,71–87.

15.Kohonen,V. 1992c. Experiential language learning:second language learning as cooperative learner education. In D. Nunan(ed.)*Collaborative language learning and teaching*. Cambridge:Cambridge University Press,14–39.

16.Kohonen,V. 1999. Authentic assessment in affective foreign language education. In J. Arnold(ed.)*Affect in language learning*. Cambridge:CUP,279–294.

17.Kohonen,V. 2001. Towards experiential foreign language education. In V. Kohonen,R. Jaatinen,P. Kaikkonen & J. Lehtovaara *Experiential learning in foreign language education*. London:Pearson Education,8–60.

18.Kohonen,V.,Jaatinen,R.,Kaikkonen,P.,& Lehtovaara,J. 2001,*Experiential learning in foreign language education*. London:Pearson Education.

19.Lehtovaara,J. 2001. What is it-(FL)teaching? In V. Kohonen,R. Jaatinen,P. Kaikkonen & J. Lehtovaara *Experiential learning in foreign language education*. London:*Pearson Education*,141–176.

20.Lehtovaara,M. 1996. Situationaalinen oppiminen -ontologisia ja epistemologisia lähtökohtia. In J. Lehtovaara & R. Jaatinen(eds.)*Dialogissa osa 2:Ihmisenä ihmisyhteisössä*. Tampere:Tampereen jäljennepalvelu,79–107.

21.Mandl,H.,De Corte,E.,Bennett,N.,& Friedrich,H.F. 1990. *Learning and instruction. European research in an international context*. Vol 2.2. Oxford:Pergamon Press.

22.Mentkowski,M.,Rogers,G.,Doherty,A.,Loacker,G.,Hart,J.R.,Rickards,W.,& Diez,M. (2000). *Learning that lasts:Integrating learning,development,and performance in college and beyond*. San Francisco,CA:Jossey-Bass.

23.Pinar, W. 2012. *Curriculum Studies in the United States: Intellectual Histories, Present Circumstances.* New York: Palgrave Macmillan.

24.Pinar, W. 2014. Introduction. In W. Pinar(ed.)*Curriculum Studies in China: Intellectual Histories, Present Circumstances.* New York: Palgrave Macmillan, 1–28.

25.Pinar, W., Reynolds, W., Slattery, P. & Taubman, P. 1995. *Understanding Curriculum. An Introduction to the Study of Historical and Contemporary Curriculum Discourses.* New York: Erlbaum.

26.Ropo, E., Autio T., & Jaakkola R. 1995. Postmodern order and curriculum reform: Some thoughts on developing curricula to promote lifelong learning. In M. Klasson, J. Manninen, S. Tøsse & B. Wahlgren(eds.)*Social Change and Adult Education Research: Adult Education Research in Nordic Countries 1994.* Linköping, 111–123.

27.Ropo, E. & Värri, V–M. 2003. Teacher Identity and the Ideologies of Teaching: Some Remarks on the Interplay. In D. Trueit, W. E. Doll, H. Wang & W.E. Pinar(eds.)*The Internationalization of Curriculum Studies. Selected Proceedings from the LSU Conference 2000.* Peter Lang, 261–270.

28.Silfverberg, H. 1999. *Peruskoulun yläasteen oppilaan geometrinen käsitetieto.* Acta Electronica Universitatis Tamperensis: 6. Tampere: Tampere University Press.

29.Vuorio, J. 2015. *Opettajankoulutuksen monikulttuurinen horisontti–Kuulumisia–koulutuksen vaikuttavuuden arviointi.* Kasvatustie–teiden yksikkö. Kasvatustieteiden pro gradu–tutkielma. Tampereen yliopisto.urn.fi/URN: NBN: fi: u-ta–2015062.

30.Westbury, I. 2000. Teaching as a Reflective Practice: What Might Didaktik Teach Curriculum? In S. Hopmann, K. Riquarts & I. Westbury(eds.)

Teaching as a Reflective Practice：The German Didaktik Tradition. New York：Routledge，15–40.

专题一　关于协作、时间管理及意义

——"千禧一代"在教师教育项目中的创新

玛瑞塔·玛克恩（Marita Mäkinen）

约翰娜·安娜拉（Johanna Annala）

杰瑞·林登（Jyri Lindén）

引　言

本章主要介绍当前师范生对芬兰学科教师教育计划（STEP）的看法。研究动机缘于近来师范生发出的一些微弱的"信号"，他们对传统的教师教育方式越来越质疑。这让不少芬兰（例如，Boggs & Szabo，2011）的教师教育工作者意想不到。然而为了应对 21 世纪的挑战，进一步保持教师教育的有效性，我们需要倾听师范生的声音。当我们寻求新的方式来倾听和理解这些未来年轻教师的声音时，可能出于直觉和代际差异对他们产生误解。因此，本章旨在通过代际理论视角，深入了解师范生对于教师教育的看法，尤其是对学科教师教育计划（STEP）的理解。（Edmunds & Turner，2005；Kupperschmidt，2000；Mannheim，1952；Strauss & Howe，1991）

以往诸多研究讨论代际差异，但在教育科学方面进行的实证研究相对较少，涉及新一代师范生观点的文献更是稀缺。另外，大多数代际差异的研究者来自美国，来自其他国家的研究并不多。例如，美国研究者伯格斯和萨博（Boggs & Szabo,2011）通过开展课程活动帮助职前小学教师从代际的视角审视和理解自身的工作习惯、态度和信念。这种方法旨在帮助实习教师与在职教师在教学过程中与学生和睦相处。邦坦姆博（Bontempo,2010）的研究则是源于近一半的教师在五年内离职的事实。因此邦坦姆博想通过研究，寻找激励师范生留在学校继续开展教学工作的方法，也进一步探索"千禧一代"（Howe & Strauss,2000）在K-12学校（十二年一贯制）中关于学校设置的需求。罗德里格斯和哈曼（Rodriguez & Hallman,2013）则在师范生的传记中发现"千禧一代"关于全球化和形态转变都有诸多新观点。

本章将对"千禧一代"（也被称为"Y一代"）（Hurst & Good,2007）的研究有一定的借鉴意义。现在的师范生大多是80后、90后，都属于"千禧一代"。在以下几节中，我们将简要描述研究的背景和步骤。其次将介绍代际理论的主要观点并重点呈现师范生的观点和看法。这一研究将结合芬兰职前教师教育的背景、代际理论及"千禧一代"的相关问题进行综合讨论。

一、对师范生研究的简要介绍

（一）研究内容

本章聚焦一项在学科教师教育计划（STEP,2014）过程中实施的研究（Mäkinen,Lindén,Annala & Wiseman,2018），该计划由坦佩雷大学与教育学院（SE）、教师培训学校（TTS）和学科学院（DF）合作实施，旨在为中学、普通高中、职业高中教育专门培养从事学科教学的教师。该方案与经合组织（OECD,2005）所倡导的将学科研究与教育理论和教学实践并行一致，并遵循欧洲教师教育课程（欧盟委员会）（European Commission,2007）的要求，设置了普通教育学、学校实践和学科教学。

该课程的教学人员有教育研究者、教师工作者和教务工作者。其中教师工作者不同于普通教师，而是专注于一到多门学科教学的教师(Tryggvason，2012)。教务工作者主要监督教师培训学校(TTS)中所进行的教学实践。学科教师教育计划课程按照学校学科领域将学科分为：数学与科学、语言与社会科学。只有获得学科学院(DF)硕士学位的学生才能获得教师资格。

(二)研究步骤

第一，研究方法。该研究采用了诠释现象学的方法(IPA)，该方法基于海德格尔(1927/1962)和伽达默尔(1960/1975)的哲学世界观，以人们从生活经验中的创造意义概念及在特定时间和地点产生的观点作为出发点。根据诠释现象学方法，我们从受访者与同伴、教师教育者和督导教师的共同生活经历和关系中试图得出相关解释。

第二，研究对象和数据。该研究招募了各个学科的师范生作为志愿者参与研究(包括 10 名女性和 3 名男性)。研究以半结构式访谈形式进行，通过细致入微的访谈，聚焦他们个人真实细致的观点和感受。所有的受访者都是80 后，年龄在 25~32 岁之间。也正因如此，他们的生活经历形成了一个小的代际单位(Mannheim，1952)。访谈主要关注每个受访者在学习阶段的经历、个人情况、面临的挑战和资源。整个访谈过程尽量让受访者感到舒适，能够自由地回答他们想回答的问题。

第三，研究伦理。研究也会认真考量受访者的道德责任，尤其是在如何收集、处理和解释数据方面。这一研究专门请两位不熟悉学科教师教育计划的研究助理通过电子邮件联系并访谈研究对象。通过反省札记和三角检证，确保未有人在分析和解释数据时强加自己的意愿。为了减轻主观假设对结果的影响，我们使用了穆罕(Munhall，1994)提出的交叉分析法(bracketing)。

第四，数据分析。数据分析使用皮尔斯(Peirce，1966)的溯因研究策略，对数据进行潜在内容分析，从而形成关于现象合理的解释。分析过程包含四个步骤:首先,全面熟悉和检查文本资料。其次,以访谈对象所表述的观点为基本单元,将其分为两类:一类是基于访谈的主题单元,另一类是通过多次阅读后整合的文本为单元。再次,在前一阶段构建的单元基础上,绘制出受访者的观点模型。最后,选择并分类出与前期研究提到"千禧一代"相似特征的特定段落。

二、代际理论

曼海姆(Mannheim,1952)的代际层理论(genenration lay)为研究师范生如何适应教师教育奠定了基础。曼海姆将"代"这一概念定义为在相同的时间、社会和历史背景下出生和成长的人们。他强调,代际定位和青年时期的形成性经历都是特定一代的关键因素。代际定位(generational location)指明确的行为、情感、思想和形成性经验,都参与形成他们某一时空中的社会和认知环境(Pilcher,1994)。

(一)代际与群组

值得注意的是,曼海姆(1952)将"代"定义为"代际群",即在特定时间段内经历相同重大事件的特定人群。事实上,曼海姆的定义具有一定的开创性,因为它用时间和社会历史方法来定义群体。时间顺序的方法是指出生在某一特定时间的群体,他们在一生中经历了共同的转变;而社会历史的方法是将一代人定义为具有共同意识或记忆的群体(Edmunds & Turner,2005)。

此外,曼海姆的观点考虑了不同代际之间的差异。实际的代际是由大的事件或创伤性的集体经验形成的。代际单位是指同一代的群体,他们以不同的方式具体应对自己的经验(Edmunds & Turner,2005)。这就意味着,有一些亚文化是通过生活在相似地点和拥有经历的较小群体形成的。

曼海姆的描述得到了一些研究者的支持和扩展。例如,卡普施密特

(Kupperschmidt,2000)将"代"定义为一群人出生相近,共同经历一些事件,也受到相似关键因素的影响。每一代人的具体时间段约为 20~25 年。因此代际理论者认为,在几乎相同的时间段成长,并经历相似的事件,则不可避免地会导致每个代际中的人具有相似的价值观、想法和生活经验(Edmunds & Turner,2005;Kupperschmidt,2000;Strauss & Howe,1991)。而关于"千禧一代",虽然学者们使用不同的日期,但大多数文献都认为他们的出生年份跨度在 1980—1999 年之间(Kupperschmidt,2000)。

当然,这种代际观点也受到了部分人的批判。丹尼森(Donnison,2007)在社会学代际研究中提出了两个主要缺陷。首先,代际研究仅限于某些特定(西方)文化。其次,"千禧一代"的取向、特征和需求是从前几代人的制度和文化角度来考察的。在这种情况下,代际的解读可能更多地反映了上几代人对 20 世纪八九十年代社会文化背景的文化濡化,而不是真正描述这一代人。另外,心理学和教育研究主要针对代际理论及其解释模式的分析价值提出质疑(如 Helsper & Enyon,2009)。无可否认,研究代际的最大问题之一在于年龄、文化背景和代际影响三方面在逻辑上是相互交织的。因此很难单独研究其中之一(Purhonen,2002),当然在普遍的讨论中,人们对"千禧一代"的心理成见占主导地位,这与研究无关。

然而尽管有这样的批评,我们相信将"代际"作为一种视角,依然是教育社会学研究过程中非常重要的一个潜在概念。它通过反映那些具有共同经验的人,为研究提供了一个理解集体经验和话语意义的框架。正如柯尔斯顿(Corsten,1999)所指出,一代人之间并没有共同的因素联系在一起,但他们之间依然相互关联,因为他们是被历史和文化相互串联起来的。

(二)"千禧一代"的成长经历

两代人之间的差异是由社会环境的时代背景造成的,这些因素会深刻影响个体的个性、价值观和期望的发展(Macky et al.,2008)。而他们的经历反映着社会文化环境的重大转变。如，一代人所经历的特殊事件、生活方式的重大变化、创伤性事件、重大社会经济事件和技术进步等都是非常重要的考量依据（Cennamo & Gardner，2008）。因此由于 20 世纪 90 年代和 21 世纪初十年的历史和文化的差异，千禧一代有着截然不同的经历体验。埃德蒙兹和特纳（Edmunds & Turner，2005）认为，从 20 世纪 70 年代开始，代际群体应该被视为具有全球性的特征，因为"虽然代际和代际变化传统上被理解为本土范畴，但不可否认全球经历的创伤性事件可能会促进全球代际的发展"。

"千禧一代"早期被认为是需要庇护和缺乏安全感的。很多事件的影响巨大，早年重大的全球恐怖事件中的暴力、恐怖主义和自然灾害的威胁，包括 20 世纪 90 年代和 21 世纪头十年发生在北美、德国和芬兰严重的校园枪击事件；2001 年 9 月 11 日的恐怖袭击和其他恐怖主义威胁；马德里火车爆炸案（2004）；挪威袭击事件（2011）；波罗的海爱沙尼亚号渡轮沉没（1994）；亚洲海啸（2004）；以及环境威胁，特别是气候变化。还有一些重大的政治事件也非常重要，如冷战（1985—1991），20 世纪 90 年代初东欧解体，以及柏林墙的倒塌（1990）。同样具有影响力的还有全球社会经济转型，如跨国公司资本主义的崛起、股票市场崩溃、持续的衰退、普遍的失业，以及 20 世纪 80 年代至 90 年代由于重组、私有化和最近的离岸外包，导致工作安全感的丧失（Macky et al.，2008）。芬兰的"千禧一代"经历了芬兰经济过剩之后，到了 20 世纪 90 年代初出现严重经济衰退，失业率从 3% 大幅上升至 18%。直到 1995 年，芬兰加入欧盟后才好转。

尽管处境艰难，这一代人又被称为"新一代的太阳"（"Gen Sunshine""Gen Me"），这反映了他们成长时期的社会影响（Huntley 2006；Twenge 2006，2009）。在这种社会文化转变中，为人父母成为了一种选择。特文格（Twenge，2006）认为，这一代人经历了持续的赞美和鼓励，这也增强了他们的力量和自尊发展。同样，迈尔斯和萨达汉尼（Myers & Sadaghiani，2010）和布朗德等人（Broadbridge et al.，2007）认为"千禧一代"的整体成长伴随着奉献、认可和肯定。这种积极的性格可能更重视成就感和强烈的公平感和平等感。

但与此同时,离婚和单亲家庭也变得越来越频繁(Cennamo & Gardner,2008)。在 1980 年,芬兰近三分之一的婚姻(32%)走向离婚,但自 1990 年以来,45%~53%的婚姻以离婚告终(芬兰统计局 2012 年)。此外,发达国家的儿童经常接触毒品、暴力电子游戏和带有性意味的广告。他们的成长时期伴随着信息和通信技术的快速发展(Chelliah & Clarce,2011;Myers & Sadaghiani,2010)。正因他们出生在互联网兴起的年代(20 世纪 80 年代初)。又被称为精通技术的"互联网一代"(Tapscott,1998 年)和"数字原生代"(Prensky,2001年)。技术网络和线上交往是"千禧一代"社会和个人生活及身份建设的组成部分(Macon & Artley,2009)。尽管许多研究都强调了技术在他们生活中的作用(Howe & Strauss,2000;Nimon,2007),但也有一些研究人员不同意数字生活方式和技术使用是"千禧一代"身份建构的全部因素。

三、"千禧一代"师范生视角下的学科教师教育计划(STEP)

本研究探讨在初级学科教师教育中的 "千禧一代" 师范生的期望和偏好。研究发现,"千禧一代"的师范生具有理想主义、善于交际、自信、善于反思和成果导向的特点。本研究与之前高等教育研究提出关于"千禧一代"人生观的特征具有相似性(Howe & Strauss,2000;Lichy,2013;Twenge,2009)。不过这些特征可能指向所有"千禧一代"的青年,特别是在西方发达国家的年轻人。尽管这些数据没有为解释师范生人数变化提供可靠的依据,却提供了一个具有前瞻性的观点,即"千禧一代"的师范生是积极促进学科教师教育发展的,并不是所谓日益刻板的学生。

研究提出了三个现象学主题,关于①协作,②时间管理,③学科教师教育计划的研究意义,每个主题都呈现当前师范生对学科教师教育计划的看法。下面我们将通过近年来代际研究的视角来简要探讨这些主题及相关含义。对学科教师教育计划涉及三方面观点：

（一）关于协作

访谈结果显示，学科教师教育计划作为一种社会环境下的人际关系交互，对这些师范生的经历有一定的影响。他们认为规划混乱和期望不明是缺乏合作的典型表现。而且，师范生对现实中的人际关系也相当敏感。他们会毫不犹豫地挑战权威，表达消极或积极的感受。

事实上，他们期望在实习过程中被其他老师当作新同事，希望通过具体的行动参与其中，这与当前对"千禧一代"研究中他们的社会意识和渴望合作的特征相一致（Myers & Sadaghiani，2010；Ng & Gosset，2013）。这些年轻人希望学科教师教育计划能为他们参与学校的多重工作提供准备。所以当他们的想法被认可时，这些"千禧一代"会非常感激并且希望自己的经验和热情被认真对待（Wong & Wong，2007）。换言之，师范生们正在寻求支持和指导、自主和责任之间的平衡，这将使他们能够在多样的学习环境中考察自己的羽翼是否丰满，是否能够胜任教学工作，以下的评论也能说明这一点：

如果能有一个星期，我们两个可以和指导老师一起安排整个学校的实践活动，或类似的事情，那将会很有趣，但现在我们仅仅只有理论上的知识。真希望我们也能有这样的机会。

上述观点与之前对"千禧一代"的研究是一致的。布朗德·布瑞吉等人（Broadbridge et al.，2007）指出，"千禧一代"渴望他们的技能和天赋被认可，他们也勇于承担责任。同样，戈塞特（Gosset，2013）认为"千禧一代"希望对社区做出积极贡献。受访者认为信任和责任建立在共享、沟通、公平和协商的基础上。然而与预期不同的是，尽管他们精通网络（Lichy，2013），但在线环境中的协作只被作为一种"跨电脑连接"的方式简单讨论，他们更渴望在现实中的公开交流。

(二)关于时间

访谈数据表明,学科教师教育计划的时间制定与受访者的实际情况有一定的冲突。其中,持有、投资、浪费和预算时间是最为主要的方面。师范生倾向于去支配自己在学习、工作、家庭、兴趣爱好等方面的时间,并灵活高效地规划自己的生活。他们对时间的描述是,小组成员作为处理多任务的个体,在用日历规划自己的生活、控制和掌握时间方面是有经验的。他们认为时间是一种需要管理的资源。因此,受访者在生活中不同的活动之间寻求时间的平衡。

他们的时间取向可用诺沃特尼(Nowotny,1994)的理论阐释,该理论区分了个人时间和系统时间。研究数据的一个显著特点是,所经历的时钟时间主要是一种系统拥有的资源,如要求学生投入学科教师教育计划的时间。问题是,只把时间分配到学科教师教育计划上,这些学生就不能参加学科学院(DF)提供的其他课程。这一点可以举例如下:

> 我们必须每天从早上8点到下午6点都用在学科教师教育计划学习上。这种时间消费很有压力,因为我们这一年里学科教师教育计划学习要修35个学分(ECTS),但不一定能得到助学金(国家为每个学生提供的保障),难道可以要求师范生除了学科教师教育计划就没有其他生活吗?

该研究数据的另一个显著特征是,他们被强制要求在特定时间学习并履行相应职责,这与他们对教育理想的理解相冲突。当被要求以某种特殊方式学习或表现时,他们试图在问"是什么"和"为什么"等问题。学生认为很多事情可以在教室中以更少的时间学习或其他形式学习,学习的重点也不应该是在特定物理场花太多时间从事不同的活动。

矛盾的是,受访者表示想要更多的自主性,但同时又希望明确地参与指导方案和结构性的规划。这表明学生们正在寻找一种在时间规划上的参与角色。他们的想法与亚当(Adam,1995)关于时钟时间的概念相似,即将时间和活动的强度灵活多变地定义在社会和文化构建的时间框架中。因此,时间问题是受访者消极情绪的主要来源,他们将时间需求解释为一种社会控制形式(Lee & Liebenau,1999)。

受访者认为时间日程是很难预测的,既有可能一整天无所事事,也有可能有意想不到的艰巨任务。这些影响了学生的个人、社会和所谓的"适当时间"(Nowotny,1994)。例如,与朋友计划事情就很困难。然而从某种情况来看,学生希望以自己的节奏和自己的方式在适当时间专注于学习作业和其他任务(Nimon,2007)。因此,"千禧一代"不同的生活方式和时间领域是交织在了一起。

(三)关于意义

目前的研究数据也呈现了受访者的经验与学科教师教育计划课程研究目的和意义之间的讨论。师范生给人的印象是,他们在生活的各个方面寻找价值,包括学习方面。因此,他们希望学科教师教育计划能将他们的个人经历、学习任务与实际需要的专业能力关联起来。他们会将教学实践与之前的学校经验联系。其中许多人会认识到自己的知识水平,并根据之前的经验做出判断,如下所示:

　　我做过代课老师,我知道老师的日常生活是怎样的。我在工作中接触同事、家长、各种社会服务人员。当我们没有任何真正的机会去尝试一些具体事情时,我觉得很愚蠢。我们唯一得到的是站在课堂前的经验,我们只知道需要多少准备来掌握所有的内容和科目。

我希望通过学科教师教育计划可以帮助我了解如今的学生如何学习，而不只是学习科目内容。

正如访谈所呈现的那样，舒尔曼（Shulman，1987）在教学实践中强调"教学内容知识"。也就是说，师范生被教导在考虑特定的教学实践的前提下，通过建构学习经验来建构学科，将内容知识转化为教学方法。然而受访者表示他们尽力结合自身的经验，但依然很难解释学生学习的不确定性、学生的异质性等信息。同样，由于他们熟悉整体思维和反思性思维，他们不同意在没有任何现实情况下对教学和学习进行建模或理论化研究。

因此，学科教师教育计划的师范生在能力方面呈现出理论与实践的转换，他们的信任来源于实践行动而不是社会等级或学术地位。然而受访者指出他们钦佩教师身上拥有且对教学有益的特质，恰恰是教育者们是否"实践了他们所宣扬的东西"。

师范生针对"哪些教学活动有用、如何将期望与作为专业人员的未来联系起来"等方面都很有想法。这也印证了特文格和坎佩尔（Twenge & Campell，2008）所说的"千禧一代"过度自信，却没有显示高度的自我认同感（highly self-esteem）的迹象。师范生的不满主要在于，他们注重的是学科教师教育计划所带来的内在奖励而不是外在奖励，他们希望过上更有目的性和更有趣的职业生活（Ng & Gosset，2013）。他们觉得有意义的学习经验是为了能在对社区做出贡献和寻求职业身份认同之间取得平衡。

综上所述，师范生希望他们的学习能够为其在重要问题上提供意义和价值导向，并为他们的教师生涯做准备。他们对意义的需求与真实性的理念有关，真实性来源于对自我、他人、关系和环境进行批判性反思，以获得真实的自我（Kreber，2013；Taylor，1991；Kreber，2013；Tyler，1991）。之前的研究表明，"千禧一代"对在工作中寻找成就感和意义感有着很高的期望（Twenge & Campbell，2008）。但当前的研究结果呈现出些许矛盾的图景："千禧一代"想要自我独立,然而外部环境有一定的限制性,但他们依然渴望为自认为有价值的事情做出贡献。

四、讨论

根据调查结果,受访的师范生也表达了一些想法的转变。例如,他们共同关注时间管理及个人时间和课程所需时间的平衡。因此,他们希望有一个结构完整的课程,可以提供灵活的选择,以发展个人和集体的教学专业性。他们很感激学校的教学方案和清晰的指导,但也希望更熟练掌控自我意识和自我监测方面,以及在个人时间和职业时间之间的平衡得到尊重。

尽管这种对灵活性和稳定性的渴望有相互矛盾之处,但受访者分享了一个有价值的观点,即应该考虑创建一个主要以学生为中心的学习环境。正如班尼特和马顿(Bennett & Marton,2010)所指出的,越来越多的学生通过社交媒体来分享他们的生活经历。在网上也有越来越多关于存在和身份的讨论,这正在改变"存在"和"在场"的动态性。因此,针对"千禧一代",具有高度影响力的规范性经验才是建构其生命叙事的新方式。基于这种情况,在灵活的环境中稳步进行教学计划,使师范生积极参与动态的学习过程可能是一种有效的方法。

此外,受访者还分享了他们对学科教师教育计划的需求,希望满足他们对意义感的期望。他们挑战权威(监督教师和教师教育者)是为了使当权者承认他们充分的潜力并赋权于他们,这与沃恩(Wong,2007)的研究结果一致。所以,"千禧一代"师范生对学科教师教育计划项目的文化惯习既赞赏又批评,他们对这段关系的信任程度一直在变化。研究结果表明,他们需要确认教师教育活动的真实性(Kreber,2013)。也有人认为教学是一种人际关系的职业,与学生和同事建立良好的关系同样是教师重要的责任。

师范生参与这项研究,在挑战教育中的一些传统和文化习俗方面发挥了积极作用。研究结果通过师范生、教务人员和教师教育者的持续互动,指向对教师教育核心的一种解释是创造互惠参与。因此,社会实践(Hedegaard et al.,1999)应建立在课程实践和符合师范生社会性质基础上,才能成为教师教育课程设计和实施的驱动力。"千禧一代"的真实与他们的自信和自我为中心联系在一起,但又具有鲜明的冲突。奇克林等人(Chickering et al.,2006)则将真实性、关怀、社会责任联系起来,这似乎也是"千禧一代"普遍的特点。因此,通过考虑这些师范生的倡议和声音,可能会更有利于更新最初的学科教师教育计划,从而支持他们的专业发展。

参考文献

1.Adam,B. 1995. *Timewatch. The Social Analysis of Time*. Cambridge: Polity Press.

2.Boggs,M.,& Szabo,S. 2011. Illuminating pathways through rigor,respect, relevance,and relationships:Scaffolding cross-generational understandings. *Delta Kappa Gamma Bulletin*,77(2),27-35.

3.Bontempo,B. 2010. *Generation Y Student-Teachers'Motivational Factors:Retention Implications for K-12 Educational Leaders*. ProQuest LLC,Dissertation,North-Central University.

4.Broadbridge,A.,Maxwell,G.,& Ogden,S. 2007. Experiences,perceptions and expectations of retail employment for Generation Y. *Career Development International*,12(6),521-544.

5.Chelliah,J.,& Clarke,E. 2011. Collaborative Teaching and Learning: Overcoming the Digital Divide? *On the Horizon*,19(4),276-285.

6.Chickering,A. W.,Dalton,J. C.,& Stamm,L. 2006. *Encouraging authenticity and spirituality in higher education*. San Francisco:Jossey-Bass.

7.Cennamo, L., & Gardner, D. 2008. Generational differences in work values, outcomes and person-organisation values fit. *Journal of Managerial Psychology*, 23(8), 891-906.

8.Corsten, M. 1999. The time of generations. *Time & Society*, 8(2-3), 249-272.

9.Donnison, S. 2007. Unpacking the Millennials: A Cautionary Tale for Teacher Education. *Australian Journal of Teacher Education*, 32(3).

10.Edmunds, J., & Turner, B. S. 2005. Global Generations: Social Change in the Twentieth Century. *British Journal of Sociology*, 56(4), 559-578.

11.European Commission. 2007. *Improving the quality of teacher education.* Communication from the Commission to the Council and the European Parliament. Brussels: Author.

12.Gadamer, H.G. 1975/1960. *Truth and method.* New York: Continuum (J. Weinsheimer, D. G. Marshall, Trans.) (Original work *Wahrheit und Methode* published 1960).

13.Heidegger, M. 1962/1927. *Being and time.* San Francisco: HarperCollins (J. Macquarrie & E. Robinson, Trans.) (Original work *Sein und Zeit* published 1927).

14.Hedegaard, M., Chaiklin, S., & Jensen, U. J. 1999. *Activity Theory and Social Practice: An Introduction.* In S. Chaiklin, M. Hedegaard & U. J. Jensen (eds.) Activity Theory and Social Practice: Cultural-Historical Approaches. Aarhus: Aarhus University Press, 12-30.

15.Helsper, E.J. & Eynon, R. 2010. Digital natives: where is the evidence? *British Educational Research Journal*, 36(3), 503-520.

16.Howe, N., & Strauss, W. 2000. *Millennials rising: The next great generation.* NY: Vintage Books.

17.Huntley, R. 2006. *The world according to y: Inside the new adult generation.* Sydney: Allen & Unwin.

18.Kupperschmidt, B. R. 2000. Multigenerational employees: strategies for effective management. *The Health Care Manager*, 19(1), 65–76.

19.Kreber, C. 2013. *Authenticity in and through teaching in higher education: The transformative potential of the scholarship of university teaching.* New York and London: Routledge.

20.Lee, H. & Liebenau, J. 1999. Time in Organisational Studies: Towards a new research direction. *Organization Studies*, 20(6), 1035–1058.

21.Lefebvre, H. 1991/1974. *The Production of Space.* Oxford: Basil Black-well.

22.Lichy, J. 2013. Towards an international culture: Gen Y students and SNS? *Active learning in higher education*, 13(29), 101–116.

23.Macky, K., Gardner, D., & Forsyth, S. 2008. Generational differences at work: Introduction and overview. *Journal of Managerial Psychology*, 23(8), 857–861.

24.Macon, M., & Artley, J. B. 2009. "Can't we all just get along?" A review of the challenges and opportunities in a multigenerational workforce. *International Journal of Business Resource*, 9, 90–94.

25.Mannheim, K. 1952. *Essays on the Sociology of Knowledge.* London: Routledge and Kegan.

26.Munhall, P. 1994. *Revisioning phenomenology: Nursing and health science research.* New York: NLN Publications.

27.Myers, K., & Sadaghiani, K. 2010. Millennials in the workplace: A communication perspective on Millennials. Organizational relationships and performance. *Journal of Business and Psychology*, 25(2), 225–238.

28.Mäkinen,M.,Lindén,J.,Annala,J.,& Wiseman,A. 2018. Millennial generation preservice teachers inspiring the design of teacher education. *European-Journal of Teacher Education.* doi.org/10.1080/02619768.2018.1448776.

29.Ng,E.S.,& Gosset,C.W. 2013. Exploration of fit with the Millennial Generation. *Public Personnel Management*,42(3),337–358.

30.Nimon,S. 2007. Generation Y and higher education. The other Y2k? *Journal of Institutional Research in Australasia*,13(1),24–41.

31.Nowotny,H. 1994. *Time. The Modern and Postmodern Experience.* Cambridge:Polity Press.

32.OECD. 2005. *Teachers Matter:Attracting,Developing and Retaining Effective Teachers.* Paris:Author.

33.Peirce,J. E. 1966. *Selected Writings.* New York:Dover Publications.

34.Pilcher,J. 1994. Mannheim's Sociology of Generations:An Undervalued Legacy. *British Journal of Sociology*,45(3),481–495.

35.Prensky,M. 2001. Digital Natives,Digital Immigrants. *On the Horizon*,9(5),1–6.

36.Purhonen,S. 2002. Sukupolvikäsitteen kolme ulottuvuutta(Three dimensions of the concept of generation). *Sosiologia*,39(1),4–17.

37.Rodriguez,T. L. & Hallman,H.L. 2013. Millennial Teacher:A Storied Landscape of Diversity in"New Times", *Multicultural Perspectives*,15(2),65–72.

38.Shulman,L. S. 1987. Knowledge and teaching:foundations of the new reform. *Harvard Educational Review*,57(1),1–22.

39.Statistics Finland. 2012. *Number of marriages and divorces 1965–2011.* Retrieved from http://www.stat.fi/til/ssaaty/2011/ssaaty_2011_2012–04–20_tie_001_en.html(April 29th 2016).

40.Strauss,W.,& Howe,N. 1991. *Generations:The history of America's future*, *1584 to 2069*. New York：William Morrow & Company.

41.Tapscott，D. 1998. *Growing up digital：The rise of the Net generation*. New York：McGraw Hill.

42.Taylor，C. 1991. *The ethics of authenticity*. Cambridge，MA：Harvard University Press.

43.Tryggvason，M-T. 2012. Perceptions of identity among Finnish university-based subject teacher educators. *European Journal of Teacher Education*，35（3），289-303.

44.Twenge，J. M. 2006. *Generation Me：Why today's young Americans are more confident，assertive，entitled —and more miserable than ever before*. New York：Free Press.

45.Twenge，J.M. 2009. Generational changes and their impact in the classroom：Teaching Generation Me. *Medical Education*，43（5），398-405.

46.Twenge，J. M.，& Campbell，S. M. 2008. Generational differences in psychological traits and their impact on the workplace. *Journal of Managerial Psychology*，23（8），862-877.

47.Wong，H.，& Wong，R. 2007. *Teachers，the next generation. ASCD Express*. Mountain View，CA：Association for Supervision and Curriculum Development.

第二部分

语言教师教育

专题二　推进《欧洲语言档案》下的芬兰语言教育

威吉·凯恩（Viljo Kohonen）

引　言

本章简要回顾了斯特拉斯堡(Strasbourg)欧洲委员会(CoE)①研发外语教育和《欧洲语言档案》(ELP)的过程。芬兰《欧洲语言档案》项目从 1980 年初开始到 2014 年,历经了三十余年,该项目被视为欧洲理事会在外语教学方面的创新之举，其目的是为了激发学习者的自主性和促进语言教育的自我评估。研究和开发过程涉及和多个项目的深入合作,也包含了大学教育系教师和许多中小学语文教师及学生共同参与。

一、将欧洲语言教学作为通用语言教学的理论框架

在法国斯特拉斯堡欧洲委员会的主持下,欧盟理事会将《欧洲通用语言参考框架》(CEFR,2001)和《欧洲语言档案》进行了长期的专业融合,强调所有欧洲公民都必须学习多种语言，以便在多语言和多元文化的环境下实现

---

① 欧洲委员会(CoE)成立于 1949 年,有 47 个成员国。旨在发展和建立欧洲民主国家政府、议会成员、专家之间的合作,寻求在各个领域对人权和民主的保护和发展(网站:www.coe.int /)。

相互理解、个体流动和信息获取。为了实现这些长期目标,欧洲委员会协调了多个长期语言教育研发项目,这些项目涉及各成员国专家之间的合作,并且进一步明确了新的教学需求来促进其发展。

在20世纪80年代早期,这项创新工作源于"项目12——现代沟通语言学习和教学项目"。该项目对欧洲各国专家进行访谈,收集了丰富的专业信息,建立了专业的知识网络,并提出在欧洲用统一的方法进行语言教学的构想,旨在支持学习者的自主学习和自我评估(Girard & Trim,1988;Trim,1988)。

之后的"欧洲公民语言学习"项目(1989—1996),进一步推动了"项目12"的发展。该项目提出,由于国际流动性的增加,教育工作中出现了新的交流需求和目标。新目标包含了多语言和多文化语言教学的概念,旨在支持学习者的跨文化交际能力、自我指导学习与自我评估能力(Trim,1988;Kaikko-nen,1994;2001;2002;Byram,2003)。教师教育也被认为在学校教学改革中扮演着核心角色。

为了提高评估的信效度,需要根据各成员国标准来建立一套统一的理论框架,以追踪各国学习者的语言学习情况。欧洲理事会在1980至1990年其间组织了几个工作组和专题讨论会,深入讨论了自我评估在语言交流教学中的作用。在多语言和多元文化的欧洲,统一参考标准是欧洲公民教育自主学习的趋势和要求(Kohonen,1988;1992a;Kohonen & Lehtovaara,1988;Trim,1988;1992)。

为了建立统一且透明的语言评估体系,欧洲委员会于1991年11月在瑞士吕施库肯(Rüschlikon)组织了一次重要的研讨会,研讨会针对《欧洲语言档案》和即将出台的《欧洲通用语言参考框架》提出了相关建议。罗尔夫·谢尔(Rolf Schärer)基于专家组的筹备工作,概述了《欧洲语言档案》的结构(Schärer,1992)。在该提议中,学生可以将他们的学业成就、学习计划、学习反思、学习观察整理成作品集,称为"有目的学习者的作品集合",以呈现他们的学习过程、进步和成果(Kohonen,1992b)。《欧洲语言档案》包含以下三部分：

（1）语言护照：通过记录所学第二外语的经验，以获得正式的语言资格。语言护照记录了使用第二语言的重要经验及学习者对他/她当前所用语言熟练程度的评估，从而明确学习者的语言身份；

（2）语言传记：用于设定语言学习目标、监控进度、记录和反思语言学习和跨文化学习的经验；

（3）语言档案袋：既可以展现学习过程又可以展现学习成果，还可以呈现学习者认为最能代表的第二语言水平的作品（Little et al.，2011）。

《欧洲通用语言参考框架》和《欧洲语言档案》指向了不同的发展目标，《欧洲通用语言参考框架》旨在为开发语言课程、制订教学计划、编纂教科书和评估手段提供工具；而《欧洲语言档案》旨在调解学习者、教师和学校及其他利益相关者之间的关系。《欧洲通用语言参考框架》的核心思想是尊重语言和文化的多样性，跨越国家、机构和社会界限并促成彼此间的相互理解，促进多元文化和跨文化教育及公民个人自主权的发展（Little et al.，2011）。

在体验式的反思性学习框架中（Kolb，1984；Kohonen，1992a，b；2001），语言教学能够很好地支持反思性学习。反思和互动对形成跨文化交流能力至关重要，因此教师需要在教学上重视小组合作学习（Kolb，1984；Kohonen，1988；1989；1992c；2001；2002a，b；Little，1991；1999；2001；Jaatinen，2001；Kaikkonen，2001；Lehtovaara，2001；Edge，2002；Kohonen & Lehtovaara，1988）。在各成员国深入的研究和探讨过程中，当前的《欧洲语言档案》模式和一些促进学生自主性发展的教学法逐步形成且多次在联合专题讨论会上被讨论，欧洲委员会也发表了众多相关的报告（Trim，1988；1992；1997a，b；North，1992；Schärer，2000；2008；Little et al.，2011）。

二、推进欧洲语言教育：《欧洲通用语言参考框架》和《欧洲语言档案》

《欧洲通用语言参考框架》明确强调了语言教育的互动性，提出了以行动为导向的交流学习。该体系提出了学习者自主性、多语言主义和多元文化主义的概念以及在多元文化下欧洲公民教育的外语教学目标。外语学习者被视为一个个体、一个社会行为者，学习者的身份是在复杂的社会互动中构建起来的（Trim，1992；1997a；Little，1999）。因此，语言教学旨在加强学习者"拥有独立的思想、判断和行动，并具备社会技能和责任感"（CEFR，2001；Trim，1997；Little，1999；2001）。

根据大卫·利特尔（David Little）的经典定义，学习者的自主性本质上是一种"批判性反思、决策和独立行动的能力"，需要培养学习者的责任感和形成自我导向的学习方法（Little，1991）。大卫·利特尔提出了促进自主性的三个基本原则：①学习者参与原则，该原则要求学生明确对自己的学习负责，学生需要学习如何制定计划，进行自我监控和评估；②学习者反思原则，该原则体现的是学生独立学习和反思的能力；③适当使用目标语言原则，该原则需要学习者在学习过程中最大限度地使用目标语言，从而培养语言使用者真正自发地使用语言的能力（Little，1991；1999；2001）。

《欧洲通用语言参考框架》和《欧洲语言档案》将教学范式转化为以教学行为作为核心内容，注重《欧洲语言档案》的实用性，同时《欧洲通用语言参考框架》中的各项目标在档案袋中也均有体现。例如：①《欧洲语言档案》是促进多语言主义和多元文化主义的工具；②《欧洲语言档案》是学习者学习的资源；③《欧洲语言档案》重视学习者各语言学习和跨文化的能力、经验；④《欧洲语言档案》能够促进学习者自主性学习；⑤《欧洲语言档案》具备教学和报告的功能；⑥《欧洲语言档案》能够作为常规参考；⑦《欧洲语言档案》

鼓励学习者进行自我评估，并由教师和其他专家记录评估（Little,1999；2001；2004）。

　　基于上述对《欧洲通用语言参考框架》和《欧洲语言档案》原则和目标的描述，我们可以将档案袋理解为实现《欧洲通用语言参考框架》目标的一个延伸，《欧洲语言档案》的核心原则中也涵盖了《欧洲通用语言参考框架》的目标。在语言教育的过程中，《欧洲语言档案》和《欧洲通用语言参考框架》均强调了要根据学生的年龄特征和目标语言的熟练度，让学生学会自主学习（CEFR,2001；Kohonen,1999；2001；2002a；Little,2001；2004,22–23）。

　　进言之，档案袋使《欧洲通用语言参考框架》的目标更加具体，对于语言使用者来说，《欧洲语言档案》让学习者能够用目标语言进行真实情境下有意义的交流。为此，《欧洲通用语言参考框架》针对不同的语言技能引入了大量的标准参考描述语，这些描述语能够准确、清晰地描述出语言行为。在用《欧洲通用语言参考框架》进行自我评估时，学生可以使用自我评估列表中的"我可以"选项来评估他们的外语水平质量，评估等级分别为 A1、A2、B1、B2及 C1、C2（CEFR,2001）。

　　《欧洲语言档案》有两项教育功能，一是教学功能，用来支持学生的语言学习过程；二是记录功能，用来在语言护照中记录不同语言使用的熟练程度。理解这些功能及功能间的差别对增强《欧洲语言档案》外语教育至关重要。这些功能是相互关联的："如果《欧洲语言档案》对于个人的语言学习经验不是很重要，那么它就不会轻易地履行其报告功能；另一方面，《欧洲语言档案》的教学功能体现在它为学习者提供了一种在学习过程中记录关键特征和事件的途径"（原则 2000/2011）。同时，在培养学习者增强语言学习自主性的过程中，教师也有了新的身份和角色（Kohonen,1992b,c；1999；2001；2002a,b；Little,1999；2001；2004；Hildén,2002）。

　　语言教学的概念涉及以下原则：①以学习者为中心，关注学习者的目标和自主性；②学习者充分参与到语言学习中来；③提升学习者的主动性和责任感;④提供有意义的整体学习方法;⑤强调反思、互动及自我或同伴间评估;⑥将社会情感学习与认知目标相结合。参照上述原则,我们发现语言教学对教师教育和教师专业发展都提出了新的要求和挑战,语言学习需要加强学习者的体验、合作和对文化的理解,鼓励参与者对教育过程的语境理解(Kohonen & Lehtovaara,1988;Kohonen,1989;1992c;2001;Jaatinen,2001;Kaikkonen,2001;Lehtovaara,2001;Edge,2002;Sahlberg & Sharan,2002)。

在使用《欧洲语言档案》的过程中,教师教育也在不断创新,进行有针对性的教学改革(Kohonen,2005)。为了促进《欧洲语言档案》在教师教育中的实施,欧洲委员会成立了一个由大卫·利特尔领导的小型专家团队——负责开发专业学习框架和设计教材。为了将这些材料介绍给语言教师,理事会在各成员国组织了大量教师培训活动。教师培训活动被纳入一个名为 C6 的项目中来,即"培训教师使用《欧洲语言档案》",该项目从 2004 年持续至 2007年,由位于奥地利格拉茨的欧洲现代语言中心(ECML)主持(Little et al.,2007)。

C6 项目团队设计了大量的中期研究与开发计划,以加强对各成员国语言教师的教育。作为项目的一部分,C6 团队多次将《欧洲语言档案》国培教学材料汇总并进行审核,继而针对不同国家的具体需求设计与其相匹配的材料。所有的材料也以光盘形式提供,该光盘包含在 C6 项目"教师使用欧洲语言准备的档案"中(Little et al.,2007)。

可以看出,欧洲委员会在协调各成员国使用《欧洲语言档案》进行语言教育中起着重要的作用,同时这项工作还涉及在各成员国中进行大量的专业访问、设立任务组、讲习班和专题讨论会,最终形成研究报告。为此,委员会专门建立了免费的《欧洲语言档案》网站(www.coe.int/portfolio/),为语言教师和教材开发者提供资源。

三、通过大学与中小学的合作,将芬兰—欧洲语言集(FinELP)设计为体验式语言教育的工具

芬兰版义务教育欧洲语言集(FinELP)由欧洲委员会开发,旨在激发学生的自主性。这项工作在二十年来连续产出五个行动研究项目的成果,包括:"OK 学校"发展计划(1994—1998);芬兰《欧洲语言档案》试点项目(1998—2001);《欧洲语言档案》指导者项目(2001—2004);OSKU 项目(2006—2009);KISA 项目(2010—2012)。

接下来,我们将从教师专业化发展促进外语教育的角度讨论这些项目。

" OK 学校发展计划"(1994—1998)由保利·凯科宁(Pauli Kaikkonen)和威吉·凯恩(Viljo Kohonen)发起,坦佩雷附近的六所学校约 40 名教师参与了该项目。在项目开始的第一年(1994—1995)逐渐形成了以下教学原则:①基于教育现场的课程设计,学校拥有教学工作的所有权;②加强同事间合作,在每所学校建立现场教师团队;③建设学校网络,涵盖小学、初中、高中;④鼓励开放性教学行为,在学校中共享信息;⑤提倡体验式学习,鼓励教师通过积极参与项目,将自己视为项目研究者(Kaikkonen & Kohonen,1996;Kohonen & Kaikkonen,1996;Kaikkonen & Kohonen,1998)。

OK 项目旨在通过体验式学习来促进教师的专业化发展(Kolb,1984;Kohonen,1989)。项目涉及积极合作、强调反思、自主学习和跨文化教育四个方面 (Kaikkonen & Kohonen,1998;Kohonen et al.,2001;Kohonen & Kaikkonen,2002;Sahlberg & Sharan,2002)。为了促进教师在课堂上使用合作教学法,项目组定期组织一天或半天的在职研习班,希望教师通过个人反思和小组经验交流,促进自身的学术化和专业化。

通过反思性学习和质性研究,教师能够进一步明确他们自身的教育目标和兴趣。项目负责人还介绍了"教师档案袋",并将其作为支持教师专业思

考和成长的工具。根据档案袋的材料,教师会在每个学年结束时写一篇有关个人发展的论文,提交给研究人员。这些教师的论文能够帮助研究人员了解课堂经验,同时提供真实的质性研究数据,以追踪项目过程中课堂教学的发展(Kaikkonen & Kohonen,1998)。

参加研习班的同时,教师们还要承担教学任务,在课堂上进行教学实验并在下一个研讨会中汇报自己的经验。这样的研讨促进了教师之间的开放式合作,共同承担责任,形成相互学习的精神。OK 项目为参与者提供了一个供他们讨论的平台,参与的教师可以对自己的教学经验进行定义和评估,还可以进行集体备课,一起计划下一次的教学任务(Kohonen & Kaikkonen,2002)。

调查结果表明,教育变革所涉及的不仅是学习信息的理性问题,也涉及承担任何重大变化所需要的情感问题。对于许多老师来说,个体专业能力的增强得益于与同事间的合作。对于个别老师而言,新的教学方式却成为他们当前教育观念的阻碍,这需要他们调整自己的认知,而学院的支持和教师间的分享将对所有人有帮助(Kaikkonen & Kohonen,1996;Kaikkonen & Kohonen,1998;Kohonen & Kaikkonen,2002)。

OK 项目(1994—1998)是由保利·凯科宁和威吉·凯恩合作进行的。他们共同负责理论框架的设计、质性研究数据的收集、在项目研讨会上共同教学和评估以及计划当前行动和共同编辑联合出版物。除了共同承担的责任外,保利·凯科宁还负责调查学生的跨文化学习经验和他们的身份认同(本册,Kaikkonen),而威吉·凯恩则关注 OK 项目过程中教师的专业发展。

欧洲委员会的《欧洲语言档案》试点项目(1998—2000 年)是在欧洲委员会主持下的由 15 个国家的项目小组共同参与完成的,共有约 31000 名学生参与到项目中。通过各成员国多次在研讨会上通过梳理大量工作形成了《欧洲语言档案》原则和指南。根据项目报告中(Schärer,2000)的重要发现,在各个国家或地区,《欧洲语言档案》在各个国家或地区普遍受到好评,并由此达成共识。《欧洲语言档案》主要由三部分组成:语言护照、语言传记和语言档案袋。这三个核心部分被视为欧洲在语言教学研究和开发工作中不可缺少的部分,也是《欧洲语言档案》在国际报告中发挥作用的先决条件。

该项目根据成员国提供的数据得出一般性结论:①从教学法的角度来看,《欧洲语言档案》可以作为一种学习工具;②《欧洲语言档案》是解决欧洲语言教育的关键;③《欧洲语言档案》促进了欧洲委员会设定的语言教育目标。因此,该项目在报告中建议所有成员国广泛使用《欧洲语言档案》这一工具,以维护和支持多元语言和多元文化(Schärer,2000)。

根据调查结果,欧洲委员会和教育委员会于2000年共同编写了《欧洲语言档案》原则和指南文件(2011年对于原则进行了修订)。他们强调了《欧洲语言档案》在欧洲范围内作为教学工具的质量和信度(Principles,2000)。在欧洲委员会的各成员国常务会议(2000年10月)上,通过了如下有关欧洲语言集的决议:"在与本国教育政策相一致的情况下,成员国政府根据教育委员会制定的原则,实施或创造有利于ELP的实施和开展的条件。"(第2000号决议)

芬兰的《欧洲语言档案》试点项目(1998—2001)为期三年,由威吉·凯恩和乌拉·帕朱坎塔(Ulla Pajukanta)共同领导。试点项目将追踪一个学生三年学习周期(小学和中学教育)的进步。该项目涉及8所学校,共有360名学生和22名语言老师参与其中(Kohonen & Pajukanta,2003;Kohonen,2004)。根据当时即将发布的《芬兰国家框架课程》(2004),该项目面临创建芬兰版本《欧洲语言档案》的挑战。研讨会每个月都会共同制定与项目相关的实施决策,这也为教师的小组讨论提供了充足的时间,他们会分享课堂上的教学经验,并进行下一步计划。

为了向学生介绍反思性学习,老师帮助学生反思语言学习经历及如何看待作为语言学习者的角色。与使用《欧洲通用语言参考框架》自我评估清单相比,使用《欧洲语言档案》的语言传记和档案袋功能可以帮助学生更好地进行反思。教师也可以提一些简单的问题来促进学生的反思。例如，"你如何看待自己作为语言学习者的角色？""对你来说，外语学习的哪些方面很容易或很困难？"

老师通过指导学生的学习任务来促进他们的自主学习，这些学习任务应足够开放，从而可以根据他们的年龄、学习技能和特定目标语言的熟练程度提供可选择的空间。例如，准备报告/介绍"我的家庭/家乡/爱好"以及他们对旅行、环境、未来生活期望的看法等主题。有选择的空间意味着个人需要选择如何设定目标、制定行动计划、开展自我监督工作和以小组形式进行评估。行动计划要限定时间，包括同意查阅和退还报告的截止日期及报告内容。计划还可以根据报告的长度和主题（包括简短的反思）来限定（最低）可接受工作的要求。

欧洲委员会的原则和指南（2000 年）与芬兰的教学大纲相结合，并逐渐形成芬兰语版本的《欧洲语言档案》（FinELP）的原理、结构和教学法。研讨会和联合计划确立了教师共享和协商的学习精神，并鼓励教师在自己的课堂上使用类似的方法（Kohonen，2002a）。

根据反思性学习方法，参与者提出了以芬兰语为母语的语言学习概念，即学生在讨论的过程中逐渐增强语言学习的自主性。为了鼓励更多学生参与其中，老师们给予学生与教科书章节相关的开放式学习任务，而与老师协商项目目的、内容和过程，则有助于学生学会承担更多的学习任务。这样有选择的学习方式可以让学生根据自身需要，选择设定目标和制定行动计划，以及在学习过程中监控和评估自己的学习（Kohonen，2002a；Kohonen & Pajukanta，2003）。

研究结果表明，小学生在外语学习方面正处于一场重大的教育变革之中，关于他们在语言教学和学习方面的理论被分为新旧两种文化。传统语言教学强调在老师的监督和控制下完成，而新兴的语言教学则侧重小组合作学习，包括自我评估和同伴评估（Kohonen，2004；Kohonen & Pajukanta，2003）。

项目负责人还鼓励教师将自己的观察、想法和感悟记录在个人日记中，并将自己的教学资料收集到教师档案袋中。根据这些个人资料，邀请教师在每学年结束时提交开放式的专业发展论文，反思他们在过去一学年的教学经验和发现。在之后的研讨会上，教师以小组形式讨论了他们在这些任务上的经验，并提出用于班级小型教学项目的"共同计划"概念。通过这种方式，教师们将课堂的研究发现带入研讨会中讨论，再将结论带回教室进行再一次的探索与实践（Kohonen & Pajukanta，2003 年）。

欧洲委员会的"从试验到实施"项目（2001—2003）。2001 年 6 月，《欧洲语言档案》在葡萄牙举行的 Coimbra 研讨会上正式发表，随后在 45 个成员国中实施。项目报告提出（Schärer，2008）：①《欧洲语言档案》为欧洲语言教育目标、价值观、概念和原则的传播做出了巨大贡献；②《欧洲语言档案》在教育实践中产生了重要影响；③《欧洲语言档案》是欧洲国家和地方各级进行教育改革的催化剂。《欧洲语言档案》为许多国家的课程改革和学习材料提供了信息，它的原则挑战了传统的教学实践，这意味着重大的教学改革即将开始。据报告，在多国家参与的背景下，《欧洲语言档案》的确起到了有效促进变革的作用。

作为《欧洲语言档案》实施项目的一部分，芬兰在威吉·凯恩的领导下，在坦佩雷实施了 ELP Mentor 项目（2001—2004）。该项目的参与者是来自四所大学（坦佩雷，约恩苏，于韦斯屈莱和赫尔辛基）的教师教育工作者。每个教师教育系有三名讲师。在教师教育讲师的带领下，每一所大学都会在当地学校开展自己的《欧洲语言档案》实施项目，这些项目包括与各大学的教师定期举行讨论会。

因此，在坦佩雷举行的芬兰《欧洲语言档案》研讨会上，参与者都是与学校老师一起负责的、领导三年实施项目的导师。在坦佩雷大学联合研讨会上，项目通过演讲、重复研究讲义和计划、小组讨论来支持当地的研究和发展工作。导师为各个小组提供了一个安全的论坛，他们可以自由地探讨自己的想法和关注的问题。在分组负责的情况下，各个小组在研讨会上会进一步阐述了自己小组的发现和结论(Kohonen，2005)。

在两个长期项目中，《欧洲语言档案》成为加强外语教育的重要教学资源。交互式的教学过程使教师能够更好地了解学生，咨询和个性化匹配的方式让许多学生受益，教师的指导工作也花费了大量时间，例如设计工作的指导方针、协商基本规则、截止日期、回答问题及具体积极的反馈。学生们发现，老师的评价和支持对他们继续学习具有很好的激励作用，且能够让他们充满动力(Kohonen & Korhonen，2007)。

坦佩雷项目研讨会上提出了新的方案，该方案可以帮助教师在自己的教室中使用《欧洲语言档案》教学法，同时鼓励老师把自己看作是专业的学习者，大家为了共同的利益而相互合作。该方案还尝试让同一所学校的多名教师参与进来，包括校长(如果可能的话)，以可持续的方式进行现场参与。老师们会发现，讨论那些有关辅导作业的教学理论、方法及如何教授基本概念变得非常有用。在随后的研讨会上，老师们通过比较、分享他们的发现，促进了彼此的专业学习。同样，在课堂上分享了相关见解，也加强了大学专业发展的精神(Kohonen，2005；Kohonen & Korhonen，2007)。

通过巩固《欧洲语言档案》在芬兰的实施，ViKiPeda 研讨会(1999—2013，芬兰语为"外语教学法"的缩写)提供了一个传播和研究《欧洲语言档案》教育学信息的论坛。保利·凯科宁和威吉·凯恩共同举办了研讨会，以支持全国性的语言档案袋的经验分享和评估。这些活动每两年在芬兰大学七个教师教育部门中组织一次，两年后就从一所大学转移到下一所大学(另见本册，Kaikkonen)。每个周末，这些研讨会对当地的语言老师开放，当地的研讨会组织者将会编辑每次研讨会上发表的论文并在大学出版物中发表。从2002 年起，这些报告以英文或德文编写，这也使得研究结果在国际上传播成为可能。

综上所述，芬兰语教师在欧洲语言档案袋项目中经历了以下主要步骤：

①明确教师的教育方向、教学理念和语言学习观念；②阐明学生对自己作为语言学习者和语言使用者的看法和信念；③努力为语言教育中的合作学习提供环境支持；④鼓励和引导学生的过程性反思；⑤指导学生承担一些档案袋任务并撰写报告，反思自己作为语言学习者和使用者的发展；⑥引导学生尽可能使用目标语言的自我评估表来评估自己的语言能力（Kohonen，2007；2009；2010；2011）。

OSKU ELP 开发项目（2006—2009）。在赫尔辛基大学，拉里·希尔登（Raili Hildén）领导的 OSKU 项目中，合作促进了《欧洲语言档案》在义务语言教育中的发展。该项目由七个项目地点组成，这些地点分布在大学教师培训学校和地方市政学校的语言课上。地方项目由教师教育系的研究人员牵头，共有30 名教师和 700 名学生。老师们通过参与式的方法引导学生学习生活技能，增强他们的体验。项目负责人每年在赫尔辛基大学参加两次联合研讨会，以审议当前的理论问题，同时讨论不同地点的进度报告，并在赫尔辛基大学的项目网站上为 OSKU 参与者公布当地的报告。

研究结果强调了大学教师相互合作的重要性，该合作旨在增强语言教育中学生的自主权。专业知识是达到最近发展区的媒介之一，它能通过改进教学活动而得到增强。随着教师自信心的增强，他们能够赋予学生更多的自主权，支持学生自己承担学习责任。但仍存在以下问题：如何使用《欧洲通用语言参考框架》中的"通用参考水平"来评估学生的口语技能和自主学习，以及评估学生的文化身份（Hildén & Salo，2011）。

KISA 项目（2010—2012），完成并发布了 FinELPS。作为长期研究的结果，KISA 项目完成了《欧洲语言档案》芬兰语版本，并将其作为国家义务语言教育的资源。在坦佩雷大学与东芬兰大学（约恩苏校区）中，赫尔辛基和于韦斯屈莱的研究人员和语言教师共同合作对这个项目进行协调。协作式教育方法鼓励学生充分发挥自主权，并支持他们的多元文化能力、学习技能和自我评估。

　　这项工作根据新《国家核心外语课程》(POPS,2016)制作了大量教学材料。芬兰《欧洲语言档案》项目对 KISA 参与者制作的材料进行了编辑,并于2014 年完成(由威吉·凯恩执行)。正是在大量芬兰语言教师的通力合作下,国家教育委员会主持的国家 FinELP 网站才得以建成,现在所有材料都可以在网站(http://kielisalkku.edu)上免费获得。

　　芬兰《欧洲语言档案》义务教育版本于 2014 年由欧洲委员会注册,符合理事会的原则和准则(2011,www.coe.int/portfolio/),涵盖芬兰综合学校中的外语教育教学资源(1~3 年级;4~6 年级;7~9 年级,7~15 岁的学生)。教学理论和实践方法可以应用于任何水平的语言教育,也可以针对不同的情境和需求进行改进(例如,以芬兰语作为母语或外语进行教学)。

　　网站上有三个版本的 FinELP,两种国内语言外加英语(芬兰英语和瑞典英语)。自我评估清单提供英语、芬兰语、法语、德语、俄语、西班牙语和瑞典语版本。七个平行清单的目的是鼓励学习者按照《欧洲通用语言参考框架》(2001)和《欧洲语言档案》中的原则和指南(2011),以自己的学习意愿进行自主学习,发展其多元文化能力。这与反思式学习相一致,语言传记为学习者提供了许多进行反思性学习的机会,使他们可以反思自己的跨文化学习经验和观察。此外,档案包括两部分:学习档案(通过样例建立个人学习历史)和报告档案(选择某样例来报告个人进度)。

　　语言传记中的反思性功能与档案袋的功能相结合,为学习、教学和评估提供了接口。因此该方法可以通过反思和互动来增强学习效果,并通过《CEFR 通用参考水平》进行学习和交际能力的评估(Little,2009),也可从上述网站下载模型和教学资料来使用。

　　在上面讨论的 FinELP 项目中,教师在促进大学合作中扮演了积极的角色,这也是他们职业发展的重要因素。教师反思他们作为语言教育者的经历对大学研究者提出他们的新见解和开展课堂教学有很大帮助。因此,通过集体智慧来发展每个人的专业素养,并将大学中的教学理论知识转化为个人行动知识。

《欧洲语言档案》语言教学和研究引发了一个有趣的观察：师生的发展似乎是一个并行的过程。由于教师能够将《欧洲通用语言参考框架》和《欧洲语言档案》的原理与语言教学大纲相结合，并设计学习任务来促进交互式课堂教学，因此他们的专业能力得到了提高。同样，随着学生对自己在小组中的参与有了更深的了解，取得了反思性学习的进展，学生能够承担更多的责任。这就是教师与学生的交互作用：教师的专业信心增强了学生的动机和学业，而学生的积极反馈反过来又促进了教师的投入。

在芬兰，职前教师教育也引进了《欧洲语言档案》语言教育的原则和反思性实践，因此，反思性实践中学习已被确定为职前教师教育的主要目标。瑞特·加特那（Riitta Jaatinen）在职前教师教育方面进行了开创性的研究，从而形成了他所提到的教师档案袋，这在他的几本著作中均有讨论（Jaatinen 2001；2007；2009；2013；2015）。

欧洲委员会与《欧洲语言档案》相关的工作摘要。2010年，欧盟委员会提供的《欧洲语言档案》教师附加摘要（Little et al.，2011）：

（1）《欧洲语言档案》鼓励学生承担自己的学习责任。

（2）《欧洲语言档案》帮助老师应对个性化学习小组，帮助学生了解他们的个性并在小组中实现个人目标。

（3）《欧洲语言档案》通过提供一种通用的教学语言来促进班级内部的交流。《欧洲通用语言参考框架》以学生能够理解的语言来描述语言能力和反思性学习，促进了学生之间及学生与老师之间关于学习的对话。

（4）《欧洲语言档案》增强了学生在学习过程中的反馈并提高了满意度。由于描述符相对容易理解，学生可以看到他们的目标何时实现。当学生看到自己正在进步时，他们就更可能感到满足。

（5）《欧洲语言档案》有助于让使用者及其他学校等看到成就。如果学生需要以一种或多种语言显示其当前的熟练水平，《欧洲语言档案》能以清晰易懂的方式做到这一点。

（6）《欧洲语言档案》将学习带入了更广阔的欧洲背景中，对某些学生而言，欧洲对《欧洲语言档案》通用参考水平系统的认可是非常重要且具有吸引力。

（7）《欧洲语言档案》促进了流动性，《欧洲通用语言参考框架》提供了一个透明且连贯的系统来描述整个欧洲的语言沟通水平。

四、作为体验式语言教育的语言教学和教师专业化

（一）基于背景理解的外语教学

迪克·奥尔赖特（Dick Allwright，2006）根据教室中实践者的感受，讨论了教室中实践的复杂性。他认为教师对当地文化的了解是教育实践与发展的先决条件。他将"探索性练习"（EP）作为语言教学新研究范式中的关键概念。他认为，教师是根植于现场教学，最适合进行课堂研究的人。探索性练习还强调了在课堂环境下，各学科教师教育对于教师专业理解转变的重要性。奥尔赖特还建议将学生和老师一起作为实践者，寻求师生之间的共同理解（Allwright，2006）。

西蒙·吉维（Simon Gieve）和伊内斯·米勒（Ines K. Miller）将专业学习视为一种社会现象，并将语言教室视为具有复杂社会关系的"实践社区"。课堂交谈实际上是参与者在共享多个复杂身份背景下的彼此交谈。作为实践社区的成员，就其在学校中扮演的社会角色而言，教师不只是教师，学生也不只是学生，他们也是真实的人，在课堂社区中彼此交谈自己的生活。因此在课堂上，学生的个人生活和课堂生活有着复杂的交互作用（Gieve & Miller，2006；Kohonen，2009）。

大学与学校的合作关系必须建立在平等、信任和尊重的基础上。朱利

安·埃奇(Julian Edge,2002)指出,教师自身的发展需要其他人包括同事和学生的帮助。合作可以帮助参与者更好地了解他们的经历,从而丰富彼此的互动和理解。在促进成长的过程中,教师教育者创造了与教师和学校建立伙伴关系的环境。

(二)走向自主的语言教学法

为了培养学生的自主性,教师需要设定学习基调、坚定专业态度、与学生进行协商以及让学生遵守共同商定的日期。因此,学院间的合作和对教学行为的反思不仅能够增强学生的自主性,同时也能提高教师的专业自主性。

希门尼斯(Jimenez)、兰姆(Lamb)和维埃拉(Vieira)认为关于"自主性的定义涉及学习者和教师的自主权,自主性作为一种自主的开发能力,在个人赋权和社会转型的教育环境中,能够形成自我决策能力并发展社会责任和批判性意识"。强调自主教学法远不只是机械地遵循的严格教学方法。希门尼斯等人认为,在特定的环境下,自主性需要对约束教师和学习者权力持批判态度。

自主教学法要求教师能形成一种新的职业认同:将自己视为语言教育者、学生学习的促进者及与其他教育者和学校的利益相关者、专业的社会参与者。这样的职业认同目标不仅能够处理事实信息的理性问题,还意味着承担生活中任何重大变化所带来的必要的情感工作。这种变化可能会引发各种各样的感受,对教师的专业自我和教育信念可能构成威胁。过渡阶段包括超越当前教育领域的舒适区,也可能包括不舒服、焦虑和虚假行为的感觉。然而教师们对这种紧张所持态度不同,一些老师所经历的焦虑状态,可能在另一些老师看来是一种充满活力的挑战。

(三)关于现行教育政策中相互矛盾的价值观说明

促进专业发展的前景也需要对当前社会和教育政策(流行的时代精神)

的某些趋势采取批判的立场，这似乎是矛盾的教育观点。在我看来，新自由市场经济的原则和实践是在商业生活中获得的，而且很容易不加批判地被应用到教育中。现在流行的竞争概念被认为是可以提高任何形式的成绩。因此学校要被迫竞争公众形象、学生（"客户"）和资源，并通过各种控制机制（例如根据学生的考试成绩对学校和教师进行排名）来加剧竞争。但是某些实践在商业生活中行得通，但并不能自然而然地认为它们在教育中也是有效和可行的。教育本质上是一个道德问题，旨在通过教育社区的共同努力来促进学生的成长。

尽管教育质量对教师（及其学生）而言至关重要，但竞争政策却绕过了教育促进人类潜力的增长的特殊性质。特里·兰姆（Terry Lamb，2008）根据来自八个欧洲国家的专家报告，讨论了教育研究与学校教育政策和实践之间的差异。他指出，倡导民主的公民教育、终身教育和终身学习的国家政策，通常与学习者自治的目标相一致。目前，这些目标已纳入许多国家的语言课程和教科书中。

兰姆的研究还揭示了实施此类教育政策的诸多障碍：自上而下的社会和教育变革管理；学校之间竞争导致的教育市场化；以考试为导向的教学，仅仅是帮助学生为高风险的期末考试做好准备；教师培训中的传统模式；在职教师缺乏足够的教育机会和支持；学校普遍存在的工作文化、条件和资源（Lamb，2008）。这种控制机制显然增加了教育成为应试驱动的风险，而不是以终身学习的视角发展学生完整的社会人格。

南希·施尼德温德（Nancy Schniedewind，2012）对美国公共教育中的新自由主义政策进行了富有启发性的讨论，将这种矛盾的局面称为"公共教育的伏击"。基于市场的联邦政策倡导，包括测试、自上而下的标准和对所有美国学校的问责制，这些政策要求将公共教育私有化，使失败的学校可以由私人公司接管，成为所谓的特许学校；私立学校也可以通过各种优惠券计划得到资助。因此公共资源的控制权已转移到私人部门，这可能会致使超过公平范畴的财务利润。她指出,在这个教育市场上,教育作为一种公共产品正受到突然袭击(一种"伏击")。

施尼德温德进一步称,学校的质量是通过高标准考试来衡量的,而这些考试以 AYP(年平均进度)得分来衡量学生的进步。考试分数被用于在课堂、学校和地区层面来评估问责,通过绩效工资来奖励和惩罚教师,甚至解雇他们。因此当评估不及格时,教育工作者就会受到指责,但忽略了对校外因素的关注,例如,孩子的语言问题,父母的贫穷、失业或医疗保健不足。

此外,强调高难度的选择题考试,往往会把课程范围缩小到那些需要考试的科目。专注于低阶思维会忽略教育的重要目的,例如,批判性思维,解决问题的能力及社交和情感技巧。因此教师们在压力下实施应试教学,使用可能与他们的教育价值观相矛盾的教学方法。施尼德温德的结论是,这些措施并不能为多样化的学生获取成功。成功的因素应包括:充足的资源、教师专业的发展、较小的班级规模及学校与社区之间的合作(Schniedewind,2012;Kohonen,2015)。

五、结论:回到教师本身

为了缓解教育目标、政策和资源及父母对孩子望子成龙的紧张关系,教师需要教育智慧、勇气和耐心。因此,我对以学生为中心的理解是,首先要关注教师教育及教师在学校的地位和工作条件。在教学过程中,以及让学生在课堂上体验外语学习的过程中,语言老师都扮演着重要的角色。

为了努力给所有参与者提供支持性的教育旅程,教师需要彼此间进行专业的交流。他们需要花一些时间进行反思和参与集体讨论,回顾自己的教学活动。教师们需要通力合作,在学校中建立一种以社区为基础的体验式学习文化,培养他们对教育问题进行框架设计和重组的能力。教师通过调整自己作为语言教育者的身份认同,与学生一起在语言教学/学习的道路上前行。

为了帮助学生从终身学习的角度成长，教师需要鼓励学生把自己看成独特的个体，他们有自己的声音和能力，是语言的使用者和跨文化的参与者。本文所讨论的观点和结果表明，《欧洲语言档案》可以成为一种宝贵的资源，使所有参与者的教学旅程充满可能性、易于管理且有所收获。

最后，我认为自主性是学校价值观教育的重要概念的一部分。作为一个独立自主的人，需要尊重自己作为道德行为者的尊严，尊重他人，与他人有尊严地交往。人类尊严的本质是道德责任：在特定的环境下，从道德上意识到自己的举止及在特定背景下对他人的后果承担责任。

我想进一步说明，教师职业道德和教育者的真实性是教育观的关键部分。教育旨在通过一种参与性的方法培养学生的成长，从而创建一个具有教育意义的课堂。因此，培养学生的个人成长是教师成为专业教育工作者的一部分。

参考文献

1.Allwright，D. 2006. Six promising directions in applied linguistics. In S. Gieve & I. K. Miller（eds.）*Understanding the language classroom*. New York：Palgrave Macmillan，11–17.

2.Arnold，J.（ed.）1999. *Affect in language learning*. Cambridge：CUP.

3.Byram，M.（ed.）2003. *Intercultural competence*. Strasbourg：Council of Europe.

4.CEFR 2001/2011.*A common European framework of reference for languages：Learning，Teaching，Assessment*. Strasbourg：Council of Europe and Cambridge University Press.

5.Edge，J. 2002. *Continuing cooperative development*. Ann Arbor：The University of Michigan Press.

6.Gieve, S. & Miller, I. K. (eds.)2006. *Understanding the language class-room.* New York: Palgrave Macmillan.

7.Girard, D. & Trim, J. (eds.)1988. Project No.12: *Learning and teaching modern languages for communication. Final report of the Project Group activities(1982-1987).* Strasbourg: Council of Europe.

8.Hildén, R. 2002. The ELP-integrating theory and practice to foster socially responsible autonomy. In V. Kohonen & P. Kaikkonen(eds.)*Quo vadis foreign language education?* University of Tampere: Publications of the Department of Teacher Education A 27, 107-121.

9.Hildén, R. & Salo, O-P. (eds.)2011. *Kielikasvatus tanaan ja huomenna: opetussuunnitelmat, opettajankoulutus ja kielenopettajan arki.* Helsinki: WSOYpro.

10.Jaatinen, R. 2001. Autobiographical knowledge in foreign language education and teacher development. In V. Kohonen, R. Jaatinen, P. Kaikkonen & J. Lehtovaara *Experiential learning in foreign language education.* London: Pearson Education, 106-140.

11.Jaatinen, R. 2007. *Learning languages, learning life-skills: autobiographical reflexive approach to teaching and learning a foreign language.* New York: Springer.

12.Jaatinen, R. 2009. Ennakoimattomuus voimavarana: Autobiografinen, elamankulku ja pyrkimys autenttisuuteen vieraan kielen oppimisen ydinkasitteinä. In R. Jaatinen et al.(eds.) *Kielikasvatus, opettajuus ja kulttuurienvalinen toimijuus.* Helsinki: OKKA-säätiö, 73-94.

13.Jaatinen, R. 2013. Narrative portfolio in foreign language teacher education. In E. Ropo & M. Huttunen(eds.) *Puheenvuoroja narratiivisuudesta opetuksessa ja oppimisessa.* Tampere: Tampere University Press, 105-124.

14.Jaatinen, R., Kohonen, V. & Moilanen, P.(eds.)2009. *Kielikasvatus, opet-*

tajuus ja kulttuurienvalinen toimijuus. Helsinki：OKKA-säätiö.

15.Jaatinen,R. 2015. Student Teachers as Co-developers in Foreign Language Class：A Case Study of Research-based Teacher Education in Finland. *Bulletin of in Community Center for Collaboration,* Naruto University of Education,29,9-20.

16.Jakku-Sihvonen,R. & Niemi,H. (eds.)2007. *Education as a societal contributor.* Berlin：Peter Lang.

17.Jiménez,R. M.,Lamb,T. & Vieira,F. 2007. *Pedagogy for autonomy in language education in Europe：towards a framework for learner and teacher development.* Dublin：Authentik.

18.Jiménez,R. M. & Lamb,T.(eds.)2008. *Pedagogy for autonomy in language education：theory,practice and teacher education.* Dublin：Authentik.

19.Kaikkonen,P. 1994. *Kulttuuri ja vieraan kielen oppiminen.* Helsinki：WSOY.

20.Kaikkonen,P. 2001. Intercultural learning through foreign language education. In V. Kohonen,R. Jaatinen,P. Kaikkonen & J. Lehtovaara *Experiential learning in foreign language education.* London：Pearson Education,61-105.

21.Kaikkonen,P. 2002. Identitatsbildung als Zielvorstellung im interkul-turellen Fremdsprachenunterricht. In V. Kohonen & P. Kaikkonen (eds.)*Quo vadis foreign language education?* University of Tampere：Publications of the Department of Teacher Education A 27,33-44.

22.Kaikkonen,P. & Kohonen,V. 1996. Opettajan ammatillinen kasvu ja koulun opetussuunnitelma：toimintatutkimus. In S. Ojanen(ed.) *Tutkiva opettaja 2.* Lahti：Helsingin yliopiston Lahden tutkimus-jakoulutuskeskus. Oppimateri-aaleja 51,151-166.

23.Kaikkonen,P. & Kohonen,V.(eds.)1998. *Kokemuksellisen kielenopetuk-*

sen jaljilla. Tampere:Tampereen yliopiston opettajankoulutuslaitoksen julkaisuja A14/1998.

24.Kalaja,P. & Barcelos,A. M. F.(eds.)2003. *Beliefs about SLA:new research approaches.* Dordrecht:Kluwer Academic Publishers.

25.Kara,H. 2007. *Ermutige mich Deutsch zu sprechen. Portfolio als Evaluationsform von mündlichen Leistungen.* University of Jyvaskyla:Jyvaskyla studies in education,psychology and social research 315.

26.Karlsson,L.,Kjisik,F. & Nordlund,J. (eds.)2001. *All Together Now.* Helsinki:Helsinki University Language Centre.

27.Kohonen,V. 1988. Evaluation in relation to communicative language teaching. In J. Trim(ed.)*Evaluation and testing in the learning and teaching of languages for communication.* Strasbourg:Council of Europe,Council for Cultural Co-operation,11-26.

28.Kohonen,V. 1989. Opettajien ammatillisen taydennyskoulutuksen kehittamisesta kokonaisvaltaisen oppimisen viitekehyksessa. In S. Ojanen(ed.) *Aka teeminen opettaja.* Lahti:Helsingin yliopiston Lahden tutkimus-jakoulutuskeskuksen taydennyskoulutusjulkaisuja 4/1989,34-64.

29.Kohonen,V. 1992a. Evaluation in learning and teaching languages for communication. In J. Trim(ed.) *Language learning and teaching methodology for citizenship in a multicultural Europe.* Strasbourg:Council of Europe,Council for Cultural Cooperation,63-75.

30.Kohonen,V. 1992b. Foreign language learning as learner education:facilitating self-direction in language learning. In B. North(ed.) *Transparency and coherence in language learning in Europe:objectives,evaluation,certification.* Report on the Rüschlikon symposium. Strasbourg:Council of Europe,Council for Cultural Co-operation,71-87.

31.Kohonen,V. 1992c. Experiential language learning:second language learning as cooperative learner education. In D. Nunan(ed.) *Collaborative language learning and teaching.* Cambridge:Cambridge University Press,14–39.

32.Kohonen,V. 1999. Authentic assessment in affective foreign language education. In J. Arnold(ed.) *Affect in language learning.* Cambridge:CUP,279–294.

33.Kohonen,V. 2001. Towards experiential foreign language education. In V. Kohonen,R. Jaatinen,P. Kaikkonen & J. Lehtovaara *Experiential learning in foreign language education.* London:Pearson Education,8–60.

34.Kohonen,V. 2002a. The European language portfolio:from portfolio assessment to portfolio-oriented language learning. In V. Kohonen & P. Kaikkonen (eds.) *Quo vadis foreign language education?* University of Tampere:Publications of the Department of Teacher Education A 27,77–95.

35.Kohonen,V. 2002b. Yhteistoiminnallisuus oppimiskulttuurin muutoksessa. In P. Sahlberg & S. Sharan(eds.) *Yhteistoiminnallisen oppimisen kasikirja.* Helsinki:WSOY,348–366.

36.Kohonen,V. 2004. On the pedagogical significance of the European language portfolio:findings of the Finnish pilot project. In K. Makinen,P. Kaikkonen & V. Kohonen(eds.) *Future perspectives in foreign language education.* Oulu University:Studies of the Faculty of Education 101,27–44.

37.Kohonen,V.(ed.)2005. *Eurooppalainen kielisalkku Suomessa:tutkimus-jakehittamistyon taustaa ja tuloksia.* Helsinki:WSOY.

38.Kohonen,V. 2007. Towards transformative foreign language teacher education:the subject teacher as a professional social actor. In R. Jakku-Sihvonen & H. Niemi(eds.) *Education as a societal contributor.* Berlin:Peter Lang,181–206.

39.Kohonen,V. 2009. Autonomia,autenttisuus ja toimijuus kielikasvatuksessa. In R. Jaatinen et al.(eds.) *Kielikasvatus,opettajuus ja kulttuurienvalinen toimijuus.* Helsinki:OKKA–säätiö,12–38.

40.Kohonen,V. 2010. Autonomy,agency and community in language education:developing site –based understanding through a university and school partnership. In B. O'Rourke & L. Carson(eds.)*Language learner autonomy:policy,curriculum,classroom. A Festschrift in honour of David Little.* Berlin:Peter Lang,3–28.

41.Kohonen,V. 2011. Experiential learning,educational change and the European Language Portfolio(ELP):voices from Finnish classrooms. *Anglistik International Journal of English Studies,Focus on Affect in language learning,* 22(1):119–136.

42.Kohonen,V. 2012. Developing autonomy through ELP–oriented pedagogy:exploring the interplay of shallow and deep structures in a major change within language education. In B. Kühn & M. L. Péres(eds.) *Perspectives from the European Language Portfolio:learner autonomy and self –assessment.* London: Routledge,22–42.

43.Kohonen,V. 2015. Reflective teacher professionalism in foreign lan – guage education:enhancing professional growth through ELP–oriented growth. In H. Krings & B. Kühn(eds.) *Fremdsprachliche Lernprozesse:Ertrage des 4. Bremer Symposions zum Lehren und Lernen von Fremdsprachen,FLF 48.* Bochum: AKS Verlag,11–29.

44.Kohonen,V.,Jaatinen,R.,Kaikkonen,P. & Lehtovaara,J. 2001. Experiential learning in foreign language education. London:Pearson Education. Kohonen,V. & Kaikkonen,P. 1996. Exploring new ways of in–service teacher education:an action research project. *European Journal of Intercultural Studies,*7 (3):42–59.

45.Kohonen,V. & Kaikkonen,P. (eds.)2002. *Quo vadis foreign language education?* University of Tampere:Publications of the Department of Teacher Education A 27.

46.Kohonen,V. & Korhonen,T. 2007. Student perspectives to the ELP: voices from the classrooms. In A. Koskensalo,J. Smeds,P. Kaikkonen & V. Kohonen(eds.) *Foreign languages and multicultural perspectives in the European contexts.* Münster:LIT Verlag,239-267.

47.Kohonen,V. & Lehtovaara,J.(eds.)1988. *Nakokulmia kokonaisvaltaiseen oppimiseen 2. Peruskoulun kielten opetuksen kehittamiskysymyksia.* Tampere: Tampereen opettajankoulutuslaitoksen julkaisuja A10.

48.Kohonen,V. & Pajukanta,U. 2003. Eurooppalainen kielisalkku:kokeilupro jektin tulosten koontaa. In V. Kohonen & U. Pajukanta(eds.) *Eurooppalainen kielisalkku 2-EKS-projektin paatosvaiheen tuloksia.* Tampereen yliopisto:Tampereen yliopiston opettajankoulutuslaitoksen julkaisuja A 28,7-31.

49.Kohonen,V. & Pajukanta,U.(eds.)2003. *Eurooppalainen kielisalkku 2-EKS-projektin paatosvaiheen tuloksia.* Tampereen yliopisto:Tampereen yliopiston opettajankoulutuslaitoksen julkaisuja A 28.

50.Kolb,D. 1984. *Experiential learning.* Englewood Cliffs,NJ:Prentice Hall.

51.Koskensalo,A.,Smeds,J.,Kaikkonen,P. & Kohonen,V.(eds.)2007. *Foreign languages and multicultural perspectives in the European contexts.* Münster: LIT Verlag.

52.Krings,H. P. & Kühn,B.(eds.)2015. *Fremdsprachliche Lernprozesse: Ertrage des 4. Bremer Symposions zum Lehren und Lernen von Fremdsprachen, FLF 48.* Bochum:AKS Verlag.

53.Kühn,B. & Péres Cavana,M.L.(eds.)2012. *Perspectives from the European Language Portfolio:learner autonomy and self-assessment.* London:Routledge.

54.Lamb,T. 2008. Learner autonomy in eight European countries:opportunities and tensions in education reform and language teaching policy. In R. M. Jiménez & T. Lamb(eds.) *Pedagogy for autonomy in language education:theory, practice and teacher education.* Dublin:Authentik,36–57.

55.Lehtovaara,J. 2001. What is it–(FL)teaching? In V. Kohonen,R. Jaatinen,P. Kaikkonen & J. Lehtovaara *Experiential learning in foreign language education.* London:Pearson Education,141–176.

56.Little,D. 1991. *Learner autonomy: definitions, issues and problems.* Dublin:Authentik.

57.Little,D. 1999. *The European language portfolio and self–assessment.* Council of Europe,Strasbourg:DECS/EDU/LANG(99)30.

58.Little,D. 2001. We're all in it together:exploring the interdependence of teacher and learner autonomy. In L. Karlsson,F. Kjisik & J. Nordlund(eds.) *All Together Now.* Helsinki:Helsinki University Language Centre,45–56.

59.Little,D. 2004. Constructing a theory of learner autonomy:some steps along the way. In K. Makinen,P. Kaikkonen & V. Kohonen(eds.) *Future perspectives in foreign language education.* Oulu University:Studies of the Faculty of Education 101,15–25.

60.Little,D. 2009. *The European Language Portfolio:where pedagogy and assessment meet.* Strasbourg:Council of Europe,Language Policy Division,DGIV EDU LANG 19.

61.Little,D. 2012. The European Language Portfolio:history,key concerns, future prospects. In B. Kühn & M. L. Péres Cavana(eds.) *Perspectives from the European Language Portfolio:learner autonomy and selfassessment.* London: Routledge,7–21.

62.Little,D.,Hodel,H –P. Kohonen,V.,Meijer,D. & Perclová,R. 2007.

Preparing teachers to use the European Language Portfolio. Strasbourg: Council of Europe.

63.Little, D., Goullier, F. & Hughes, G. 2011. *The European Language Portfolio: the story so far(1991–2011).* Strasbourg: Council of Europe.

64.Makinen, K., Kaikkonen, P. & Kohonen, V.(eds.)2004. *Future perspectives in foreign language education.* Oulu University: Studies of the Faculty of Education 101.

65.North, B.(ed.)1992. *Transparency and coherence in language learning in Europe: objectives, evaluation, certification.* Report on the Rüschlikon symposium.Strasbourg: Council of Europe, Council for Cultural Co-operation.

66.Nunan, D.(ed.)1992. *Collaborative language learning and teaching.* Cambridge: Cambridge University Press.

67.Ojanen, S.(ed.)1989. *Akateeminen opettaja.* Lahti: Helsingin yliopiston Lahden tutkimus-jakoulutuskeskuksen taydennyskoulutusjulkaisuja 4/1989.

68.Ojanen, S.(ed.)1996. *Tutkiva opettaja 2.* Lahti: Helsingin yliopiston Lahden tutkimus-jakoulutuskeskus. Oppimateriaaleja 51.

69.O'Rourke, B. & Carson, L.(eds.)2010. *Language learner autonomy: policy, curriculum, classroom. A Festschrift in honour of David Little.* Berlin: Peter Lang.

70.Perclová, R. 2006. *The implementation of European Language Portfolio pedagogy in Czech primary and lower secondary schools: beliefs and attitudes of pilot teachers and learners.* University of Joensuu: Publications in Education 114.

71.Principles(2000/2011)=European Language Portfolio(ELP). Principles and guidelines(with added explanatory notes, Version 1.0). In *European Language Portfolio: Key reference documents.* Strasbourg: Council of Europe, Language Policy Division, DGIV/EDU/LANG(2006)4, 7–16.

72.Resolution 2000=*Resolution 2000 on the European language portfolio.* Adopted at the 20the session of the Standing Conference of the Ministers of Education of the Council of Europe, Cracow, Poland, 15–17 October 2000. Strasbourg: Council of Europe.

73.Ropo, E. & Huttunen, M. (eds.) 2013. *Puheenvuoroja narratiivisuudesta opetuksessa ja oppimisessa.* Tampere: Tampere University Press.

74.Sahlberg, P. & Sharan, S. (eds.) 2002. *Yhteistoiminnallisen oppimisen kasikirja.* Helsinki: WSOY.

75.Schniedewind, N. 2012. A short history of the ambush of public education. In N. Schniedewind & M. Sapon–Shevin (eds.) *Educational courage: resisting the ambush of public education.* Boston: Beacon Press, 4–22.

76.Schniedewind, N. & Sapon–Shevin, M.(eds.) 2012. *Educational courage: resisting the ambush of public education.* Boston: Beacon Press.

77.Scharer, R. 1992. A European Language Portfolio: a possible format. In B. North (ed.) *Transparency and coherence in language learning in Europe: objectives, evaluation, certification.* Report on the Rüschlikon symposium. Strasbourg: Council of Europe, Council for Cultural Co–operation, 140–146.

78.Scharer, R. 2000. *A European language portfolio: pilot project phase 1998–2000.* Final report. Strasbourg: Council of Europe, Modern Languages Division, DGIV/EDU/LANG(2000)31 rev.

79.Scharer, R. 2008. *European language portfolio: interim Report 2007.* Strasbourg: Council of Europe, Language Policy Division DGIV/EDU/Lang(2008)1.

80.Scharer, R. 2012. Between vision and reality: reflection on twenty years of a common European project. In B. Kühn & M. L. Péres (eds.) *Perspectives from the European Language Portfolio: learner autonomy and self–assessment.* London: Routledge, 45–58.

81.Sisamakis,E. 2006. *The European language portfolio in Irish post-primary education:a longitudinal empirical evaluation*(Ph.D. thesis). Dublin:University of Dublin,Trinity College.

82.Taylor,C. 1991. *The ethics of authenticity.* Cambridge,MA:Harvard University Press.

83.Trim,J.(ed.)1988. *Evaluation and testing in the learning and teaching of anguages for communication.* Strasbourg:Council of Europe,Council for Cultural Cooperation.

84.Trim,J.(ed.)1992. *Language learning and teaching methodology for citizenship in a multicultural Europe.* Strasbourg:Council of Europe,Council for Cultural Cooperation.

85.Trim,J.(ed.)1997a. *"Language learning for a new Europe":Report of the final conference of the Project "Language learning for European Citizenship",*CC-Lang(97)7. Strasbourg:Council of Europe,Council for Cultural Cooperation.

86.Trim,J.(ed.)1997b. *Language learning for European citizenship:Final report of the Project Group(1989-1996).* Strasbourg:Council of Europe,Council for Cultural Cooperation.

专题三　多学科日常学习记录

——一个母语教师教育者的自白

皮尔乔·瓦蒂宁（Pirjo Vaittinen）

引　言

2003 年夏天，我在葡萄牙里斯本参加了由国际母语改善教育协会（International Association for the Improvement of Mother Tongue Education）组织的会议,会议的主题为"文学在母语课程学习中的角色",但实际上会议和报告涵盖了各类主题。会议讨论了教育政策和教育全球化相关的课程,也探讨了教师身份和教师培训的问题(Kaartinen et al.,2003)。

在第一次工作坊中,一位演讲者向我们透露,她在里斯本看到类大卫之星、十字架和新月后,对里斯本有了像家一样的熟悉感。她以阅读《犹太法典》为例——这本书包含了不同时期的犹太文明篇章。阅读是非线性的,即读者可能会从一篇文章跳转到后面的评论,并且他们能够对这些内容形成自己的理解。

这位演讲者是来自以色列教师教育学院的伊拉娜·埃尔卡德·雷曼(Ilana Elkad-Lehman)教授。她演讲的是朱莉娅·克里斯蒂娃(Julia Kristeva)通过互文性来教授文学的理论。"互文性"一词将索绪尔(Saussure)的语言符号学与巴赫金(Bakhtin)的对话主义结合起来(Kristeva,1980,orig.,1969)。"互文性"后来被视为一种普遍现象，阐明了一个文本与另一文本之间的相互联系，即文本和上下文及不同体裁之间的联系，通常也称为"文本间性"。更广泛意义上的互文性被用于电影、戏剧和媒体研究。在我熟知的克里斯蒂娃关于结构主义语言学、精神分析学、符号学和哲学女性主义等著作中也体现了文本间性这一特点。

研讨会的重点是理解与读者反应理论有关的阅读活动和框架。我博士论文的研究重点是学术论文研究的范式从以文本为中心转向以读者为中心（Vaittinen，1988；see also Vaittinen，2011）。

伊拉娜·埃尔卡德·雷曼教授在其引言中经常提到，建构主义作为教学范式，将学习者视为关注的焦点。她希望将维果斯基提出的联想阅读、思维培养和元认知进一步合理化。维果斯基在芬兰的所有教育研究中都很有名：他是一位发展互动学习的心理学家。在我的文学学术研究中，我也熟悉了维果斯基早期关于艺术起源和艺术心理的著作，以及他的文化和叙事理论。我与伊拉娜·埃尔卡德·雷曼教授同样强调在教学中关注学生的成长性思维和语言能力。

研讨会上的阅读材料包括一本希伯来语的故事书，需要从底部开始，自右至左阅读。书中的图片和版面介绍了一个风格鲜明的童话故事，封面上有一位公主，背面是类似于蜘蛛和蜘蛛网一样的东西，另一个故事是带有对话框的漫画。

参会者传阅这本书，同时会议也要求我们与旁边的人讨论书中熟悉的元素，以及相关的发散性联想。在讨论过程中，我们提及了格林兄弟的欧洲童话故事，比如一些公主主题的童话如《睡美人》《白雪公主》和《长发公主》等。灰姑娘是我们熟知的一个角色，讲的是一群动物帮助女孩拥有光彩靓丽的礼服，并最终给她带来了幸福的故事。蜘蛛的故事则体现了一位艺术家和他的艺术表现。这本书阐述了一些不常见的元素，例如"公主的决心"和"蜘蛛以及西吉的礼品店"。互文式阅读能够通过多种形式得以展现，女权主义者可以去阅读,包括阅读神话、阅读艺术或艺术家的故事,还可以作为更广泛的文化阅读的一部分。

我们也可以看到部分的英语对话,但是这本书没有英语对话也很容易读。来自中国香港的一名参与者提出了与语言、对话和道德相关的工作,并指出了语言的规范性。一位加拿大参与者提及想象力:通过文学,你可以进入一个你原本无法进入的世界。文学作品有许多作用和功能,并且不同的人有不同的思考角度。

一、简介

以上故事描述了我对母语教学法和具体学科教学法的看法。在本章中,我的观点将通过一个教师教育者的职业身份来叙述,职业身份关乎个人认同、社会认同和文化认同(Ropo,2019)。我的目的是探究坦佩雷大学教师教育主题下的教学活动,关注"反思"和"研究"对发展教师自主性的意义(Jaatinen,2015)。本章的文化背景是芬兰母语教学的历史和传统,而我的观点是运用学科教学法是成为一名教师的重要条件。

学科教学法包括基础的学科知识和理论,教育哲学理论及有关学科传统的批判性评价的历史知识。大学的学科教学法也包含培养技能的知识,例如在参加母语的教学研究时,学生能够通过技能练习参与到母语或文学专业的交流中,其目的是练习技能技巧,而不仅仅是将其作为实现外部目标的工具。这样,教育的目标就包括在实践中,而并不只是来自外部的驱动(Tomperi,2017)。

在教师教育中,研究母语和文学教学实践不仅可以为未来做准备,还可以促进当前形势的发展。学科教学法的目标始终具有前瞻性,因为其伦理学目的是为学习者和社区谋福利(Grünthal,2007)。学科教学研究还包括解释和探索学科在社会中的意义和应用。

二、芬兰母语教学的历史

在芬兰的母语教学历史可以追溯到 16 世纪芬兰瑞典统治下使用的芬兰语，或其在 1843 年成为一门学校课程，以及在 1856 年成为芬兰大公国的教学语言（Karasma, 2014）。学科课程的历史可以追溯自 19 世纪到 20 世纪 50 年代（Kauppinen, 1982）。母语教师工会于 1948 年在芬兰成立，该机构发表了一篇关于芬兰语教学历史的文章和出版了一本书（Mäenpää, 1974; Kaipainen et al., 1998）。

芬兰母语教学法的历史可以追溯到 20 世纪 70 年代，当时的芬兰正在实行学校和师范教育改革。学校的教学制度转变为通识教育制度，师范学校的学科教师教育被纳入大学的教育学院。

1986 年，第一本有关母语教学法的教科书问世。该教科书包含了简短的母语教学法历史和一些传统的教学内容（Kauppinen, 1986）。《带刺的瑞典语！——以母语、文学和戏剧为重点之教导指南》(Svenska med sting! Didaktisk handledning med tyngdpunkt påmodersmål, litteratur och drama) 是一本基于现代概念和理论的瑞典语母语教学法的教科书，涵盖了有关"整体与个体""身体、思想和情感的整合""在文化环境中学习""积极的过程性学习"和"扩大教学空间中的对话"等内容。安娜·莱娜·奥斯特恩（Anna-Lena-Østern）的专长是教授艺术，特别是在戏剧中涉及艺术、艺术展现和艺术描述过程（Østern, 2001），她的书也符合我对戏剧和戏剧教育的理解。

海拉·伊利卡利奥（Heilä-Ylikallio）和奥斯特恩（Østern）在 2012 年发表了有关母语教学法相关的文章（文章为芬兰语和瑞典语）。它概述了对母语教学法的学术研究，并介绍了大学的母语教学专业人士。在教学学科教学论的发展过程中，可以看到几个变化：文学教学从规范思维向母语文化主体转变，从形式主义向功能主义转变，从认知视角向社会文化视角转变，从单一文化视角向多元文化视角转变，从文本阅读取向向多模态取向转变（Heilä-Ylikallio & Østern，2012）。在拉蒂塔等人（Rättyä et al.，2017）的另一篇文章中，他们对 21 世纪芬兰母语和文学研究进行了全面调查。此外，还有几篇文章和学术论文讨论了母语作为学校课程的历史及其他相关主题。

三、坦佩雷大学的贡献

　　1974 年，坦佩雷大学教师教育系任命了第一名母语教学法讲师。自 1962 年坦佩雷教师培训学校成立以来，安娜·丽莎·曼帕（Anna-Liisa Mäenpää）一直是该学校的讲师，她在学校开创时期对新综合学校的课程提出了新的想法。她活跃于母语教师工会，是《文学批评和教学》（Kirjallisuuskritiikki ja opetus）一书的作者之一，这本书是母语教学法实现科学化的标志（Rainio，1971；Vaittinen，2011）。《研究与教学：结构主义》也延续了同样的趋势，为在大学中研究母语教师的相关学科提供了支点（Mäenpää et al.，1976；Vaittinen，2011）。

　　开创一个新的学术分支需要发展周期。安娜撰写了一篇文章，介绍了当代母语教学法这个领域的变化，同时比较了不同国家的母语教学（Mäenpää，1974）。后来，她完成了对芬兰大学研究的调查，指出母语教师教育的结构是分散的。她认为，应该以人文社科中的国家层面课程为基础对教师进行培训。在母语教学理论中，应将语言学、教育学、心理学、社会学的观点与一般教育理念相结合，为学科教学论的研究提供跨学科的研究空间（Mäenpää，1978）。她指出杰罗姆·布鲁纳（Jerome Bruner）的早期理论中强调，儿童学习语言是为了交流；有意义语言是在有意义的亲子互动语境中习得的；儿童的语言习得由系统支撑，遵循维果斯基的社会文化发展理论（Smith，2002）。

　　基尔·利基（Kyllikki Keravuori）于 1989 年被任命为坦佩雷大学的母语教学讲师。她引入课程语言概念、课堂对话教学和小组学习。这些方法和概念均源于英语研究的资料（Keravuori, 1977; 1978）。基尔·利基的博士学位论文《我是否理解你：话语角色和功能研究》（*Ymmärränkötarkoitukses : tutkimus diskurssirooleista ja funktioista*）发表于 1988 年，在论文中，基尔·利基运用话语分析的理论和研究方法。她在博士论文中研究了课堂话语中的角色，发起者是老师，而学生仍然是应答者的角色。她探索了课堂话语功能，即启发式、指导性和信息性功能，以及提问、检查和询问的结构。当处于小组合作时，话语角色是不同的（Keravuori, 1988）。

我的前辈是坦佩雷大学的两个母语教学老师，他们是非常活跃的母语教师，也是大学教师培训学校的导师。他们提出了许多关于学校及其专业的新理论，并通过工会积极参与课程制定，他们是学校改革的先驱（Keravuori, 2004）。他们认为，通过规范和反映社会的价值观和意识形态，国家课程将为教师提供宝贵的教学工具。他们的专长涵盖了学科教学、文学、语言学和传播学。在建立新知识领域（即母语教学法）的基础上，他们对方法和理论也很感兴趣，其方法和理论对创建新的知识分支有指导作用。安娜向教师和教师教育者传达了人文科学的新方法，基尔·利基则是课堂讨论研究的先驱，使得课堂讨论在许多芬兰大学中越来越流行，包括语言学和教育领域。

四、用自己的方式来做事

在我的故事中，可以看到《小红帽》、我姐姐和邻居的孩子们在学校里玩的游戏、我的母亲带我去的城市图书馆及学校里老师教的诗歌分析的力量。我的家人是第二次世界大战后从卡累利阿撤离的，因此我有两种语言和文化。

我上的是双轨制学校，之后进入了文法学校，后来去了当地一所私立高中，我父亲在那里任教并教导我。芬兰语老师借给我巴勃罗·聂鲁达（Pablo Neruda）的诗歌作为作文主题。大学期间，我学习的是芬兰语和芬兰–乌戈尔语(Finno-Ugric)，并在比较文学方面有了快速的进步。暑假期间，我又学习了教育学、心理学和新闻学。

我从尔基·拉德斯(Erkki Lahdes)教授那里学习教育科学的基础知识，他的"精通学习理论"为我提供了一种有意义的学习方法。1970年芬兰完成基础教育改革，其中有一本教科书是1970年综合学校委员会的报告。硕士毕业后，我于1974到1979年从事大学教育改革的研究和策划工作。

当时我在教育部工作，与该领域最好的专家一起工作的同时，我继续学习教育方面的知识，学习了许多理论和实践知识，尤其是高等教育学。

1980年后，我参加了大学教师资格的课程，所学习的理论是尤利娅·安娜斯通(Yrjö Engeström)的行动理论和发展工作研究(Engeström，1987)。我认为该理论也适用于文学的学术基础课程。后来，我在大学教师培训学校的指导手册中完成了完整的学习周期。大学教育学课程中另一个令人印象深刻的理论是认知心理学。1980年，我开始了该学科教师教育的研究，基本上会在秋季学期学习，因为我有机会将所学到的知识运用到实践中，即参与到文化活动课程中的项目中。后来，我在乌普萨拉大学获得了博士学位的奖学金，由此我也成为由芬兰科学院资助的早期戏剧和电影研究的博士。

我在奥卢大学(University of Oulu)担任文学副教授的同时完成了文学博士论文，我研究的理论框架以德国学者的美学、现象学和解释学为基础，还进行了社会学和教育学视域下美国读者的反应和实证阅读的研究。1988年，我的比较文学博士学位论文被图尔库大学收录(Vaittinen，1988；Vaittinen，2011)。后来，我也将相同的理论框架应用于戏剧研究和教育研究。在图尔库大学，作为戏剧研究的老师，我完成了一些关于当代戏剧的研究项目(Vaittinen，1992；Berg et al.，1994)。

1994年，我与家人一起移居美国，在印第安纳大学工作了两年，并担任芬兰语言及芬诺-乌格里克文化的教授。那里的教学氛围非常"学校化"，学期中每个阶段都是明确的、可量化的阶段。除了评估，我们还必须给每个学生及时反馈。当然，与外聘的教师讨论教育学的原理和实践是重要且富有成效的。

五、综合与反思

1996 年，我回到芬兰继续我的学科教师教育研究，并在研究中获得了新的知识和见解。图尔库大学的沃克·柯提娜（Vuokko Kaartinen）是母语教学法讲师，她在论文中介绍了"积极读者"的概念，即阅读过程遵循认知心理学的规律。根据社会建构主义，教学需要向处于不同阶段学习的学生及时反馈信息，这些反馈信息可以促进教师的教学研究活动，这对于母语教师培训来说是一种真实的评价（Kaartinen，1996）。

我自己作为实习教师的经历和我对同伴学习者的观察经历，帮助我在学校和教师教育中建立了一种基于反思、元层次思考和讨论的行动愿景。主动阅读策略是母语和文学教师的行动指导。除了阅读，写作过程也变得好理解起来，而且它适用于口语和听力。此外，语言处理过程也是提高语言使用的工具，所有不同领域的语言都可以组织成为教学过程。策略型教学意味着将元认知带入学习过程，同时对学习内容进行反思和评论。

在图尔库师范学校的教学实践中，我也有机会在当地的学校进行了两周的教学。在 1997 到 1998 年间，我与两位颇受欢迎的高中老师合作，他们指导我如何安排课程、如何使用教科书和其他材料，以及如何评估入学考试。我觉得自己已经做好了在坦佩雷大学从事母语教育工作的准备。我认为教学是相互关联的，学科的专业知识构成了学科基础，学科教学法提供了一种与该专业知识相结合的观点。

六、对话坦佩雷

在坦佩雷大学，我对《学生指南》中"无对话的学科教师教育"这一主题很感兴趣。因为没有对话,教育者就无法在教育学院学习。对话既是教育的目标,也是教育的手段,对话也可以提有建设性的批评意见。在对话中,人们愿意彼此倾听和理解,并在必要时改变彼此的看法。对话技巧不会主动出现,但是我们可以在与世界的沟通中以开放的状态生成对话 (Lehtovaara & Jaatinen,1994;1996)。

对话在教育中的意义与哲学家马丁·布伯(Martin Buber)的"我—你"理论有关,即"独特的个体,遇见彼此"(Buber,1993;orig.,1923)。教育对话也可以通过米海尔·巴赫金(Mihail Bakhtin)的哲学理论来洞察。巴赫金被称为文学学者(Bakhtin,1981;Bahtin,1991),该哲学理论最初是与陀思妥耶夫斯基(Dostoyevsky)诗歌中的对话相关。在芬兰,对话和现象学经常与心理学家及哲学家劳里·劳哈拉(Lauri Rauhala)的名字相关联。我在图尔库进行美学研究的一个共同点是研究现象学。

在 21 世纪初,档案袋作为一种期末考察方式,被引入了坦佩雷大学的学科教学课程中。档案袋与教师教育中的对话思想息息相关(Kaartinen,1996)。尽管我的主要任务是收集春季学期末的档案袋,但更重要的是我要在其中进行反思。从狭义上讲,档案袋包含了年度最佳教学研究、被评估过的学习经历,还可能包含其他如教师的兴趣爱好、家庭和朋友等。档案袋的框架由专业概况、教学理念、教师个人优势、发展领域或教师下一步发展目标组成;也可以是像具有自传性质的日记一样,从过去延续到未来。

一般而言,档案袋是以书面形式呈现,迫使教师停下脚步,回溯自己的想法,因为提高抽象写作水平。当然,还可以使用其他类型的评估,例如 SWOT 分析(参见 Virta et al.,2001)。在教师教育中还有一种反思形式是运用隐喻(Kaartinen,2013)。成为一名老师的隐喻可能是一段旅程,也可能是像一簇羊毛纱线或像一支舞蹈这样的隐喻。讨论档案袋能让教师自豪地介绍自己的专业知识,在讨论的过程中,他们是最好的专家,是自己生命的代言人。分析师范生档案袋中的材料,能显示他们在国内和国际会议上教学研究期间的成长(Vaittinen,2005;2007a,b)。

在坦佩雷大学的教师教育学科中，对教师队伍的研究是共同关注的焦点。2003 年发表论文《自我反思性外语学习与教学》(Jaatinen,2003;2007)。2010 年,有关数学老师专业发展的两篇博士论文被发表(Portaankorva-Koivisto,2010;Yrjänäinen,2011)，其中一篇论文关注了概念和元语言的运用(Silfver-berg,1999)。特罗·奥蒂奥(Tero Autio,2002)的博士论文介绍了他对课程研究的兴趣,这也与学科教学法有关。

在坦佩雷大学,我热情地参与了大学教育学、计算机技术使用以及基于问题的学习(PBL)方法的课程。PBL 最初应用于医学系和职业研究,后来被公认为适用于小学教师教育和幼儿教育的课程基础中。PBL 可以更灵活地应用于协同工作中，它融合了多学科思想，例如在母语和文学的学科教学中,可以组建一个学科,或某个学科的一部分,以多学科思维整合母语教学和文学主题教学。

七、从整合到研究

在我的青年时代,学校的"母语与文学课"又称为"芬兰语课"。1999 年,"文学"一词被纳入学科名称中,而"母语"科目的整合则始于 1970 年。"语言知识"课程将听、说、读、写技能融合在一起(Kaipainen,1998)。到了 20 世纪90 年代,"文字技能"和"多元文化"继续发展。"文本"的概念很宽泛,即包括口语和书面的、虚构和事实的、图片的、音频的、图像的以及各种组合形式。

目前,坦佩雷大学有一组研究人员正在研究口头表达的概念,或者说将数学问题"语言化"。我对八年级学生采用了上述的方法,后来我在教师培训学校指导教师教学工作也使用了这样的方法（Rättyä & Vaittinen,2015)。这样的情景激发了我与孩子谈论语言的想法(Pynnönen,1996;1998),该方法也适用于文学阅读(Oja & Vaittinen,2013)。

在我从事教师教育工作时,我设计了一份教学大纲。这个教学大纲是基于我学习环境中遇到的最新理论课题、国家课程等资料,包括新书、电影、戏剧、语言(包括文学、阅读、写作和口语技能)等最前沿的研究。每年我都在新的小型项目中采用不同的教学方法。我认为应该把学科教学法以项目的形式组织起来,应用在教学指导、教师培训、教师科研及一些国际合作。

我曾将戏剧讨论作为戏剧研究中分析表演的方法。我收集了青年专家阅读能力提升的经验,该研究由母语教师工会(Mother Tongue Teachers' U-nion)组织,青年亚历山大奖评估小组成员进行在线讨论(Vaittinen,2008a,b,c)。

2009年,我从师范学校收集并观看了七年级学生小组讨论的录像资料,他们讨论的主题是来源阅读自己选择的书籍。教学活动以教科书为基础,其中一位作者是卡琳娜·阿霍宁老师(Kaarina Ahonen)。2010年,他们中一部分人在图书馆里讨论文学并进行记录;另一部分人参与了在计算机实验室Moodle环境下开设的线上论坛。学生们读了法国作家米歇尔·图尼尔(Michel Tournier)的《星期五和鲁滨逊》(*Friday and Robinson*)(1977年原版的 *Vendredi ou la Vie sauvage*;1982年在芬兰叫《鲁滨逊杂剧集》),这本书上的作业是在家中完成读写问题。学生记下笔记,然后将问题或对主题目标的讨论以录像或以其他数字化的形式保存下来。在最后的课堂讨论中,学生们不同程度上都阅读了丹尼尔·迪福(Daniel Defoe)原版的《鲁滨逊漂流记》中的部分章节。

在母语教师的指导下,在学校接受过实践培训的师范生比较了解项目的整体发展。师范生进行了部分与项目式学习有关的教学,并参与了项目的设计和操作。

后来,师范生为他们的短篇研究论文制定了一系列的研究主题,并以两人或三人一组的方式收集数据。他们主要对小组交流感兴趣,我向他们介绍了加拿大和法国研究者关于文学讨论中的各种话语转向的研究(Hébert,

2008；Vaittinen，2011），这些方法可用于分析口头讨论和线上讨论。其中一组学生使用了他们所学到的对话分析法。

结果表明，在一个主题和项目中进行教学能够让学生利用现有的技能，也能让他们在小组互动中发挥作用。当学生自主选择适合自己水平的任务时，他们与老师之间就能够并行前进，共同分担责任，这样也就架起了从学校过渡到社会的桥梁。

在我们的发展性教学项目中，老师们注意到年轻学生对与生活相关的主题和与真实问题相关的主题作业都完成得很好。学生的口头讨论中有多个分支，计算机参与者非常专心且富有想法，"美好生活"这个话题是讨论中最精彩的部分，他们的讨论深刻而富有哲理（Ahonen & Vaittinen，2011；2012 a，b；Vaittinen，2012）。

八、在更广阔的框架内开展艺术教育

在艺术教育中，用语言分享艺术经验是很重要的，无论是口头表达、叙述、对话，还是写评论。在 2009—2010 学年期间，位于坦佩雷的萨拉·希尔登学院（SaraHildén Academy）展出了与芬兰民族史诗《卡莱瓦拉》的视觉艺术作品。在 2010 年秋季，一群 15 岁的九年级学生看了《卡莱瓦拉》中的一些虚构人物，这些人物都是由与他们年龄相仿的艺术家创作的。通过对虚构人物的详细研究，学生们准备写有关它们的故事。在与年轻艺术家的会谈中，学生们大声朗读了这些故事，而年轻的艺术家又有机会根据故事的解释和神话人物来解释他们是如何根据对卡莱瓦拉的故事解释和描绘神话人物的，随后学生们再对艺术作品进行分析。

根据芬兰国家课程规定，九年级的学生必须阅读《卡莱瓦拉》的诗歌。在我们的课堂上，每个学生都通过年轻艺术家对新艺术的诠释，朗读一系列关于他们熟悉的人或诗歌。学生们还学习了其他关于现代艺术的解释，例如

《火焰剧场的火焰》(*Fire Theater Flamma*)的表演,克里斯蒂安·惠图拉(Kristian Huitula)和吉恩·基尔基耶维(GeneKurkijärvi)的漫画,以及约翰娜·辛尼萨洛(Johanna Sinisalo)的小说《圣卡里特》(英雄)。

最后,来自萨拉·希尔登学院的年轻艺术家和师范学院的学生开展了小组会议,讨论的主题是"卡莱瓦拉图像:从前和现在",这些资料包括人们所熟知的年轻艺术家对该主题经典的诠释。

该项目表明,当今的年轻人擅长多模式工作,能够处理文字和图像之间的互动。学校是一个可以在年轻人面前摆上一面艺术之镜的地方,他们正在为自己的身份问题而斗争,并给他们一个机会去发现"不同的视角"和"其他世界",从而使文化遗产得以永存。

学校营造了一种多观点、共享的学习文化,在这种文化中,人们之间的思想和知识的火花相互碰撞。大家分工协商,角色可以转换,并且被提供观察和反思小组活动的机会。学校是一个可以通过协作构建意义的场所,艺术是另一种知识模式。通过艺术和艺术活动,人与人之间及人类与世界之间建立了各种关系(Bruner,1986)。

结　语

研究型教师教育在芬兰已经有四十余年历史。在坦佩雷大学的学科教师教育中,教师作为研究者的概念已被纳入课程中,从而指导师范生成为反思型教师、对话型教师和自主型教师。在二十年的教师教育生涯中,我将学科教师教育的基础从反思扩展到研究,研究取向是将研究融入教育基础课程中,通过课程研究或方法来提高教学学科的能力。学生的知识和方法技能为学科教学研究提供了有价值的材料。在学科教学研究中,教育学的典型研究方向可以扩展到学校民族志和行动研究上。

作为综合性、多学科的领域,教学和学习只有在研究支持的基础上才能得以发展并挑战我们的主导思维模式。不断重建和检验理论很关键,因为重要和最新的信息都是不断建构的。支持教师社区引入新知识、新项目和社区学习同样重要。教师需要对他们的工作持审慎的态度,他们需要研究自己的教学,在工作中积极运用教学研究,发展自己的教学思想。教师的独立思想正在解放,不需要跟随潮流和"某种主义"。

对每个人来说,成为一名教师是一个复杂的过程,教学也是一件复杂的事情。在教育和专业上的成就得益于对特定学科的专注。作为研究型教师,学科教师教育的研究取向是我作为教师教育者的一种工具,也是我通过自己的特定学科经验来观察和诠释世界。母语和文学教师应该是一群具有自主性,极具创造性和批判性的未来老师。

参考文献

1.Ahonen,K. & Vaittinen,P. 2011. Argumentation in online literature circles and in the classroom. In A. Godenir & M. Vanesse –Hannecourt(eds.) *Actes/Proceedings. The 7th European Conference on Reading* 7/31 –8/3 2011 Mons,Belgique.

2.Ahonen,K. & Vaittinen,P. 2012a. Argumentointi verkon kirjallisuuspiireissä ja luokkahuoneessa. In K. Ahonen & T. Juutilainen(eds.) *Järjen ja arjen ääniä*. Tampereen normaalikoulu tutkii,kokeilee ja kehittää. Tampere:Tampere University Press,11–27.

3.Ahonen,K. & Vaittinen,P. 2012b. Cercle de lecture en ligne au secondaire. Discussions dans un cercle de lecture en ligne et en salle de classe. *Caractères* 43. Trimestriel–Decembre 2012,27–35.

4.Autio,T. 2002. *Teaching under siege:Beyond the traditional curriculum*

studies and/or didaktik split. Acta Universitatis Tamperensis:904. Tampere U-
niversity Press.

5.Bahtin,M. 1991/1963. *Dostojevskin poetiikan ongelmia.* Helsinki:Orient
Express.(P. Nieminen & T. Laine,Trans.)(Original work *Problemy poètiki Dos-
tojevskogo* published 1963).

6.Bakhtin,M. 1981/1975. *The Dialogic Imagination. Four Essays.* Austin:
University of Texas Press.(C. Emerson & M. Holquist,Trans.)(Four essays from
the original work *Voprosy literatury i èstetiki* published 1975).

7.Bahtin,M. 1979/1975. *Kirjallisuuden ja estetiikan ongelmia.* Moskova:
Progress.(K.Kyhälä-Juntunen & V. Airola,Trans.)(Original work *Voprosy liter-
atury i èstetiki* published 1975).

8.Berg,C.,Lahtinen,K.,Uski,S. & Vaittinen,P. 1994. *Hommage! Myrsky
Porin Teatterissa 1993.* Porin kaupungin kulttuuritoimi/kulttuuritoimisto 1994.

9.Bruner,J. 1986. *Actual Minds,Possible Worlds.* Cambridge,MA:Harvard
University Press.

10.Buber,M. 1993/1923. *Minä ja Sinä.* Helsinki:WSOY.(J. Pietilä,Trans.)
(Original work Ich und Du published 1923).

11.Elkad-Lehman,I. 2005. Spinning a Tale:Intertextuality and Intertextual
Aptitude. *L1-Educational Studies in Language and Literature* 5(1),39-56.

12.Engeström,Y. 1987. *Perustietoa opetuksesta.* Helsinki:Valtiovarainmin-
isteriö.

13.Grünthal,S. 2007. Onko ainedidaktiikka elefantti? Äidinkielen ja kirjal-
lisuuden ainedidaktiikasta. In S. Grünthal & E. Harjunen(eds.) *Näkökulmia
äidinkieleen ja kirjallisuuteen.* Helsinki:SKS,12-27.

14.Grünthal,S. & Harjunen,E. (eds.)2007. *Näkökulmia äidinkieleen ja
kirjallisuuteen.* Helsinki:SKS.

15.Hébert,M. 2008. Co–elaboration of meaning in peer–led literature circles in secondary school. *L1–Educational Studies in Language and Literature* 8 (3),23–55.

16.Hébert,M. 2003. *Co–élaboration du sens dans les cercles littéraires entre pairs en première secondaire: étude des relations entre les modalités de lecture et de collaboration.* Unpublished doctoral dissertation,University of Montreal. http//www.theses.umontreal.ca/theses/nouv/hebert_m/these.pdf.

17.Heilä–Ylikallio,R. & Østern,A–L. 2012. Universitetsämnet moder–smålets didaktik i Finland–ett lärarutbildningsperspekti. In S. Ongstad (ed.) *Nordisk morsmålsdidaktikk. Forskning, felt og fag.* Oslo: Novus förlag,108–141.

18.Jaatinen,R. 2007. *Learning Languages, Learning Life Skills. Autobiographical reflexive approach to teaching and learning a foreign language.* New York: Springer.

19.Jaatinen,R. 2015. Student teachers as co–developers in foreign language class–a case study of research–based teacher education in Finland. *Bulletin of Center for Collaboration in Community. Naruto University of Education* (29),9–20.

20.Jaatinen,R. 2003. *Vieras kieli oman tarinan kieleksi–Autobiografinen refleksiivinen lähestymistapa vieraan kielen oppimisessa ja opettamisessa.* Acta Electronica Universitatis Tamperensis: 230. Tampere: Tampere University Press.

21.Jaatinen,R.,Kaikkonen,P. & Lehtovaara,J.(eds.)2004. *Opettajuudesta ja kielikasvatuksesta.* Tampere: Tampere University Press.

22.Joutsenlahti,J. & Kulju,P. 2010. Matematiikan sekä äidinkielen ja kirjallisuuden opetuksen kehittäminen yhteisen tutkimuksen avulla–Sanan lasku–projekti. In T. Laine & T. Tammi(eds.) *Tutki, kehitä ja kokeile.* Hämeenlinna: Hämeenlinnan normaalikoulu,53–61.

23.Kaartinen, V. 2012. Metaforien avulla tulevien äidinkielen ja kirjallisuuden opettajien identiteettiä tukemassa. In Tainio, L., Juuti, K., & Routarinne, S. (eds.). *Ainedidaktinen tutkimus koulutuspoliittisen päätöksenteon perustana.* Helsinki: Suomen ainedidaktinen tutkimusseura ry, 34–50.

24.Kaartinen, V. 1996. *Aktiivinen oppiminen–lukijaksi ja äidinkielen opettajaksi.* Turku: Turun yliopisto.

25.Kaartinen, V., Lahtinen, A.M., Simola, R. & Vaittinen, P. 2003. Äidinkielen opetuksen tutkijat Lissabonissa. *Virke* 4, 53–54.

26.Kaipainen, R., Lonka, I. & Rikama, J. (eds.)1998. *Siitäpä nyt tie menevi: Äidinkielen opettajain liiton viisi vuosikymment? 1948–1998.* Helsinki: Äidinkielen opettajain liitto.

27.Karasma, K. 2014. *Aapisesta ylioppilaskokeeseen. Äidinkielen opetuksen historia.* Espoo: Äidinkielen opetustieteen seura ry.

28.Kauppinen, S. 1982. *Kansakoulun ja oppikoulun äidinkielen opetussuunnitelman kehitys autonomian ajalta 1950–luvulle.* Helsinki: Helsingin yliopiston opettajankoulutuslaitos 1982.

29.Kauppinen, S. 1986. *Äidinkielen didaktiikka.* Helsinki: Otava.

30.Keravuori, K. 2004. Mukana opettajankoulutuksen muutoksessa: aikalaistodistusta ja asiakirjoja. In R. Jaatinen, P. Kaikkonen & J. Lehtovaara (eds.) *Opettajuudesta ja kielikasvatuksesta.* Tampere: Tampere University Press, 251–263.

31.Keravuori, K. 1988. *Ymmärränkö tarkoitukses: tutkimus diskurssirooleista ja–funktioista.* Helsinki: SKS.

32.Keravuori, K. 1978. Lingvisti luokassa(A linguist in the classroom). *Virittäjä* 82(1978), 193–198.

33.Keravuori, K. 1977. Kieltä elämää varten. *Äidinkielen opettajain liiton vuosikirja* 24(1977),30-44.

34.Kristeva,J. 1980. *Desire in Language:A Semiotic Approach to Litera-*
ture and Art. New York:Columbia University Press.

35.Krogh,E.,Qvortrup,A. & Spanget Christensen,T. 2016. *Almendidaktik*
og fagdidaktik. Fredrigsberg:Frydenlund.

36.Lehtovaara,J. & Jaatinen,R. (eds.)1994. *Dialogissa Osa 1. -Matkalla*
mahdollisuuteen. Tampere:Tampereen yliopiston opettajankoulutuslaitos.

37.Lehtovaara,J. & Jaatinen,R. (eds.)1996. *Dialogissa Osa 2. -Ihmisenä*
ihmisyhteisössä. Tampere:Tampereen yliopiston opettajankoulutuslaitos.

38.Mäenpää,A-L. 1974. Kirjoittamaton historia(Unwritten history). In U.
Johansson,I. Lonka,A-L. Mäenpää,I. Niemelä,R. Ruusuvuori & A. Vähäpassi
(eds.) *Äidinkieli 1974:tavoitteet ja päämäärä.* Helsinki:Äidinkielen opettajain
liitto,15-30.

39.Mäenpää,A-L. 1978. Äidinkielen opettajien koulutuksen tulevaisuuden
näkymiä. *Äidinkielen opettajain liiton vuosikirja* 25(1978),110-122.

40.Mäenpää,A.,Mäkinen,K. & Tarasti,E. 1976. *Tutkimus ja opetus:struk-*
turalismia. Helsinki:Äidinkielen opettajain liitto.

41.Oja,O. & Vaittinen,P. 2013. Ääneenajattelu 9.-luokkalaisten kaunokir
jallisuuden lukemiskokemusten kuvaajana. In L. Tainio,K. Juuti & S. Routarinne
(eds.) *Ainedidaktinen tutkimus Koulutuspoi ittisen päätöksenteon perustana.*
Helsinki:Suomen ainedidaktinen tutkimusseura ry. Suomen ainedidaktisen tutki-
musseuran julkaisuja/Ainedidaktisia tutkimuksia 4,123-137. https://helda.helsin-
ki.fi/handle/10138/38459.

42.Ongstad,S. 2006. Fag i endring. Om didaktisering av kunnskap. In S.
Ongstad(ed.) *Fag og didaktik i lærerutdanning. Kunnskap i grenseland.* Oslo:
Universitetsforlaget,19-57.

43.Ongstad,S. 2012. *Nordisk morsmålsdidaktik. Forskning,felt og fag.* Oslo: Novus Förlag.

44.Portaankorva –Koivisto,P. 2010. *Elämyksellisyyttä tavoittelemassa –narratiivinen tutkimus matematiikan opettajaksi kasvusta.* Acta Electronica Universitatis Tamperensis:996. Tampere:Tampere University Press.

45.Pynnönen,M.-L. 1996,1998. *Lähtökohtia äidinkielen kouluoppimiseen.* Tampere:Tampereen yliopiston opettajankoulutuslaitos.

46.Rainio,R.(ed.)1971. *Kirjallisuuskritiikki ja opetus.* Helsinki:Äidinkielen opettajain liitto.

47.Rauhala,L. 1978. *Ihmistutkimuksesta eksistentiaalisen fenomenologian valossa.* Helsingin yliopiston Psykologian laitoksen Soveltavan psykologian osaston julkaisuja 3/1978. Helsinki:Helsingin yliopisto.

48.Rauhala,L. 1983. *Ihmiskäsitys ihmistyössä.* Helsinki:Gaudeamus.

49.Ropo,E. 2019. Curriculum for identity:Narrative Negotiations in Autobiography,Learning and Education. In C. Hébert,N. Ng–A–Fook.,A. Ibrahim, & B. Smith(eds.) *Internationalizing curriculum studies:Histories,environments and critiques.* Cham:Palgrave MacMillan,139–156.

50.Rättyä,K. 2013. Kielentäminen ja käsitteiden oppiminen äidinkielen opetuksessa. In E. Yli–Panula,A. Virta & K. Merenluoto(eds.) *Oppiminen,opetus ja opettajaksi kasvu ainedidaktisen tutkimuksen valossa. Turun ainedidaktisen symposiumin esityksiä 11.2.2011.* Suomen ainedidaktinen seura. Turku: Turun yliopisto,18–28.

51.Rättyä,K.,Heilä–Ylikallio,R. & Tainio,L. 2017. En inblick i moder – smälsdidaktisk forskning på 2000–talet i Finland. In M. Kallio,R. Juvonen & A. Kaasinen(eds.) *Jatkuvuus ja muutos opettajankoulutuksessa.* Helsinki:Suomen ainedidaktinen tutkimusseura,249–266.

52.Rättyä,K. & Vaittinen,P. 2015. Kahdeksasluokkalaiset käyttämässä kieliopin käsitteitä. In M. Kauppinen,M. Rautiainen & M. Tarnanen (eds.) *Elävä ainepedagogiikka. Ainedidaktiikan symposium Jyväskylässä 13.–14.2.2014.* Suomen ainedidaktisen tutkimusseuran julkaisuja. Ainedidaktisia tutkimuksia 9,192–208. https://helda. helsinki.fi/bitstream/handle/10138/154156/ad_tutkimuksia9final. pdf?sequence=4.

53.Silfverberg,H. 1999. *Peruskoulun yläasteen oppilaan geometrinen käsitetieto.* Acta Electronica Universitatis Tamperensis:6. Tampere:Tampere University Press.

54.Smith,M. K. 2002. *Jerome S. Bruner and the process of education,the encyclopedia of informal education.* Retrieved from http://infed.org/mobi/jerome–bruner–and–the–process–of–education in November 14th 2018.

55.Tainio,L.,Juuti,K.,& Routarinne,S.(eds.)2013. *Ainedidaktinen tutkimus koulutuspoliittisen päätöksenteon perustana.* Helsinki:Suomen ainedidaktinen tutkimusseura ry.

56.Tomperi,T. 2017. *Filosofianopetus ja pedagoginen filosofia–filosofia oppiaineena ja kasvatuksena.* Tampere:Eurooppalaisen filosofian seura ry.

57.Vaittinen,P. 2012. Vuorovaikutusta ja yhteistoimintaa kirjallisuuskeskusteluissa suullisesti ja tekniikan välityksellä. In E. Yli–Panula,A. Virta & K. Merenluoto(eds.) *Oppiminen,opetus ja opettajaksi kasvu ainedidaktisen tutkimuksen valossa.* Turun ainedidaktisen symposiumin esityksiä 11.2.2011. Turun yliopisto:Opettajankoulutuslaitos,41–54. https://www.doria.fi/xmlui/bitstream/handle/10024/88791/ad_3_b–verkkojulkaisu. pdf?sequence=1.

58.Vaittinen,P. 2011. Kirjallisuusteorioiden ja lukemiskäsitysten muuttumisesta ja sen vaikutuksesta kirjallisuudenopetukseen. In E. Ropo,H. Silfverberg & T. Soini–Ikonen(eds.) *Toisensa kohtaavat ainedidaktiikat. Ainedidaktinen sym-*

posiumi 13.2.2009 Tampereella. Tampere:Tampereen yliopiston opettajankou lu-tuslai toksen julkaisuja A31,383 –403. http://tampub.uta.fi/tup/978 –951 –44 –8011–9. pdf.

59.Vaittinen,P. 2008a. Nuori Aleksis ja arkisten toimintojen logiikka. Virke. Äidinkielen opettajain liiton jäsenlehti 2008/2,6–9.

60.Vaittinen,P. 2008b. Nuori Aleksis 2006 –keskustelun rakenne ja jäsen-tyminen. In A. Kallioniemi(ed.) *Uudistuva ja kehittyvä ainedidaktiikka. Ainedi-daktinen symposium 8.2.2008.* Osa 2,874– 885.

61.Vaittinen,P. 2008c. Oma lukukokemus tärkein,paras lajissaan oman-lainen. Virke. *Äidinkielen opettajain liiton jäsenlehti* 2008/3,48–52.

62.Vaittinen,P. 2007a. *Metaphors and Models:Tracking Growth and Poten-tiality in Teacher Students'Portfolios.* IAIMTE Conference Crossing Cultural Bounders 27–29 March 2007. University of Exeter.

63.Vaittinen,P. 2007b. *Tracking Growth and Potentiality in Portfolios.* 6th IAIMTE Conference Crossing Cultural Bounders 27–29 March 2007,University of Exeter,UK,Symposium:Teachers Learning,Teachers Teaching(Manuscript).

64.Vaittinen,P. 2005. Subjektius on ihanaa! Maisemia ja karttoja. In A. Virta,K. Merenluoto & P. Pöyhänen(eds.) *Ainedidaktiikan ja oppimistutkimuk-sen haasteet opettajankoulutukselle.* Turku:University of Turku,448–456.

65.Vaittinen,P.(ed.)1992. *Teatterin vuosi. Turun kaupunginteatterin toim-inta,ohjelmisto ja yleisö näytäntökaudella 1990–1991.* Taiteen keskustoimikun-nan julkaisuja nro 13. Helsinki:VAPK–kustannus.

66.Vaittinen,P. 1988. *Niin lähellä,niin kaukana. Suomesta ruotsiksi käännetyn kaunokirjallisuuden vastaanotosta Ruotsissa 1930–luvulla.* Helsinki:SKS.

67.Virta,A.,Kaartinen,V. & Eloranta,V. 2001. *Oppiaineen vai oppilaiden opettajaksi? Aineenopettajan sosialisaatio peruskoulutuksen aikana.* Turku:Tu–

run yliopiston kasvatustieteiden tiedekunta.

68.Vygotsky,L. S. 1978. *Mind in society:The development of higher psy-chological processes*. Cambridge,MA:Harward University Press.(M. Cole & V. John-Steiner,eds.)

69.Vygotsky,L. S. 1962/1934. *Thought and language*. Cambridge,MA:MIT Press.(E. Hanfmann & G. Vakar,Trans.)(Original work Mysšlenie i reč pub-lished 1934).

70.Yrjänäinen,S,2011. *'Onks meistä tähän?'* Aineenopettajakoulutus ja opettajaopiskelijan toiminnallisen osaamisen palapeli. Acta Electronica Univer-sitatis Tamperensis:1039. Tampere:Tampere University Press.

71.Østern,A.-L.(ed.)2001. *Svenska med sting! Didaktisk handledning med tyngdpunkt på modersmål,litteratur och drama*. Helsingfors:Utbildningsstyrelsen.

专题四　跨文化和跨文化教育之旅的反思

保利·凯科宁（Pauli Kaikkonen）

引　言

这一章论述了我作为一名外语教师和研究者的成长和发展，以及我对跨文化（外语）教育的理解。文章首先描述了我作为一名外语教师的初始。作为一名教师和研究者，我理解了语言及其背景文化之间不可分割的联系。在我的博士论文和后续研究中，我也意识到外语学习涉及对该国人逐渐熟悉的过程，这既是一个与他人对话的过程，又是让自己内化语言的学习过程。

在进一步的研究中，我将语言教育的概念应用于外语教学。在日益全球化的世界里，人与人之间的跨文化交流变得越来越频繁，同时也需要使用不同的语言，因此我选择使用"跨文化"一词来描述这一新情况。我把跨文化教育和跨文化外语学习或教学放在同一个背景下。因为我知道在跨文化外语学习以及跨文化或多元文化教育中，都可以看到相似的规律。本文还讨论真实性、身份和多元语言主义作为现代外语教育中的重要概念。最后，我提出了自己目前对外语教育的主要理解和观点。

一、跨文化和跨文化教学法的伊始

从我的教学生涯开始,我就一直是一名外语教师。20 世纪 70 年代,语言学中的结构主义和教育科学中的行为主义占据了主导地位。1977 年,我被任命为坦佩雷大学德语讲师之前,在一所高中做了三年的德语教师。三年前,教师教育已经在芬兰大学教育系中设立, 我作为一名年轻老师需要尽可能地反思我的教学,并考虑新老师在工作中需要体现怎样的世界观,语言概念和语言教学能力。

对教师教育的思考和对外语学习的观点促使我在 1979 年与四位德语教师一起为芬兰综合中学和高中开发了学习资料。我们的中心思想之一是学校的学习资料应该尽可能真实。因此,"真实性"是一个首要条件,也为我初期的研究铺平了道路。但我后来发现,在 20 世纪 70 年代末,我对于真实性的理解还是比较狭隘的。在当时,对真实性的理解只是正确地使用语言和文化信息。第二个重要概念是"交际能力",尤其是外语的口语表达。但是由于结构主义在语言学中的强烈影响,教学中的口语交流始终处于劣势地位。

为了开发新的学习资料, 我在坦佩雷大学教师教育系与其他三位德语教师合作建立了一个为期五年的教学项目,侧重于八年级和九年级,后来该项目在高中阶段又扩展了三年。综合学校学习资料 Kommmit 8-13 由 WSOY 印刷厂出版(1980—1985)。

从项目开始之初,我们就渴望与 14~15 岁学生的生活世界建立联系。我们通过联系德国学校的老师,拿到了德国学生珍贵的学习材料,资料中包括他们的日常生活,他们的观点和兴趣爱好。这些丰富而真实的资料成为我们共同开发的课本的重要依据。教材于 1985 年编写完成,尽管没有公开发表的论文,但为我的理论思考和之后的研究奠定了坚实的基础。

二、语言与文化之间的关系

语言和文化之间存在天然的联系，不同群体的人所使用的语言都与其背后的文化紧密相连。对人类而言，语言是一种基本的生存方式。正是通过语言，我们表达自己，与其他人建立联系。通过语言，我们可以审视和评估这个世界、提出有意义的问题、向他人介绍自己、与他人建立关系、倾听他们，以及他们对世界和自我的看法。

语言也是一种表达身份、参与生活的方式、将世界和人类联结的手段，它与我们的生活方式息息相关，展现了不同团体之间的特性。但与此同时，我们也将自己从某些群体中分离出来，即与思维方式和行为方式不同的人中分离出来。我们还通过语言表达对某些价值观及以某种思考方式和行动的否定。我们通过表达对价值观的态度来表明我们是谁，我们是什么样的人（Kaikkonen，2012a）。

语言在很大程度上取决于文化，是特定文化的产物，每种语言都有其特定的句子结构、发音和词汇。主流文化已经发展或定义了一种特定语言的书写方式，一种语言的词汇提供了关于其文化历史的大量信息，当然我们也不是理所当然地理解这些信息，在大多数情况下，我们不会关注母语中词语的文化起源或叙述。

语言还通过多种方式与语言之外的因素相关联，例如手势、面部表情、肢体语言、仪式、符号和其他在实践中已经建立的符号，以及我们发送和接收的非语言信号。同时，我们的语言受时间、空间和性别观念的影响。语言被用于交流，被解释为一个人整体行为的一部分，交流时常包含语言以外的含义。由于人类语言与文化息息相关，因此它们与各自文化中的其他因素也会产生关联（Kaikkonen，1994；2001；2004；2012a）。

我作为一名年轻的语言教师，在基于现有学习资料、课堂教学方法及师范教育原则的基础上得出一个重要的观点：语言和文化紧密地交织在一起，这对于外语教学是非常重要的。了解到语言深深扎根于其文化背景之后，我以文化导向来教授外语，提高了学生对外语文化和外来事物的敏感性，积极地理解外语的语言行为，同时帮助学生意识到他们自身所具有的语言和文化限制行为（Kaikkonen，1997b）。

三、成为一名具有文化背景导向的外语学习与教学研究者

1986 年，在芬兰教育部和奥地利科学院的资助下，我获得了为期半年的全职研究机会。在格拉茨的师范学院度过的时光对我学习和教授外语至关重要。以至现在，我能够进行田野调查这种质性的工作。这些经历加深了我对体验式外语学习和教学的理解（Puchta & Schratz，1984），也让我感受到了文化的多样性。最终，我能够概述一项行动研究的实验，并以研究者和老师的身份总结外语和文化学习的看法和经验。从 1989 年到 1990 年，坦佩雷大学的 10 名德语学生参加了这次活动，其中包括来自坦佩雷大学的布尔哈特·本德尔（Burkhart Bendel）（讲师）。正因为这个项目，我完成了我的博士论文《Erlebte Landeskunde》（Kaikkonen，1991），它加深了我对语言使用者行为真实性的理解，产生了研究视角的变化，并衍生出新的概念。其中包括我对两种不同语言文化的比较和反思，同时引入了"真实境遇"的概念。

我将论文的结论简要总结如下：在德国，除了给学生提供观察、联系和信息收集的机会外，还可以让他们参与检验自己以前的实验假设，进而使学生学会验证或证伪。一个重要的结果是，教学实践及过程能够改变参与者的文化意识（Kaikkonen，1991）。当时，至少在中欧，跨文化外语教学，一直在寻找可能的形式，因此我的博士论文引起了外语教育研究者的极大兴趣。也正因如此，我也有机会参加了几次国际研讨会议。

行动研究是一种将理论与实践联系起来的绝妙方法。随后，针对高中阶

段的学生,我与坦佩雷大学附属教师培训学校的德语和法语讲师图仑·潘斯特(Tuula Pantzar)、贾里·阿尼奥(Jari Aarnio)合作开展了一项以文化为导向的外语教学的行动研究(Kaikkonen,1993;1995)。该项目以 16~17 岁的学生为研究对象,进行为期两年的教学实验,研究目的是设计出语言和文化产生深层联系的课程,从而帮助学习者摆脱母语和其他文化的束缚。同时,该研究项目还希望通过模拟和心理形象训练来激发学习者的学习积极性。因此该研究项目有大量法国和德国学生的活动,包括现场访问或线上工作,课堂上还会有一些法语和德语的成年母语人士,还有基于活动的反思、合作和对话活动(Kaikkonen,1998b)。

研究表明,学习外语必须了解其文化背景。很明显,传统学校课程的外语学习在某种程度上可以帮助学生发展跨文化理解和跨文化学习。学生们被引导要考虑他人,要多元化,要在所有学科中具有全球思维。但是要实现跨文化学习,仅仅考虑这些还不够,课程开发还应包括跨文化学习的基本原理:一方面是理解自己的文化、自己的文化行为、自己的语言;另一方面是理解外国文化、陌生的行为、外语。所以,熟悉和陌生是学生在学校应该持续接触的两种经验(Kaikkonen,1997 a,b)。这个项目帮助我理解了外语学习必须要进行跨文化学习。为了提高效率,跨文化学习不应仅限于外语教育,它应该是整个学校课程的一部分。这些要求在芬兰最新的学校课程中得到了很好的体现。

四、面向合作和网络化的语言文化教育

1994 年,我与威杰·柯浩尼(Viljo Kohonen)教授一起启动了一项为期三年的合作研究项目,即 OK 项目。这个项目在坦佩雷和诺基亚的六所学校推进,有 40 名教师和其学生参与其中,涵盖了从初中到高中的所有课程。除了我们共同的责任外,我还负责跨文化学习的研究。参与研究的教师和研究人

员撰写并发表了三篇相关研究论文,该项目的部分成果也在国内和国际上公开发表（例如 Kohonen & Kaikkonen,1996;Kaikko nen,1998a;Kohonen & Kaikkonen,2001）。此外,项目小组成员还参加了在欧洲理事会举行的几次欧洲研讨会,参加了各种国际研究研讨会,成员们建立了一个庞大的国际平台来展示该研究结果。

通过参加该项目,我们对于理解对话、反思性行动及外来挑战都有了新的认识。此外,该项目还揭示了采用全校参与的模式(whole-school approach)对支持学生跨文化教育及其背后文化相似性和差异性理解的重要性。学习者显然已朝着全球化和跨文化的挑战迈进(Kaikkonen,1999)。该项目还为参与的教师提供了优质的在职教育,使他们能在足够长的时间内反思并汇报他们的课堂经验(Kohonen,1999)。

1998 年,我被任命为于韦斯屈莱大学(Jyväskylä)外语教学法教授,并在此职位工作了 11 年。我与坦佩雷大学教师教育系保持着合作关系,特别是与威杰·柯浩尼教授的合作。1999 年,我们在全国范围内举办了 VikiPeda 系列外语教育会议,旨在支持芬兰大学教师教育部门的教育学研究,并将研究结果推广给全国的语言教师。会议每两年举行一次,由我们协调,并由当地大学的研究人员组织。通过教育部的资助,我们还会邀请国际知名的外语教育研究人员参加会议。

作为于韦斯屈莱大学的一名教授,我的研究方向延续了我在坦佩雷教师教育系所设想的方向。在和于韦斯屈莱大学的研究人员和其他大学的研究中心(尤其是与坦佩雷,图尔库和奥卢大学的同事)进行合作期间,我的基本理论假设日趋成熟。在与不同的大学和研究中心,特别是与坦佩雷、图尔库和奥卢大学的同事的合作中,我的理论逐渐成熟。在于韦斯屈莱(Jyväskylä)就职期间和在海德堡教育大学(Heidelberg Pedagogical University)访问期间,我清楚地意识到,我对真实性的理解必须扩展到语言和文化真实性上,真实性与经验以及经验所赋予的意义密切相关。接下来,我将更详细地讨论我对真实性的理解。

"真实性"（Authenticity）是指源自他或她本人的真实事物,正如希腊语根词（authentes=发起者,制造者）所表明的那样。"创始者"是新思想或事物的创造者和发起者,因此在外语学习中,"真实性"更多是指学习情况和学习过程的重要性。从这个意义上讲,"真实性"直接与外语的经验和在说话者群体中的交际使用有关。因此学习者是行动、经历、完成事情的主体。从哲学角度讲,学生是自己学习的主体（Jaatinen,2001;Lehtovaara,2001）。由于外语学习的真实性与诸多因素有关,因此不应将其简化为外语使用或文化的真实性这一问题。

我想证明,真实性和经验是紧密联系的（van Lier,1996）。此外,感知和反射的概念似乎也与它们紧密相关,后者作为一种工具,帮助学习者批判性地解释其经验,学习者可以改变自己的理解。因此,真实的外语教学应提供真实的外语使用情境和其背后的文化体验,为学习者提供机会,让他们尽可能以真实的方式检验他们的观察和理解。此外,外语教学应使学习者尽可能改变或加强他们所接受的知识。他们还应该询问和反思自己的观察与现实是否相符,以及他们对语言的使用是否正确,即在跨文化语境中外语使用是否恰当。外语教师在意义协商和意义互动的复杂过程中处于有利地位（Kaikko-nen,2000;Kaikkonen,2002）。

上述推理使我对教师在外语教学中的教学行为有了进一步的思考。我通过三种模式对其进行了分析:信息教学法、邂逅教学法（the pedagogy of en-counter）和冲突教学法（Nieke,2000）,伊娃·拉尔岑（Eva Larzen）在其博士论文中还增加了预备教学法（Larzen,2005）。

信息教学法是指向学习者提供信息和事实为目的的教学。在语言教学中,还应包括教授单词、习语、短语、语法、发音和正字法,以及纠正学习者的错误。在文化和区域研究（Landeskunde）的教学中,这涉及教学地理或基于社会事实及文化相关的行为问题。邂逅教学法,顾名思义,是关于与外国文化及其成员的邂逅——既包括面对面的相遇,也包括电子交流和在线交流。学习是跨文化的对话意味着在真实的情况下接受经验,并独自或与他人合作反思它们。冲突教学法基于真实或模拟的情境,相遇可能导致或小或大的冲突。我们不应该害怕冲突或避免冲突,因为它们为跨文化学习提供了真正的机会。我们也可以在课堂上模拟冲突,并以合作的形式讨论解决方案(Donath & Volkmer,2000;Kaikkonen,2005b;2007)。伊娃·拉尔岑(Larzen,2005)对预备教学法进行了如下的定义:"预备教学法是用于帮助学生在面向未来跨文化环境中采取适当行动并做好行动准备的教学方法。"据伊娃·拉尔岑说,大多数教师都采用了这种方法。

现代语言教学指的不是语言教学,而是使用语言教育的概念。这一概念变化的原因可能是因为焦点已经转移到作为个体的学习者身上,要更加关注个体的语言和文化。世界是多元文化的存在,全球化增加了人们在世界范围内的流动性,互联网和其他媒体上的信息几乎是无限的,社交媒体上的经验和交流也进一步促进了人们的流动性。在大多数地区,始终存在着不同的文化和个体。选择语言教育而不是语言教学的第二个原因与学习者拥有的所有权概念有关。科恩(Kohonen,2001)认为,有必要发展外语教学以迎合学习者的教育观念。他指出"教育"一词在这里比"培训"更合适,因为它暗示着以学习为整体目标,强调教育的价值。

语言教育显然包含了人类以不同方式获得多元性(即多语种)的观念。他们被不同的文化现象所包围,在真实的境遇中遇到异国文化,被迫向他人甚至自己澄清经历。他们必须解决遇到的文化冲突和由此产生的问题,因为这些问题会影响他们的自我观念和身份认同。在学校和其他学习机构的课程中也可以发现,学科的整合不再是一个理论问题,每个学校开设的科目都应该促进语言和文化的学习。因此多语言和多文化是共同的跨课程目标,它需要考虑学习者不同语言背后的文化特征(Kaikkonen,2012a,b)。

五、身份认同，多元文化和跨文化学习与教育

作为社会发展的一部分，社会环境日趋多元，个人之间的联系变得频繁，这也涉及了交往背后的语言和文化。由于机会的增加及国家与国家之间的交汇，人们有各种各样的学习选择。这些现状让我对身份认同和多元文化进行了更详细的分析，我关注身份认同和文化多元论，因为它们对于跨文化的教育和学习至关重要。它们是描述个体叙事特征的概念，与人和环境有关、与人和他人的关系有关、与人如何看待自己与世界的关系有关。

之前有研究谈论过我关注的这两个概念，于韦斯屈莱大学和坦佩雷大学的多篇博士论文中也有论述（Karjala，2003；Taajamo，2005；Rasinen，2006；Kara，2007；Nyman，2009；Ruohotie-Lyhty，2011；Valtaranta，2013；Raunio，2013）。我的想法也来自 1990 年的 OK 项目研发工作（Kohonen，1994；Lehtomaki，1997；Kolu，1999；Pajukanta，1999；Kohonen & Pajukanta，2000；2003；Kohonen，2005；Hilden & Salo，2011）。欧洲语言集项目（ELP）是芬兰国家教育委员会（Finnish National Board of Education）①为芬兰综合学校开发的芬兰语版本 ELP。这项工作在坦佩雷大学的 KISA 项目中完成（2010—2012，由 Viljo Kohonen 和 Pauli Kaikkonen 共同领导），芬兰 ELP 网站是：http://kielisalkku.edu.fi（2014）（请参阅本卷中的 Kohonen）。

身份认同与团体有关（参见 Sen，2006），并且存在不同类型的身份认同。一个有趣的问题是，这些团体的团结性和认同性到底如何？个体身份本质上与其依赖的环境有关，如家庭、亲人和其他直系亲属、部落、国家或民族。孩子们加入了这些群体，他们的成长不是他们自己所选择的，而是受群体影响甚至塑造的。当一个人长大后，他可以通过许多方式来改变自己的文化和语

---

① 现为芬兰国家教育局（The Finnish National Agency for Education）。

言身份,吸收原文化以外的东西,例如,国外生活不可避免地会在个体成长中塑造新特征。人们或许会意识到,人的行为方式与其所熟悉的环境中的行为方式是不同的,人们珍视这种不同。在异国文化中生活很长时间,那些较早的陌生行为就会看起来像人们的原始文化一样自然、熟悉。

同样,人们可以扩大他们对语言的掌握和选择,使他们在生活的各个方面使用不同的语言。通过这种方式,他们可以成为多元文化和多语言的人,对他们来说,不同的文化是自然的,不同的语言是为不同的目的服务的(Ludi,2003;van Lier,2012),一门甚至几门外语便成为个体特征的一部分(Kaikkonen,2005a,c)。因此身份本质上是双重的,它包含了依赖和自由的痕迹。个体的出生和成长受社会环境(家庭、部落、民族等)影响很深,以至于他们几乎无法完全摆脱环境的影响,一个很好的例子就是自己的母语。但是在青年和成年时期,如果个人认为必要的话,他们可以脱离以前的身份特征。通过这种方式,身份可以被描述为具有双重性质(Kaikkonen,2004)。

在后现代时期,西方人的身份转变可能比其他地区的人要多。现代时期开始的过程与集体身份的问题有关(例如,由某个机构或社区,一个国家或地区给予的身份)。自近代以来,人们一直遭受漂泊、孤独、无法获得"存在秩序"的感觉,在这个秩序中,每一件事、每一个人都有自己的位置和明确的功能。因此后现代的生活方式具有多种多样的视角和视野。受过良好教育的人需要将其自己置于视野之中,向孤独挑战,以便摆脱传统价值观和社区纽带带来的束缚(Rosa,1998;Kaikkonen,2005c)。

当前这个时代开始特别强调多元论,这是使用不同语言的人们进行互动和增进理解、和平共处的重要因素。一方面,由于人口的流动性,多元论已成为中心概念;另一方面,多元论源于全球的工作生活和经济融合。现代多元论的典型之处在于:在大多数情况下,双语能力构成了个人的多元论。全球世界需要一种通用语言,英语占据了主导地位,也有其他几种区域通用语言,例如西班牙语、法语、俄语,以及不断扩大影响力的汉语(Kaikkonen,

2012a)。

语言教育的目标之一是外语背后的跨文化学习。我认为,跨文化外语教学与一般的跨文化教育没有实质上的区别:针对多元文化(作为一个国家和全国范围的概念)或多元文化主义(个体的概念)及国际主义,尊重、对多样性的理解、容忍歧义、移情等,这些概念都不断涌现在相关的文献研究以及学校课程和人们的日常交流中 (Bausinger,1999;Bredella & Delanoy,1999;Kaikkonen,2012a)。

在跨文化教育的背景下,有两个原则:一方面是人权的平等原则,即人人生而平等且应平等对待所有的人,不论年龄、出身或性别,人人都具有同等的价值和平等的权利。另一方面是差异性原则,这种原则实际上是承认真实性的概念。根据这一原则,不同的特征、需求和能力因人而异,不同的群体也各不相同。平等原则与差异性原则在跨文化教育中相互对立:平等原则要求所有人受到平等待遇, 而差异性原则要求感知个人之间的差异和群体之间的差异。跨文化教育和学习就是在这种张力中进行,并且存在于两种相互冲突原则之间的分界线上。

六、结论:关于外语教学的讨论

外语教学是个体与外界相互作用的过程。外语学习者有他们自己的母语和文化背景,在学习一种新语言时,他们也会遇到新的(语言)文化。教育的任务是引导学习者打破自己的文化和母语所设定的壁垒。这就要求学习者对多元性要敏感;有能力、有意识地观察母语环境和外语环境的异同;在两种文化中寻求和收集有关语言和文化的准确信息(Kaikkonen,2001)。因此,外语教育适合具有社会责任感的自主学习者(Kohonen,2012)。

现代语言教育也以培养多语种、多文化的语言使用者为目标。在当今多语言、多文化背景的世界中,这是一个合乎逻辑的目标。前提可以是多方面的：一个人可以因为他的家庭或移民而掌握多种语言，或者一个人居住在国外，或者希望在不同环境中使用不同的语言。由于多元文化的本质，语言教育者必须考虑学习者的不同语言背景：母语是具有个人情感的语言，是解释周围世界的第一个工具，也是幼儿期的语言。学习者选择外语时需要考虑他们对语言的认同。

语言教育还有一个重要的原则是：从一开始就将学习者视为一个积极的语言使用者，而不是将他们视为信息的接受者，或只希望他们在放学后获得知识库中的信息（Ruohotie-Lyhty et al，2008）。非常重要的一点是，无论他们的初级语言水平如何，学习者必须从一开始就能够体验到新语言对他们来说是真实且有意义的，而不是让他们在一开始的语言使用时感到可能存在的语言缺陷和匮乏（Kaikkonen，2012a）。

语言教育的目标之一是跨文化学习，这就要求多角度地为跨文化主义的定义提供依据。跨文化知识不仅是已知确定的知识，由于其性质具有外来性，跨文化知识始终是灵活的，因此跨文化知识的学习需要在真实情境的对话中学习。在希腊语中，对话（dialogue）意味着参与对话的人进入一种中间空间（dia=通过，介于两者之间），在中间空间中，他们对世界的认识、理解和概念被唤起，以进行共同的思考（Kaikkonen，2005b）。

在向外语学习者介绍跨文化交流方面，老师扮演着至关重要的角色（Jaatinen，2014）。跨文化学习需要体验的过程。这些过程不仅包括认知，还包括学生的情绪、情感、社交行为等基本要素（Nyman & Kaikkonen，2013）。因此，我们有理由讨论对它的整体学习和指导。这意味着学习者要学习在一个多语言和多元文化的世界中生活，多元文化和外来文化的交互成为他们日常生活中的一部分。这样，教师就不仅仅是通过测试评估学生的跨文化能力和学习情况（Byram，2009）。元认知学习也是重要组成部分。归根结底，我们关心的是加强学生成为社会成员并学会生活在全球化时代的能力。因此，教育的中心任务是使一个人成为当今世界和未来生活中所需的那种人。

综上所述，基于以上研究成果和思想，我提出一些现代外语教学的思路。正如我所说，外语教育主要强调：人、语言和教学。

七、外语教育的重要性

出于对人的本质的考量，我们都是整体的行动者，在与他人接触的过程中会思考、感觉、认知和行动。学校教育的目标是教育出相信他们自身经历的完整的人（Jaatinen，2001；Jaatinen，2007）。

语言是人类身份认同的重要组成部分。除母语以外的其他语言在学习者的身份发展中也可以发挥重要作用（Kaikkonen，2007；2009a），人类以不同的方式获得多语言环境（Ludi，2003）。

语言正因为具有交流的功能，人类的互动才如此丰富，非语言交流在其中也起着重要作用（例如，Kaikkonen，2001）。外语教育涉及语言、文化和身份之间的相互融合。所有这些因素都同等重要，并且相互影响（Hu，2003；Kaikkonen，2010）。语言与其文化背景有着自然且必然的联系。当我们说起一门外语时，母语文化会干扰其他语言的学习，因此外语教学的目标并不是培养学习者的母语能力，而是培养其跨文化交际能力（Kaikkonen，2012a，b）。

在真实情境中学习外语是有意义的。这意味着学习者是他们学习和语言行动的创造者、合作者（例如，Kaikkonen，2002）。经验和解决冲突对外语学习很有帮助。一个重要的跨文化外语学习过程是对话性的、相互尊重的，所有参与者均具有自己的立场和平等的参与权（Kaikkonen，2007；2009b）。

参考文献

1.Bausinger，H. 1999. Intercultural demands and cultural identity. In T. Vestergaard（ed.）*Language，culture and identity*. Aalborg：Aalborg University

Press, 11-23.

2.Bredella, L. & Delanoy W. (eds.) 1999. *Interkultureller Fremdsprache-nunterricht.* Tübingen: Gunter Narr.

3.Byram, M. 2009. Evaluation and/or assessment of intercultural compe-tence. In A. Hu & M. Byram(eds.) *Interkulturelle Kompetenz und fremdsprach-liches Lernen.* Intercultural competence and foreign language learning. Tübin-gen: Gunter Narr, 215-234.

4.Donath, R. & Volkmer, I. (eds.) 2000. *Das Transatlantische Klassenzim-mer. Tips und Ideen für die Online-Projekte in der Schule.* Hamburg: Edition Kober-Stiftung.

5.Hildén, R. & Salo, O-P. (eds.) 2011. *Kielikasvatus tänään ja huomenna. Opetussuunnitelmat, opettajankoulutus ja kielenopettajan arki.* Helsinki: WSOY.

6.Hu, A. 2003. Mehrsprachigkeit, Identitäts-und Kulturtheorie: Tendenzen der Konvergenz. In I. De Florio-Hansen & A. Hu(eds.) *Plurilingualitat und I dentität. Zur Selbst-und Fremdwahrnehmung mehrsprachiger Menschen.* Tübingen: Stauffenburg, 1-23.

7.Jaatinen, R. 2001. Autobiographical knowledge in foreign language edu-cation and teacher development. In V. Kohonen, R. Jaatinen, P. Kaikkonen & J. Lehtovaara: *Experiential learning in foreign language education.* Harlow: Pearson Education, 106-140.

8.Jaatinen, R. 2007. *Learning Languages, Learning Life-skills. Autobio-graphical Reflexive Approach to Teaching and Learning a Foreign Language.* New York: Springer.

9.Jaatinen, R. 2014. Promoting interculturalism in primary school children through the development of encountering skills: a case study in two Finnish schools. Education 3-13: *International Journal of Primary, Elementary and Early*

Years Education, doi.org/10.1080/03004279.2 013.877951. 12p.

10.Kaikkonen,P. 1991. *Erlebte Kultur –und Landeskunde. Ein Weg zur Aktivierung und Intensivierung des Kulturbewußtseins der Fremdsprachenler– nenden –eine Untersuchung mit LehrerstudentInnen.* Acta Universitatis Tam– perensis ser A vol 325.

11.Kaikkonen,P. 1993. *Kulttuuri ja vieraan kielen oppiminen. Tapaus– tutkimus lukiolaisten ranskan ja saksan kielen ja kulttuurin oppimisen ope– tuskokeilusta. Osa 1.* Tampereen opettajankoulutuslaitoksen julkaisuja A16.

12.Kaikkonen,P. 1994. *Kulttuuri ja vieraan kielen oppiminen.* Helsinki: WSOY.

13.Kaikkonen,P.(toim.)1995. *Kulttuuri ja vieraan kielen oppiminen osa II. Tapaustutkimus lukiolaisten saksan ja ranskan kielen ja kulttuurin oppimisen opetuskokeilusta.* Tampereen yliopiston opettajakoulutuslaitoksen julkaisuja A1.

14.Kaikkonen,P. 1997a. Fremdverstehen durch schulischen Fremdsprache– nunterricht. Einige Aspekte zum interkulturellen Lernen. *Info DaF* 24(1),78–86.

15.Kaikkonen,P. 1997b. Learning a culture and a foreign language at school–aspects of intercultural learning. *Language Learning Journal* March 1997, No.15,47–51.

16.Kaikkonen,P. 1998a. Entwicklung der Schulkultur. Perspektiven aus finnischer Sicht. In E. Rauscher(ed.) *Schulentwicklung in Europa.* Wien:ÖBV Pädägogischer Verlag,51–65.

17.Kaikkonen,P. 1998b. Kohti kulttuurienvälistä vieraan kielen oppimista. In P. Kaikkonen & V. Kohonen(eds.) *Kokemuksellisen kielenopetuksen jäljillä.* Tampereen yliopiston opettajakoulutuslaitoksen julkaisuja A14,11–24.

18.Kaikkonen,P. 1999. Kulttuurien välinen kasvatus ja kansainvälisyyskas– vatus kouluopetuksen tavoitteena–oppilaiden näkökulmia. In P. Kaikkonen & V.

Kohonen(eds.) *Elävä opetussuunnitelma 3. OK-projektin vaikuttavuuden arvioin-tia.* Tampereen yliopiston opettajakoulutuslaitoksen julkaisuja A19,127-143.

19.Kaikkonen,P. 2000. Autenttisuus ja sen merkitys kulttuurienvälisessä vieraan kielen opetuksessa. In P. Kaikkonen & V. Kohonen(eds.) *Minne menet kielikasvatus? Näkökulmia kielipedagogiikkaan.* Jyväskylän yliopiston opetta-jankoulutuslaitos,49-61.

20.Kaikkonen,P. 2001. Intercultural learning through foreign language ed-ucation. In V. Kohonen,R. Jaatinen,P. Kaikkonen & J. Lehtovaara *Experiential learning in foreign language education.* London:Pearson Education,61-105.

21.Kaikkonen,P. 2002. Authentizität und authentische Erfahrung in einem interkulturellen Fremdsprachenunterricht. *Info DaF* 29(1),3-12.

22.Kaikkonen,P. 2004. Vierauden keskellä. *Vierauden,monikulttuurisuu-den ja kulttuurienvälisen kasvatuksen aineksia.* University of Jyväskylä. Depart-ment of Teacher Education.

23.Kaikkonen,P. 2005a. Fremdsprachenunterricht zwischen Moderne und Postmoderne. *Info DaF* 32(4),297-305.

24.Kaikkonen,P. 2005b. Kielikasvatus koulun vieraan kielen opetuksen kehyksenä. In V. Kohonen(ed.) *Eurooppalainen kielisalkku.* Helsinki:WSOY, 45-58.

25.Kaikkonen,P. 2005c. Monikielinen ja monikulttuurinen identiteetti - kielenopetuksenkin haasteena. In J. Smeds,K. Sarmavuori,E. Laakkonen & R. De Cillia(eds.) *Multicultural communities,multilingual practice. Monikulttuuriset yhteisöt,monikielinen käytäntö. Festschrift für Annikki Koskensalo zum 60. Geburtstag.* Annales universitatis Turkuensis,Humaniora Ser. B 285,89-100.

26.Kaikkonen,P. 2007. Interkulturelles Lernen in einem multikulturellen Europa-Fremdsprachliches Lernen im Spannungsfeld. In A.H. Hilligus & M.A.

Kreienbaum(eds.) *Europakompetenz–durch Begegnung lernen.* Opladen & Farmington Hills:Barbara Budrich,35–51.

27.Kaikkonen,P. 2009a. Der Mensch und seine Identität–Perspektiven zur Verständigung der sprachlichen Identität und zur Problematik des plurilingualen Sprechers. In R. Kantelinen & P. Pollari(eds.) *Language Education and Lifelong Learning.* University of Eastern Finland. School of Applied Educational Science and Teacher Education,85–102.

28.Kaikkonen,P. 2009b. Fremdsprachliches Lernen in einer sich postmodern nennenden Welt–einige Bemerkungen und Forschungsergebnisse. In A. Kosken salo,J. Smeds & R. de Cillia(eds.) *The Role of Language in Culture and Education.* Sprache als kulturelle Herausforderung. Berlin:LIT Verlag,355–371.

29.Kaikkonen,P. 2010. Auf dem Weg zum jungen Fremdsprachenlehrer– von der Lehrerbildung zur Schule. In J. Abel & G. Faust(eds.) *Wirkt Lehrerbildung? Antworten aus der empirischen Forschung.* Münster:Waxman,173–186.

30.Kaikkonen,P. 2012a. Language,culture and identity as key concepts of intercultural learning. In M. Bendtsen,M. Björklund,L. Forsman & K. Sjöholm (eds.) *Global Trends Meet Local Needs.* Åbo Akademi University. Reports from the Faculty of Education No 33,17–33.

31.Kaikkonen,P. 2012b. Sprache,sprachliche Identität und Plulingualität– gemeinschaftliche und subjektive Natur der Perspektiven. In A. Koskensalo,J. Smeds,R. De Cillia & á. Huguet(eds.) *Language. Competence–Change–Contact. Sprache. Kompetenz–Kontakt–Wandel.* Berlin:LIT Verlag,177–191.

32.Kara,H. 2007. *"Ermutige mich Deutsch zu sprechen" Portfolio als Evaluationsform von mündlichen Leistungen.* Jyväskylä Studies in Education,Psychology and Social Research 315.

33.Karjala,K. 2003. *Neulanreiästä panoraamaksi. Ruotsin kulttuurikuvan ainekset eräissä keskikoulun ja B–ruotsin vuosina 1961–2002 painetuissa op-pikirjoissa.* Jyväskylä Studies in Education,Psychology and Social Research 214.

34.Kohonen,V. 1994. Salkkuarvioinnin mahdollisuuksia opettajan am-matillisen kehittymisen tukena. In P. Linnakylä,P. Pollari & S. Takala(eds.) *Portfolio arvioinnin ja oppimisen tukena.* Finnish Institute for Educational Re-search,University of Jyväskylä,33–50.

35.Kohonen 1999. Uudistuva opettajuus ja koulukulttuurin muutos OKpro-jektin päätösvaiheessa. In Kaikkonen,P. & Kohonen,V.(eds.) *Elävä opetussu-unnitelma 3. OK–projektin vaikuttavuuden arviointia.* Reports from the Depart-ment of Teacher Education in Tampere University A19,37–63.

36.Kohonen,V. 2001. Towards experiential foreign language education. In V. Kohonen,R. Jaatinen,P. Kaikkonen & J. Lehtovaara *Experiential learning in foreign language education.* London:Pearson Education,8–60.

37.Kohonen,V.(ed.)2005. *Eurooppalainen kielisalkku.* Helsinki:WSOY.

38.Kohonen,V. 2012. Developing autonomy through ELP–oriented peda-gogy. Exploring the interplay of shallow and deep structures in a major change within language education. In B. Kühn & M.L. Pérez Cavana(eds.) *Perspectives from the European Language Portfolio. Learner autonomy and self assessment.* London & New York:Routledge,23–42.

39.Kohonen,V & Kaikkonen,P. 1996. Exploring new ways of in–service teacher education:an action research project. *European Journal of Intercultural Studies* 7(3),42–59.

40.Kohonen,V. & Kaikkonen,P. 2001. Towards a collegial school culture: fostering new teacher professionalism and student autonomy through an action research project. In Benton,N. & Benton,R.(eds.) *Te rito o te mātauranga:Ex-periential learning for the third millennium:Selected papers from the seventh conference of the International Consortium for Experiential Learning*, Auckland, Aotearoa/New Zealand, December 4 –8, 2000. Auckland:James Henare Māori Research Centre, University of Auckland, 79–93.

41.Kohonen, V. & Pajukanta, U. (eds.)2000. *Eurooppalainen kielisalkku – kokemuksia EKS –projektin alkutaipaleelta.* Reports from the Department of Teacher Education in Tampere University A23.

42.Kohonen, V. & Pajukanta, U.(eds.)2003. *Eurooppalainen kielisalkku 2– EKS–projektin päätösvaiheen tuloksia.* Reports from the Department of Teacher Education in Tampere University A28.

43.Kolu, U. 1999. Vuorovaikutteisen arvioinnin kokeilu Pyynikin koulussa vuosina 1995–1998. In P. Kaikkonen & V. Kohonen(eds.) *Elävä opetussuunnitelma 2. Opettajien ääniä:opettajat tutkivat työtään.* Reports from the Department of Teacher Education in Tampere University A18, 9–37.

44.Larzén, E. 2005. *In pursuit of an intercultural dimension in EFL–teaching. Exploring cognitions among* Finland–Swedish Comprehensive School teachers. Åbo Akademi University Press.

45.Lehtomäki, P. 1997. Portfolion käyttö aihekokonaisuuksien opiskelussa. In P. Kaikkonen & V. Kohonen(eds.) *Elävä opetussuunnitelma 1. Koulujen ja yliopiston yhteinen toimintatutkimus opettajuuden ja opetussuunnitelman kehittymisestä.* Reports from the Department of Teacher Education in Tampere University A9, 163–181.

46.Lehtovaara, J. 2001. What is it–(FL)teaching? In V. Kohonen, R. Jaatinen, P. Kaikkonen & J. Lehtovaara *Experiential learning in foreign language education.* London:Pearson Education, 141–176.

47.Lüdi, G. 2003. Mehrsprachige Repertoires und plurielle Identität von Migranten:Chancen und Probleme. In I. De Florio –Hansen & A. Hu (eds.)

Plurilingualität und Identität. Zur Selbst- und Fremdwahrnehmung mehrsprachiger Menschen. Tübingen：Stauffenburg，39-58.

48.Nieke，W. 2000. *Interkulturelle Erziehung und Bildung.* Wertorien-tierungen im Alltag Opladen：Leske+Budrich.

49.Nyman，T. 2009. *Nuoren vieraan kielen opettajan pedagogisen ajattelun ja ammatillisen asiantuntijuuden kehittyminen.* Jyväskylä Studies in Education，Psychology and Social Research 368.

50.Nyman，T. & Kaikkonen，P. 2013. What kind of learning environment do newly qualified teachers create? *Scandinavial Journal of Educational Research*，57(2)，167-181.

51.Pajukanta，U. 1999. Portfolio suullisen kielitaidon ja reflektoinnin oh jaamisen välineenä. In P. Kaikkonen & V. Kohonen(eds.) *Elävä opetussuun-nitelma 2. Opettajien ääniä：opettajat tutkivat työtään.* Reports from the Depart-ment of Teacher Education in Tampere University A18，109-118.

52.Puchta，H. & Schratz M. 1984. *Handelndes Lernen.* München：Hueber Verlag.

53.Raunio，P. 2013. *Työhön Suomeen? Tutkimus työperusteiseen maahan-muuttoon liittyvistä koulutusprosesseista.* Acta Universitatis Tamperensis 1851.

54.Rosa，H. 1998. *Identität und kulturelle Praxis. Politische Philosophie nach Charles Taylor.* Frankfurt：Campus.

55.Rasinen，T. 2006. *Näkökulmia vieraskieliseen perusopetukseen. Koulun kehittämishankkeesta koulun toimintakulttuuriksi.* Jyväskylä Studies in Educa-tion，Psychology and Social Research 281.

56.Ruohotie-Lyhty，M. 2011. *Opettajuuden alkutaival. Vastavalmistuneen vieraan kielen opettajan toimijuus ja ammatillinen kehittyminen.* Jyväskylä Stud-ies in Education，Psychology and Social Research 410.

57.Ruohotie–Lyhty,M.,Nyman,T. & Kaikkonen,P. 2008. Von der Lehramtsstudentin zur jungen Fremdsprachenlehrerin. In S. Tella(ed.) *From brawn to brain: strong signals in foreign language education.* University of Helsinki. Department of Applied Sciences of Education 290,207–225.

58.Sen,A. 2006. *Identity and violence:the illusion of destiny.* New York & London:W.W.Norton.

59.Taajamo,M. 2005. *Ulkomaiset opiskelijat Suomessa. Kokemuksia opiskelusta ja oppimisesta,elämästä ja erilaisuudesta.* University of Jyväskylä,Finnish Institute for Educational Research.

60.Van Lier,L. 1996. Interaction in the language curriculum. *Awareness, autonomy and authenticity.* London and New York:Longman.

61.Van Lier,L. 2012. Perception and agency in the ecology of language learning. In M. Bendtsen,M. Björklund,L. Forsman & K. Sjöholm(eds.) *Clobal Trends Meet Local Needs.* Åbo Akademi University. Reports from the Faculty of Education No 33,47–51.

62.Valtaranta,N. 2013. *On the Experiences of Finnish Engineers as Language Users in a Professional Context.* Acta Universitatis Tamperensis 1806.

第三部分

数学与科学教师教育

专题五　固守传统的学科教师教育：
打破常规的数学与科学实验

哈里·西尔弗伯格（Harry Silfverberg）

引　言

在芬兰，数学、物理、化学和信息技术通常被称为数学学科。本章介绍了坦佩雷大学教育学院在过去 20 年中对数学学科教师培养方案进行的四项改革。这些改革均是以创新性的方式打破传统观念，比如学科教师培养方案应具备和可以具备哪种结构类型、应该包含的内容以及每个教育部门应该由哪些机构负责管理等。本章将尽可能客观地研究促使这些项目改革的动机、背后的基本思想及每个研究项目的历程。其中，有的项目已经结束，有的项目即将结束，还有的项目仍在进行。但尽管有些项目已经结束，其中蕴含的许多创新思想仍在学校实践中以其他形式存在。就已结束的项目而言，虽然我们对该实验的价值和创新性已经达成了共识，但仍会在研究中讨论导致项目结束的原因。

学科教师教育的课程内容每隔两三年会有一次检查和修订，更新整个教师教育部分的课程。然而从早期的课程中可以发现，课程的基本结构在很长时间内几乎保持不变。可见学科教师的教育较为传统：这传统似乎抵制变革（一些过于激进的），但有些变革又有必要甚至是为了合乎习俗。很长时间以来,教育学的课程(60 个学分 ETCS)由占超过 1/3 的(通识)教育的基础研究、1/3 的教学实践和略少于 1/3 的学科教学研究组成。但从根本上讲,仍有一些问题给学科教师的教育改革带来了压力,尤其体现在数学学科方面。它不仅给学科教师教育方案的结构改革增加了压力, 还会给方案中一些独特的课程内容的发展带来挑战。此次改革的压力主要由以下几方面造成:

第一,在整个 20 世纪 90 年代,由于仅从本校招募学生,学校无法招收足够数量的学生参加数学学科的教师培训。因此,每年仅有少数学生完成了教学研究,获得数学、物理或化学学科教师资格,这样的趋势在芬兰其他大学中也十分普遍,我们决定与数学系合作,增加招收数学、物理和化学专业师范生的吸引力。同时,坦佩雷理工大学(TUT)和坦佩雷大学(UT)开设的数学课程在培养模式中存在失衡。坦佩雷大学数学学科的学生在坦佩雷理工大学会完成他们在物理和化学方面的所有学习, 而坦佩雷理工大学的学生在坦佩雷大学只学习了几门课程,因此大学之间达成了协议,共同保证坦佩雷理工大学(TUT)的学生有机会能在商定范围内完成坦佩雷大学(UT)数学学科的教学研究。

第二,自 20 世纪 90 年代末以来,芬兰中既有小学又有初中的综合学校的现象越来越普遍(参见 Rajakaltio,2011)。根据芬兰统计局的数据,2018 年共有 2234 所综合学校在办学, 其中 20%是由一至九年级组成的综合学校。这些由一至九年级组成的综合学校由同一行政部门进行监管, 目前已经规划了核心课程,确保学生可以从小学顺利过渡到初中。学校的共同目标之一是使尽可能多的教师能根据自己的专业知识在小学和初中阶段任教,但芬兰教师教育系统在这方面通常会遇到的问题是我们的教育方案让师范生没有资格在综合学校任教。小学教师教育方案规定,毕业生只能担任一至六年级的班主任,同时学科教师教育方案也规定,教师需获得 60 及以上的学分

（ECTS①）才有资格教授七至十二年级。AIKAMA方案就是一种应对该挑战而提出的新型教师教育培养方案。

第三，根据研究显示（如 Juuti et al.，2010；Merenluoto et al.，2003；Pehko-nen，2011），当时的小学教育师范生数学知识储备较少，且学生的数学能力薄弱，导致教授数学的学生过少。通过与坦佩雷大学数学系共同研发"数学教育"板块（25 ECTS），学校试图激励未来的小学教师选择数学作为他们的辅修学位，并鼓励他们转变认为高等数学是极为困难的观念。

第四，我们也试图寻找解决主科出现问题的最佳方案。当时，芬兰大学硕士学位的主科可能是（或一直是）数学或教育科学，而不是数学教育。因此，我们可以从两个方面来解决：首先，我们建议教育学院的教育学学士和教育学硕士的选修课程，应增加数学教育板块，但主科仍为教育科学，从而逐步提升数学教育和教育研究的地位，以推动AIKAMA教师教育方案的设立，使得该全国独有的方案主科为教育，而必修的副科为数学。

在 AIKAMA 方案实施了几年之后，北欧有一组数学教育的研究人员对此产生兴趣，决定通过北欧合作的方式，共同设立以数学教学法为主科的文学硕士培养方案。2010年，北欧部长理事会（The Nordic Minister Council）与来自挪威、丹麦和芬兰的五所大学合作，开设了北欧数学教学法硕士联合培养课程（NORDIMA）。自方案规划之初，坦佩雷大学教育学院的教师教育部门就成为该联盟的合作伙伴之一，北欧数学教育研究生院（NoGSME）也成了进一步研究数学教育的天然渠道。

---

① 欧洲学分转移和累积系统（European Credit Transfer and Accumulation System，ECTS），又译欧洲学分互认体系，是欧洲诸国间在高等教育领域互相衔接的一个项目，以确保各国高等教育标准一致，一学年相当于60个ECTS学分。

一、工科生的教育学

　　一般而言,坦佩雷大学教育学院的教学研究是与其他各院系合作组织,即各院系为中学(和大学)教师提供主科学习。除了坦佩雷大学的各院系之外,坦佩雷理工大学还为工科生提供了一种选择(迄今已有 20 年的历史),他们可以将教育学作为硕士学位的辅修课程,而学生的教学实践则是在坦佩雷大学的教师培训学校和坦佩雷地区其他几所中学和大学的教育学院合作进行。学生在坦佩雷理工大学攻读的理学硕士学位的主要科目为数学、物理、化学或计算机科学。同时,他们所获学位的学分中必须包括由坦佩雷大学教育学院提供 60 个学分(ECTS)中的教育学学分,才可以获得教师职业资格。为了在劳动力市场上更有吸引力,大多数学生将上述数学学科中的一个或多个学科作为副科,其余则选择学习技术研究等学科。近年来,该方案的学生招生名额已定为 25 人。

　　迄今为止,还没有对该方案进行任何正式的评估,但为学生们编制了一个档案袋,主要评估他们在学习教育学期间的专业成长。这些档案袋包含学生职业发展的重要信息, 以及他们对该方案运作良好或较不理想方面的看法。根据档案袋可知,几乎所有学生都对该方案感到满意。并且毋庸置疑的是,合作伙伴的相互协助成为该方案成功的重要基石。一方面,坦佩雷大学开发的教育学模块满足了工科学生的需求。另一方面,坦佩雷理工大学开发的理学硕士学位,满足了理学学位和数学学科教学资格的需求。

　　更重要的是,设计方案的双方都认为合作对彼此有利,这也是该方案备受欢迎的原因,因此可以招收一些有天赋的学生来学习科学、技术、工程和数学等 STEM 科目。目前,该方案的毕业生就业形势良好,教育机构也愿意雇用这些不仅掌握纯数学和科学的学科知识, 还能够将这些学科应用于科学和社会其他领域的人。可以说,该方案在芬兰具有一定的独特性。

与传统的学校分科授课观念不同，当前人们更加关注科目之间的贯通性。有关 STEM 或 SMET 学科（科学、数学、工程、技术）（Stohlmann，Moore & Roehrig，2012）的讨论源于美国，但如今也广泛传播在欧洲的学科教学中。这种观点是为了在工程与技术领域内将科学与数学联系起来，从项目开始时起，我们就尝试将 S 类科目整合到教师教育中，但目前还未讨论相关的整合问题。

二、AIKAMA 硕士方案及北欧联合培养 NORDIMA 数学教学论硕士培养项目的设立

从 2002 年至 2016 年，AIKAMA 学科教师的硕士方案将数学作为主要的辅修课，并将重点放在主要学科数学教育上。从一开始，该方案就试图满足社会和专门在综合学校教学的教师需求，不仅为学生提供学科知识和教学方面的专业知识，而且帮助学生成为综合学校的教育专家。

该方案的主要科目为教育，毕业生可获得教育硕士学位，同时综合学校要求学科教师所需的数学研究也成为学生学位课程中的必修课。根据学生对辅修科目的选择以及硕士学位课程所提供的辅修科目，该方案可使学生获得担任小学教师或综合学校学科教师乃至高中教师的资格。预期该方案的主要优势如下：

（1）重点放在全体综合学校；

（2）在主学科（教育）中适当选择前沿研究，为学科教师所需的教学法增加分量；

（3）与在一两年内学科教师学习教育学的常规方式相比，教师的培养周期（一般为五年左右）为学生提供了更多的时间，从而更好地获得教师专业的发展；

（4）该方案的申请程序比较合算，与小学教师教育中已有的申请程序关

联在一起；

（5）该方案尽可能帮助学习者获得小学教师和学科教师的双重资格。（参见 Kohonen，2005）

在新生被录取的十年内，该方案非常受欢迎。在过去几年中，学生仍可以申请该方案，申请人数已经超过了招生名额的 15 倍以上。同时，关于该项目的一篇博士论文（Portaankorva-Koivisto，2010）已经完成。波尔坦科娃-科维索托（Portaankorva-Koivisto）对 AIKAMA 方案培养的学生如何成为数学教师的成长过程进行了叙述性研究。帕科农（Pääkkönen，2012）在他的教育硕士论文中对该方案进行了总体评价。根据帕科农的叙述，完成 AIKAMA 方案后已经毕业并从事教师行业的教师们对 AIKAMA 方案的教育感到非常满意。然而也有一些接受过 AIKAMA 培养方案的数学教师表示，在工作中同事会对他们在毕业时是教育硕士而不是理学硕士这件事感到奇怪。

2010 年春，教育学院与来自北欧三个国家（挪威、丹麦和芬兰）的五所伙伴大学合作，设立了北欧数学教学联合硕士培养方案（NORDIMA）。该方案的合作伙伴包括克里斯蒂安桑的阿格德尔大学（University of Agder，Kristiansand）、丹麦教育学院（the Danish School of Education）、奥尔胡斯大学的哥本哈根校区（Aarhus University，Campus København）、哥本哈根的哥本哈根大学（the University of Copenhagen，København）、埃博学术大学（Åbo Akademi University，Vasa）和坦佩雷的坦佩雷大学（the University of Tampere，Tampere）。最初该方案由北欧部长理事会资助，协议期限为 2010—2016 年，挪威克里斯蒂安桑的阿格德尔大学是坦佩雷大学的主要合作伙伴。第一年会在坦佩雷大学学习，第二年在阿格德尔大学学习；如果第一年在阿格德大学学习，第二年则在坦佩雷大学学习，那么个人就可以根据自己的学习计划制定在坦佩雷大学所学的课程。该方案具有以下优势：

（1）北欧数学教育硕士课程将利用专业知识和一些机会，在多数发展较弱的研究领域中实现北欧协同合作。

（2）北欧数学教育硕士课程将建立在高质量研究的基础上，并由积极从事数学教育研究的教师和导师负责。

（3）北欧硕士的通用培养方案将为整个北欧教育体系培养数学教育专家，这在北欧国家将是独一无二的。

该方案包括 120 个学分（ECTS），大部分课程由数学教学法组成，但一定程度上也可包含其他类型的课程，例如数学或科学教育，这取决于学生本人以前的学习情况。但无论如何，获得硕士学位的学生都会拥有数学教育的资格。目前大多数课程均为选修课，有人建议将部分课程作为核心课程和必修课。北欧硕士学位委员会负责招收学生、协调申请过程，以保持课程质量，确保每个学生都不会修读重复的课程，保证硕士学位的质量。该硕士方案的目的是：

（1）促进北欧和欧洲劳动力市场的流动。

（2）使芬兰和北欧研究生院（NoGSME）在该领域的研究生学习成为可能。

（3）提高劳动力市场的竞争力。

（4）为师范学校或教师教育部门的大学职位，提供优秀的基础教育。

完成 NORDIMA 硕士方案后，学生会获得双学位，代表他们获得了坦佩雷大学的教育学硕士和阿格德大学的数学教学理学硕士两所大学的文凭。

三、开发数学教学研究模块

当数学教学研究模块以最大化——25 个学分（ECTS）开展时，会包含五门大学水平的数学课程。这些课程涉及几何学、代数、数论、数学分析及数学教学问题解决。该模块是教师教育系与数学系联合规划，有 20~45 人左右参加课程，且大多数学生是将要进入综合小学或中学任教的师范生。

在研发数学教学过程中，最基本的问题是如何开展高等数学课程的教学。我们试图从大学教育学的角度来理解教学的目的和要求,从而确定了教学的四个平行组成部分:(1)内容教学(Contentual didactization),(2)技术教学(Technological didactization),(3)方法教学(methodological didactization),(4)发展性教学(Developmental didactization)(Poranen & Silfverberg,2011 年)。

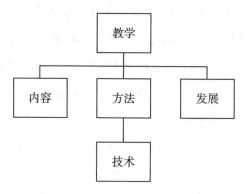

图 5.1　教学过程的组成部分

内容教学(Contentual didactization)紧密围绕鲍尔和贝斯(Ball & Bass,2000;2003)所提到的数学教学观点。他们认为描述数学内容对教师在学校中进行专业实践时成功解决数学问题非常重要。通过这一术语,我们试图强调中小学数学与大学数学之间的联系,并阐明课程中一些概念的连续性。这些概念会从小学或中学数学开始接触,一直到大学数学的基础课程均存在,甚至未来还会用到。在课程的编制过程中,我们特别结合了鲍尔和贝斯(Ball & Bass,2000),阿布拉莫维奇和布劳威尔(Abramovich & Brouwer,2003)及斯蒂联尼德斯(Stylianides & Stylianides,2010)提出的观点。除了使用传统的评估方法之外,我们还采用了教学能力测试,要求学生以小组为单位,查找并介绍在大学阶段课程中涉及的数学内容,如群的概念、欧拉函数等。在此之中,学生要考虑到斯蒂联尼德斯(2010)描述的数学和教学空间。

所谓方法教学(methodological didactization),是指在大学课程中尝试使用尽可能提升未来教师专业技能的教学方法,使他们在学校数学教学中也能使用像合作学习和探究式学习的教学方法。在课程中,我们讨论了诸如数学定律、论证、证明和定义等概念在不同学段对教师和学生的意义。我们还鼓励学生反思自己的数学思维在大学中是如何变化，以及思考应如何在学校培养学生的数学思维。

技术教学（Technological didactization）可以说是方法教学中的一个特例。通过频繁使用如符号计算器（symbolic calculators）、Geogebra、Maples、互联网应用程序等技术工具，并讨论这些工具的优缺，努力拓宽未来教师的教学内容知识（PCK），使之朝着更具包容性的技术—教学内容知识（TPACK）发展。

发展性教学（Developmental didactization）试图揭示数学作为一门科学在发展过程中涉及的一些概念的历史发展。同时，我们研究了一些学生在学习基本数学概念的心理轨迹，即从学前或小学教师在教学中可能使用的早期和初级的概念开始，到初中和高中数学中引入更精确的概念，最后成为大学数学中精确定义的概念。数感和数概念的发展、几何思维的发展、学生几何概念性质的普遍解释、在不同的范希尔几何思维水平（van Hiele levels）上的极限、导数和积分的不同概念等都提供了此类很好的例子。

我们必须特别注意学生在通过教学法课程后，还要继续学习大学数学中的非教学性通识课程，以促进教学目标的达成。学生会面临两种挑战：短期内他们需要继续学习大学数学中更高要求的课程，并为达到更高的数学水平做好充分准备；从长远角度来看，他们将有资格成为中小学的数学教师。因此在要求更高的课程中，师范生要学会站在学生的立场来思考自己的教学选择和学生在不同数学任务中的学习过程。图5.2展示了我们希望学生能够逐步发展的步骤。

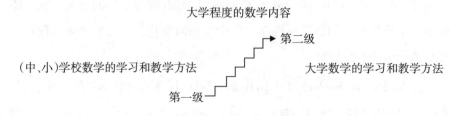

图 5.2　教学的本质

在这个过程中，选择合适的数学任务将有助于课程教学与教学过程的开展。斯蒂联尼德斯（2010）将其视为与教学法相关的数学任务（P-R 数学任务）。正如鲍尔和贝斯（Ball & Bass，2000；2003）所言，这些任务旨在激发可以支持数学教学知识发展的活动（Mft）。此外，数学教学发展过程中的重要部分是产生 P-R（pedagoyy-velated）数学任务，该任务强调从小学到大学数学的学习轨迹，并加强学生对于抽象、定义和论证等技能的学习。我们课程中使用的教学法相关（P-R）数学任务的例子可以在波拉嫩和豪卡宁（Poranen & Haukkanen，2012）、波拉嫩和西尔弗贝格（Poranen & Silfverberg，2011）、西尔弗贝格和约岑拉赫蒂（Silfverberg & Joutsenlahti，2014）及西尔弗贝格（Silfverberg，2004，2012）的文章中找到。

课程教学的发展是基于教师之间的不断讨论、向学生收集到的反馈及有类似教学的项目报告的经验来指导他们的行动。作为发展项目的一项成果，我们更新了课程设置和教学方法，以便在中小学数学和大学数学、基础数学和高等数学之间搭建更加牢固的桥梁。

四、关于项目的生命历程和结论

通过上述项目，我们对学科教师教育中的许多传统观念及如何组织这些研究的共同理念提出了挑战。受到挑战的传统观念主要有：

（1）学科教师教育是建立在教师明确分工的基础上，由学科教师负责学科的教学，教育学院负责教学研究。

（2）未来数学教育硕士的主要科目是数学、物理或化学，相应地小学教师学位的主要学科是教育科学。

（3）未来数学教师将会获得哲学硕士学位。

向工科学生提供的教师教育方案保留了第一、二点的观念，但授予学生的是理学（工学）硕士学位，而不是哲学硕士学位（观点 3）。AIKAMA 方案主要对第二种传统观念提出了质疑，即在获得数学教师资格的同时，也可以将教育作为主要科目，因此数学教学学习模块的发展需要将重点从传统的分工观念转向院系间的深入合作。当然，上述的所有项目中，我们都要确保它们的合法性。然而多年来我们注意到，项目外的许多参与者仍然坚定地遵循 1~3 条传统观念，且对我们的方案持批判态度。

经过艰难的改革后，工科学生的教师教育方案已成为地方和国家教师教育的重要组成部分。起初，该方案虽然受到人们的质疑，但在过去的几年中却可以满额招生。因为该方案有明确的培养内容，培养了良好的教育专业教师，同时各大学的整合及随之而来的加强合作使该教师教育方案成为更多教师教育的选择，以更好地发挥职业教育中师资协同培养的优势。

然而 AIKAMA 和 NORDIMA 方案已经逐渐走向衰落，其主要原因与大学的战略决策有关。即使硕士课程比以前能更广泛地整合课程，并由最少的学生人数完成课程，但当教师实施这些决策时，诸如个别课程的创新性、学生或课程的良好反馈、教育政策的合理性等理由都不足以成为偏离整个大学总体决策的原因。当决定终止 AIKAMA 方案时，NORDIMA 方案也同时失去了意义，部分理由是它的招生范围过于小甚至消失了。

事实上，以教育为核心的 AIKAMA 学科教师教育方案，在其整个诞生和发展的过程中都存在某种身份的质疑。许多已经自主完成的传统教师教育或专注于教育背景与理念的教师，不能接受这一事实。AIKAMA 方案主要旨在为学生提供教育科学方面的专业知识及数学专业知识，使学生具备在综合学校和高中阶段教授数学的资格。但那些强烈批评该方案的人认为，在学科教师的教育中，它必须要具备良好的数学知识并掌握足够的教学专业技能。由于意识形态和工会的政治原因，这一教育方案最终陷入了困境，一方面，来自小学教师教育的代表认为该方案与学科教师教育相关，不允许在自己的"领域"内开设；另一方面，学科教师对该课程避而远之，因为该课程强调的是教育科学而不是数学本身。

在教学方面，数学教学研究模块试图加强大学数学课程的教学与 AIKAMA 方案中教师教育的兼容性，并积极说服小学教师从一开始就选择数学作为学士和硕士学位的辅修科目。数学系和教育学院的资源减少，大大降低了开设数学教学课程的可能性，而 AIKAMA 方案的结束更是从根本上减少了以这种方式开展课程的需求。

我认为，一些负责高校教师教育的部门往往会为了保护自己的利益和想法，试图保留现有的旧结构，即使当今社会内部教育结构的变化显然需要改革师范教育的结构和内容。无论在地方还是国家，尤其学科教师教育在整个教师教育领域都处于从属地位，这些使得学科教师教育的发展举步维艰。因此能够持续发展学科教师教育，对于大学及其相关学科来说都是极其重要的。然而学科教师教育的发展并没有被视为社会的一个重要目标，因为当前教育能以这种形式完成任务就已经令人满意。我在上文介绍过的项目，已经尝试去改革学科教师教育，以更好地应对芬兰基础教育不断变化的挑战，使学科教师教育和小学教师教育更加紧密结合。幸运的是，这些尝试背后的理念被允许自由存在了一段时间，其中一些甚至仍保持着活力。然而不幸的是，在高等教育普及化的过程中，学科教师教育改革不得不停止，重回到被禁锢的传统角色中来。

参考文献

1.Abramovich,S. & Brouwer,P. 2003. Revealing hidden mathematics cur-riculum to pre-teachers using technology:the case of partitions. *International Journal of Mathematics Education in Science and Technology* 34(1),81-94.

2.Ball,D. L. & Bass,H. 2000. Interweaving content and pedagogy in teaching and learning to teach:knowing and using mathematics. In J. Boaler (ed.) *Multiple perspectives on mathematics teaching and learning.* Westport, CT:Ablex Publishing,83-104.

3.Ball,D.L. & Bass,H. 2003. Making mathematics reasonable in school. In J. Kilpatrick,W. G. Martin & D. Schifter(eds.) *A research companion to princi-ples and standards for school mathematics.* Reston,VA:National Council of Teachers of Mathematics,27-44.

4.Juuti,K.,Kallioniemi A.,Seitamaa-Hakkarainen,P.,Tainio,L. & Uitto A. (eds.)2010. *Ainedidaktiikka moninaistuvassa maailmassa. Ainedidaktiikan sym-posium 2010.* Helsingin yliopiston opettajankoulutuslaitoksen tutkimuksia 332.

5.Kohonen,V. 2005. Aineenopettajakoulutuksen kehittämisen mahdollisuuk-sia. In R. Jakku-Sihvonen(ed.) *Uudenlaisia maistereita:kasvatusalan koulutuk-sen kehittämisenlinjoja.* Jyväskylä:PSkustannus,277-298.

6.Merenluoto,K.,Nurmi,A. & Pehkonen,E. 2003. Luokanopettajaksi opiskele-vien matematiikkauskomukset ja matemaattiset valmiudet. In P. Räihä,J. Kari & J. Hyvärinen(eds.) *Rutiinivalinnoista laadukkaisiin valintastrategioihin. Vuoden 2002 opettajankoulutuksen valintakoeseminaarin loppuraportti.* Jyväskylän yliopis-ton opettajankoulutuslaitoksen tutkimuksia 77,50-60.

7.Mishra,P.,& Koehler,M. J. 2006. Technological Pedagogical Content

Knowledge: A Framework for Teacher Knowledge. *Teachers College Record* 108 (6), 1017–1054.

8.Pehkonen, E.(ed.)2011. *Luokanopettajaopiskelijoiden matematiikkataidoista.* Helsinginyliopisto. Opettajankoulutuslaitos. Tutkimuksia 328.

9.Poranen, J. & Haukkanen, P. 2012. Didactic Number Theory and Group Theory for School Teachers. IMVI, *Open Mathematical Education Notes* 2, 23–37.

10.Poranen, J., & Silfverberg, H. 2011. Didaktinen matematiikka: Sanoista tekoihin, teoista sanoihin. In H. Silfverberg & J. Joutsenlahti(eds.) *Tutkimus suuntaamassa 2010 –luvun matemaattisten aineiden opetusta, Matematiikan ja luonnontieteiden opetuksen tutkimuksen paäivaät Tampereella 14.–15.10.2010.*

11.Poranen, J. & Silfverberg, H. 2013. '*Didactization' of University Level Math Courses –Building Bridges Between School and University Mathematics.* Paper presented in the conference ECER 2013, "Creativity and Innovation in Educational Research", Istanbul, Turkey 10–13 September 2013.[Extended abstract retrieved in April 8th 2020].

12.Portaankorva–Koivisto, P. 2010. *Elämyksellisyyttä tavoittelemassa. Narratiivinen tutkimus matematiikan opettajaksi kasvusta.* Dissertation. Acta Universitatis Tamperensis 1550, Acta Electronica Universitatis Tamperensis 996. University of Tampere.

13.Pääkkönen, S. 2012. "*Valitsin AIKAMA–koulutuksen, koska se yhdisti alusta–alkaen kasvatuksen ja matematiikan". TaY: nmatematiikan aineenopettajan koulutuksen käyneiden kokemuksia koulutuksestaan ja työelämästä.* Pro – gradu–tutkielma. Kasvatustieteiden yksikkö. Tampereen yliopisto.

14.Rajakaltio, H. 2011. *Moninaisuus yhtenäisyydessä. Peruskoulu muu – tosten ristipaineissa.* Dissertation. Acta Universitatis Tamperensis 1686, Acta Electronica Universitatis Tamperensis 1151. University of Tampere.

15.Silfverberg,H. 2004. DGS and CAS as tools supplementing each other in an inquiry task "Locus curves" In J. Boehm(ed.) *Proceedings TIME–2004*,14–17 July 2004,Montreal,Canada.

16.Silfverberg,H. 2012. The repertoire and structure of different types of functions recalled by student teachers. In G.H. Gunnarsdóttir,F. Hreinsdóttir,G. Pálsdóttir,M. Hannula,M. Hannula –Sormunen,E. Jablonka,U. T. Jankvist,A. Ryve,P. Valero,& K. Wæge(eds.) *Proceedings of Norma 11,The Sixth Conference on Mathematics Education in Reykjavík,May 11.–14. 2011.* Reykjavik:University Press of Iceland,577–586.

17.Silfverberg,H.,& Joutsenlahti,J. 2014. Prospective teachers'conceptions about a plane angle and the context dependency of the conceptions. In C. Nicol,S. Oesterle,P. Liljedahl,& D. Allan(eds). *PME 38/PME–NA 36 Proceedings Vancouver,Canada July 15–20,2014:of the 38th Conference of the International Group for the Psychology of Mathematics and the 36th Conference of the North American Chapter of Psychology of Mathematics Education:*Vol.5,185–192. Retrieved from http://www.pmena.org/pmenaproceedings/PMENA%2036%20 PME%2038% 202014%20Proceedngs%20Vol%205.pdf in April 8th 2020.

18.Stohlmann,M.,Moore,T. J. & Roehrig,G. H. 2012. Considerations for Teaching Integrated STEM Education. *Journal of Pre–College Engineering Education Research* 2(1),28–34.

19.Simonson,M. 2006. Design–Based Research. Applications for Distance Education. *The Quarterly Review of Distance Education*,7(1):vii–viii.

20.Statistics Finland. Retrieved from https://www.stat.fi/til/kjarj/2018/ kjarj_2018_2019–02–12_tie_001_fi.html in April 8th 2020.

21.Stylianides,G.J. & Stylianides,A. J. 2010. Mathematics for teaching:A form of applied mathematics. *Teaching and Teacher Education 26*,161–172.

专题六　在数学过程中解决真正的问题

贾斯卡·波拉宁（Jaska Poranen）

引　言

在学科教学研究中，数学过程对学校教师而言非常重要。我们在学校中可以通过结合数学过程，获得更多的应用技能和更深入的学习。但是在大学的基础学科研究中，这种方法仍然含糊不清，需要我们对概念进行澄清。本章笔者给自己设定了一个问题，试图通过这一问题对数学过程能有更清晰的认识。本研究采用GeoGebra①软件作为核心工具，它可以分析许多实验特征及验证相关的猜想和假设。当然，有些情况下它呈现的结果也不一定完全正确。因此从某种意义上说，过程研究似乎是一个进行假设和论证的网络或链接，也可能包括一些需要能更好理解的定性推理。这些特征在其他科学和日常生活中都比较常见，但同时也可能会验证一些预判。在本研究中，最新的数学系统和工具箱视图都发挥了一定作用。我们也可以运用波利亚（Polya）的话语，阐述演绎推理（demonstrative reasoning）和合情推理（plausible reasoning）在过程中的共同作用。最后，笔者将写作过程与学科教学中大学教

---

① GeoGebra是一款动态几何软件。其绘图的基本元素包括点、直线、线段、多边形、向量、圆锥曲线和函数。

师的教学内容建立了更普遍的联系。

简　介

教学三角(didactic triangle)是在学科教师教育中首要研究的问题之一。三角形的两个顶点被标记为教师和学习者，第三个顶点根据教学重点的主题来标记。在本章中，第三个顶点是数学。常见的做法是在顶点之间绘制双向箭头以表示之间的交互关系。"经典"教学三角是学校动态教学过程中非常普遍的模型。即便如此，它也创造了许多基本问题的框架，如舍恩菲尔德(Schoenfeld,2012)列举了一些，下面三个有趣的问题就是从文中收集到的：

(1)什么是数学？课堂活动的重点有哪些？

(2)教师对数学(广义上)的理解是什么？

(3)教师如何在学习者和数学之间进行协调，以塑造学习者对数学的发展性理解？

数学专业的教授、教师教育工作者及学校数学教师已经发表了大量关于数学的研究（例如 Pehkonen,1999；Mura,1993；Törner & Pehkonen,1999；Viholainen et al.,2014；Tossavainen et al.,2017）。下面阐述一种最典型的观点分类：

(1)数学是一种严谨的系统，必须用一种精确而清晰的语言("数学是一个系统"，简称 S)来严格撰写证明。

(2)数学是计算规则(rules)和程序(routines)的集合，它将被应用于各种具体情况("数学是一个工具箱"，简称 T)。

(3)数学是一个动态过程，每个人都根据自身需要和能力创造自己的数学("数学是一个过程"，简称 P)。

上述分类是对"什么是数学？"这一问题的回答进行定性数据分析而得

出（Pehkonen，1999；Mura，1993）。在另一方法中，这种分类被用作数据分析的起点（Törner & Pehkonen，1999）。需要注意的是，上述 S、T 和 P 三种观点并不意味着每个概念仅属于这其中一类，而是通常情况下他们属于所有类别，只是涵盖范围有所不同。令人惊讶的是，在数学教授中持 P 观点的人最少，但人们可能会期待相反的结果，因为教授们更能在数学中创造新的知识（Pehkonen，1999）。

对于每个学习高等数学的人来说，S 观点是众所周知的。例如，每个数学专业的学生都要学习数学分析。基于数学分析，实数公理系统被定义为完备有序域。每一个命题，比如分析的基本定理，都必须在这个领域得到证明（参见 Poranen，2000）。基础数学分析是一个庞大而复杂的系统，需要大量的研究工作，几乎每个人都认为它是一个需要学习的"完备系统"。

相对而言，"数学作为工具箱"（T）是每个学数学的学生所熟悉的，数学分析在科学、工程、经济、几何等领域一直被应用，同样也适用于师范生通常研究的其他数学领域。这种应用可能有人比较熟悉，有人不太熟悉。（参见 Poranen & Haukkanen，2012；Abramovich & Brouwer，2003）。但是从师范生的角度来看，数学作为一个过程（P）更难描述，尤其是"每个人都会创造自己的数学……"这部分，可能会引发很多问题，因为人们通常不以这种方式学习事物。我们可以引用哈派塞罗和卡迪耶维奇（Haapasalo & Kadijevich，2000）的观点，大学数学教学在传统意义上是教育而不是发展。

在此，笔者不会仅仅满足于对观点 P 的一般性论述（不以损失学科教师教育中的 S 和 T 观点为代价），而是设定了一个真正的问题，希望通过这一问题使 P 观点在教师教育中更容易被接受和理解，尤其是对教学三角的思考。以下是对一个多维问题解决过程的总结，其中包含一些建议及一般性思考。

一、问题 Q 及其背景

数学解题之父波利亚(Polya,1887—1985)在他的书(1973)中提出了问题(q1):

同一平面内,给定两点和一条直线,两点均在直线的同侧。在直线上,找到一个点,使得它与两点连接所形成的角对应边最大。

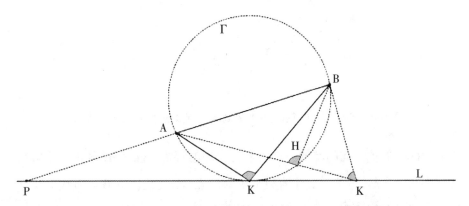

图 6.1　问题 q1:如何从直线 L 找到点 K,使与 A、B 两点连线的夹角所对应的边 AB 最大

经过一些定性的思考后,波利亚认为必须绘制一个圆,连接点 A、B 并与直线 L 相接,使得两点与直线 L 相接的点 K 形成的夹角最大(见图 6.1)。但是他没有说明如何用真正的经典几何图形来使其成立, 即使用罗盘或没有刻度的尺子(Lehtinen,Merikoski & Tossavainen,2007)。他没有为此命题提供任何证明,似乎也抛弃了关于几何解的存在性基本问题,所有这些问题对笔者来说都是困难的,尽管问题的本质(下文 Q)并非如此。造成此现象的原因之一是由于波利亚的给定图形仅包含线段 AB、直线 L、圆 Γ 和点 K,没有进一步的解释和说明图形(图 6.1)包含的其他基本要素,这将在本章进一步讨论。

后来波利亚(1973)在书中又介绍了另一个问题(q2),这个问题可能更加著名：

在同一平面上，给定两点和一条直线，两点均在直线的同一侧。在直线上找到一点，使其与给定两点的距离之和最小。

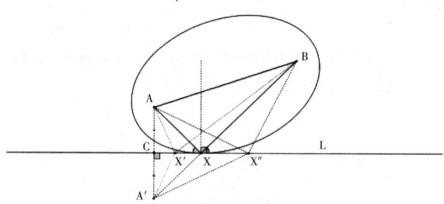

图 6.2　问题 q2：如何从直线 L 找到点 X，使得折线 AXB 距离最短

图 6.2 展示了此问题的一种著名且合理的解法。问题 q2 其中一个解法非常简单：首先，作点 A 关于直线 L 的对应点 A'；使线段 A'B 与直线 L 相交于 X。通过几何证明，可以容易证明该解法（路径 AXB）是正确的（见图 6.2）。同时，可以证出入射角 AXX' 等于反射角 BXX"，路径 AX'B 和 AX"B 是通过直线 L 从点 A 到点 B 的两条任意路线。因为 A 与 A' 关于线段 L 的对称点，且线段 A'B 是 A' 和 B 两点之间的最短距离，所以 AX'=A'X'（AX"=A'X"），并且 AX'+X'B(AX"+X"B)>AX+XB=A'X+XB。

更有趣的是，我们可以用点 A 和点 B 绘制一个椭圆形，使其与直线 L 相交于 X 点，通过调整 AX+XB 的和，可以得出椭圆上的各点与点 A 和 B 的距离和不变（图 6.2）。根据这一结论，我们可以推导出所有椭圆的性质，但是我们现在需要舍弃这条思路。

问题 q2 并不像看起来那么无聊。例如，它与几何光学之间有许多的联系（参见 Young & Freedman，2000；Polya，1973）。但是这些和其他许多与之相关的有趣特征并不是我们现在的重点。相反,我们可以提出一个真正的问题(至少对笔者而言):问题 q1 和 q2 之间是否存在某些关系?让我们把这个问题称为问题 Q。我们还可以更精确地设置问题 Q:点 K 和 X 之间是否存在某种关系(见图 6.1 和图 6.2)?并且,在这种情况下,寻找点 K 和点 X 之间可能存在的一些有趣的数学联系。笔者能保证的是,波利亚并未提出问题 Q,而只是写道(1973):

事实上,这两个问题的数据完全相同,甚至未知数的性质也相同。在双方,我们要寻找在给定直线上的某个极值点。而这两个问题仅在该极值的性质上有所不同:一方面,我们寻求的是两条线段之和的最小值;另一方面,我们寻求的是这两条线段夹角的最大值。

在下文中,我们将假设线段 AB 位于直线 L 上方,且设点 B 与直线 L 的距离大于点 A 直线 L 间的距离(见图 6.1 和图 6.2)。AB//L(见本章 AB//L 的情况)和 AB⊥L(见一般情况)将分别作单独讨论。因此,当 $0°<\alpha<90°$ 时,其中 α 为线段 AB 与直线 L 之间的夹角;当 $\alpha=0°$ 或 $\alpha=90°$ 时将分别讨论。在此,我们也更倾向于采用经典的几何推理,而不是微分计算等,以尽量保持简单和可观察性。

二、关于问题 Q 的一些初步猜想

当然,我们不仅要学会证明,也要学会猜想(Polya,1973,见前言)。

接下来,我们将依靠 GeoGebra(5.0 版),因为它在测量角度方面的正确性是毋庸置疑的。

关于 Q 的第一个猜想或假设(c1)可能非常简单。决定最大角度的点 K=决定最短路径的点 X(见图 6.1 和图 6.2)。但是 GeoGebra 的一些实验表明,

c1 是错误的。然而在某些特殊情况下 c1 也可能成立(参见 AB ∥ L 的情况),也许还会出现其他值得关注的事情。此方面的一种可能性在于以下考虑(见图 6.3):

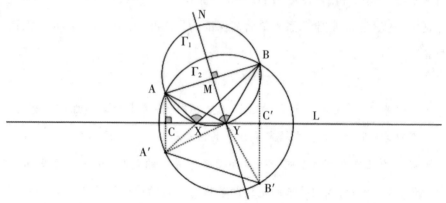

图 6.3 ∠AXB=∠AYB;∠BAY=∠AXC(∠BXC')

这些结论提供了两种新的方法来构造点 X

设点 Y 为线段 AB 的垂直平分线 N 与直线 L 的交点(见图 6.3)。现在我们可以通过点 A,点 B 和点 Y 构造圆 Γ1,证明圆也穿过点 X(见图 6.2)。这里省略了证明的具体内容,但笔者认为他通过构造另一个圆点 Γ2 以穿过点 A、B、B′和 A′,其中 A′和 B′是点 A 和 B 相对于直线 L 的对称点(见图 6.3)。借助该圆,可以证明∠AXB=∠AYB,因此点 X 和 Y 必须位于同一圆 Γ1 上。他还得出结论,∠AXC=∠BAY(=∠BXC′),其中点 C 是线段 AA′与直线 L 的交点。

通过圆 Γ1,我们可以设点 X(见图 6.2)为圆 Γ1 和线 L 的交点,或因为∠AXC 为直角,∠AXC=∠BAY,以此来构造点 X。这两种方法对于笔者来说都是新的,是通过研究假设 c1 而产生的其他观点。

通过观察圆 Γ1 及点 X 和 Y(图 6.3),我们可以提出关于问题 Q 的第二个假设(c2):X 和 Y 之间的中点是 K(见图 6.1 和图 6.3)。但是 GeoGebra 仍是客观的……中点可能位于非常接近点 K 的位置。此外,我们可以提出一个更大的假设：点 K 始终位于点 X 和点 Y 之间（c3）。笔者用 GeoGebra 还未能成功证明 c3 是错误的，尽管它可能是不成立的。

三、AB∥L 的情况

我们可以尝试清楚地看到线段 AB 与直线 L 平行的特殊情况（图 6.4）。

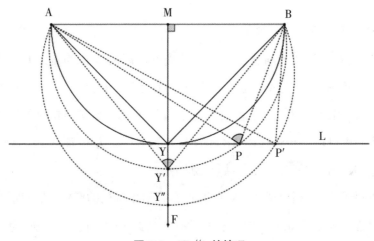

图 6.4　AB∥L 的情况

设 MF 为 AB 的垂直平分线，点 Y 为 MF 与 L 的交点，再设点 Y′ 和 Y″ 位于 MF 上，使 MY<MY′<MY″。由于任何三角形中的补角总是大于其他两角，所以∠BY′Y<∠BYM，∠BY′A <∠BYA。因此，可以得出结论∠BY″A<∠BY′A（见图 6.4）。

我们可以过点 A、Y′、B 作圆，并将其与线段 L 的两个交点之一命名为点 P（见图 6.4）。现在，∠BPA 和∠BY′A 的顶点在与同一条弦 AB 对应的同一圆上，因此∠BPA=∠BY′A，所以∠BPA<∠BYA，∠BP′A<∠BPA，YP<YP′（见图 6.4）。

综上所述，在 AB∥L 的情况下，∠BYA 是最大角，其中 Y 是 AB 与 L 的垂直平分线的交点；在直线 L 上，点 P 到 Y 点的距离越大，则∠BPA 越小。同样,从 M 点到 Y 点之间的距离(在 AB 下方)越大,则∠BY′A 越小。显然,折线 BYA 是从 B 到 L 到 A 的最短路径(见图 6.4)。所以,点 K=点 X(见图 6.1 和图 6.2)。我们看到,在这种特殊情况下,用新的方法来寻找点 X(参见关于问题 Q 的一些初步猜想)也是可行的,因此点 X=点 Y。

四、一般情况

首先,我们必须回到图 6.1 并回答问题 q1。波利亚的基本思想似乎是正确的:设点 K 为直线 L 与过点 A、B 圆的交点。此外,设 K′为直线 L 上的任意点(≠K),点 H 为线段 AK′与圆 Γ 的交点;在 ΔHK′B 中,∠K′小于∠BHK′的相邻补角 AHB(=∠K)。因此∠K′<∠K,即从 K 点看线段 AB 的角度可能最大。我们可以进一步将线段 AB 和直线 L 的交点设为 P;那么 PK′是圆 Γ 的切线,点 K 是该切线和圆的公共点(见图 6.1)。

波利亚并未像上面那样,对点 K 的存在给出确切的解释(或证明)。现在我们知道点 K 是存在的, 但是它有没有一个真正的几何构造呢? 为了找到它,我们首先应回顾数学解题中的分析和原理(Haapasalo,2012)。通过分析图 6.1,我们可以借助割线定理(见图 6.5)得出一个构造思路(综合):

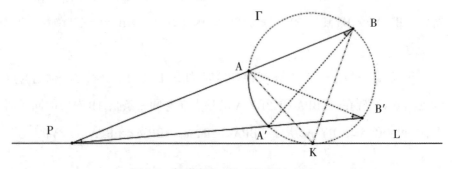

图 6.5　割线定理:PA·PB=PA′·PB′

∠A′PA 是 ΔPA′B 和 ΔPAB′的公共角,且∠A′B′A=∠ABA′(对应于同一

条弧 A′A），所以两个三角形相似，即 PA′/PB=PA/PB′，因此 PA·PB=PA′·PB′（见图 6.5）。然后，让割线 PB′绕点 P 旋转，使其越来越接近切线 PK（见图 6.1）。可以看到

$$PA·PB→PK·PK=(PK)^2$$

因此，PK=PA 和 PB 的几何平均值，即 PK/PB=PA/PK。这里的几何平均值（一般而言）是可以证明的，但我们现在省略证明的过程（Väisälä，1965）。

换句话说，要用几何方法解决问题 q1，我们必须构造一个以几何平均值为半径，以 P 为中心的圆。该圆与直线 L 的交点就可以得到最大角的顶点 K。有趣的是，该方法在 AB⊥L 的情况下也适用（见图 6.7）。我们还可以看到 ΔPKB 和 ΔPAK 相似，即 KA/KB=PA/PK。显然，我们也找到了下一个问题的解决方案，即给定直线 L 上 A，B 两点，构造一个经过定点并与直线 L 相接的圆。

笔者不得不承认在这里遇到了很大的麻烦，当与坦佩雷大学的数学名誉教授梅里科斯基（Merikoski）私下沟通时，梅里科斯基提供了一个如何证明波利亚关于最大角的顶点 K 存在的命题，还展示了割线定理在该点的几何构造中的作用。因此，现在我们知道了如何分别构造点 K 和 X，但主要问题 Q 仍然没有解决。

在与梅里科斯基教授联络之前，笔者就已经找到了一个可能成功的方式来定义最大角度的顶点 K，并且提出了关于主要问题 Q 的猜想（c4）（见图 6.6）。

同样，我们要先找到点 X，使直线 L 上从 A 到 B 的路径最短（见图 6.2）。当然，我们也可以从 AXB 看到线段 AB，并过点 X 构造一个焦点为 A 和 B 的椭圆 E（M），令椭圆 E（M）与垂直平分线 MY 靠近直线 L 的交点为 C，过点 C 绘制直线 T，平行于 AB，与直线 L 相交于点 K（见图 6.6）。

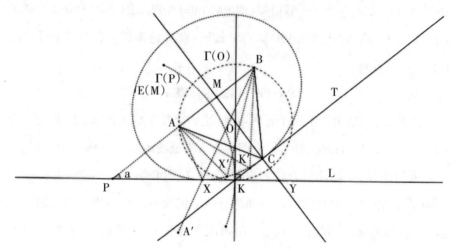

图 6.6 猜想 c4：点 X 和点 K 通过从点 X 开始的多目标极小化

（multiphase minimization）– 最大值（maximization）– 递减（decreasing）–

最大值（maximization）的过程连接

根据（GeoGebra）得出的结论，这种方式构造的点 K 可以达到最大角度。当然，这也是我们利用等式 $PA \cdot PB = (PK)^2$ 得到的同一个点（在相反情况下，我们应该否定猜想 c4）。通过次级计算（minor calculation），可以容易地证明猜想 c4 在 $AB \perp L$ 的特殊情况下是正确的（见图 6.7）。

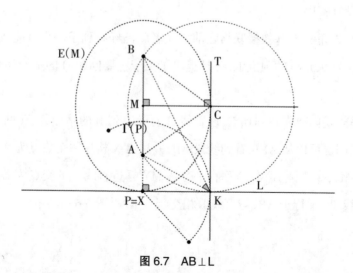

图 6.7 AB⊥L

　　在这种情况下（见图 6.7），最短路径 AXB 的长度=AP+PA+AB=2AP+AB（见图 6.2），且 P=X。因此，AC（=BC）=AP+AB/2，$(MC)^2=(AC)^2-(AB/2)^2$，即 $(MC)^2=AP(AP+AB)$，且 MC=线段 PA 和 PB 的几何平均值，即 MC=PK。又可见 MC ∥PK，过点 C 的直线 T 平行于 AB，且与直线 L 相交于点 K（见图 6.7）。如果考虑到点 Y 是直线 L 和 MC 在无穷远处的"交点"，∠AXB=∠AYB=0°，那么我们在第三部分中发现的第二个结论也成立（见图 6.3）。

　　在一般情况下（见图 6.6），我们认为可能是逻辑推理，而不是演绎推理，我们将（可能的）证明留待后续进行；这两个推理术语均来自波利亚（1973）。因此，让我们从椭圆 E(M)中选择一个"动点" X'（见图 6.6），总是满足 AX'+X'B=AX+XB。当我们沿着椭圆 E(M)靠近 MY 时，∠AX'B 会增大，当到达 C 点时将为最大值。

　　现在有一个等腰三角形 ACB，它的底是 AB，边 AC=BC=(AX+XB)/2。接下来，我们通过该三角形的顶点 C 构造一条平行于 AB 的直线 T，需回顾图 6.4 并注意考虑其中的因素。

　　我们再次将点 K'沿着直线 T 向左移动（见图 6.6），那么∠AK'B<∠ACB，且∠AK'B 会一直随着点 K'向左移动而减小，当直线 T 与直线 L 相交时停止移动，我们推测该点为∠AKB 最大角度的顶点。

　　此外，上述猜想或"定性"推理中，不仅包括 ΔAKB 的面积=ΔACB 的面积这一事实，也为我们提供了 c3 猜想的一些证据。如果我们发现点 X 和 K 之间存在真正的联系，就不得不从几何集合中排除椭圆，但是椭圆 E(M)的作用在推理中并不关键：显然，我们也可以（从 X 点开始）在没有它的情况下得到点 C（见图 6.6）。在我们的图中（图 6.2、图 6.6、图 6.7）用 GeoGebra 生成了椭圆，如果允许使用椭圆，或许可以从点 K 开始，使∠CKY=α（见图 6.6），就可以从点 K 开始找到点 C，证明椭圆过该点与焦点 A、B 和直线 L 相交于X。

五、关于 Q 过程的一些感悟

笔者以前没有遇到过问题 q1。因此，它（作为问题 Q 的一部分）可以很好地成为研究过程（P）的起点。一开始，笔者认为找到一个几何（构造）的解不是很困难，只要它恰好存在，如果出现困难，解析几何或微积分将会提供帮助。但是（对于笔者而言）问题 q1 仍然很困难，有时也令人沮丧。笔者也渐渐了解有关问题 q1 可能解的相关内容，却没有得到帮助。例如，发现过点 K 的圆 $\Gamma(O)$ 的圆心 O 必须位于垂直平分线 MY 上，所以 KO=OA(=OB)；$\angle KOY$ 必须等于 $\angle KPA$（见图 6.6），等等。在实践中，笔者使用 GeoGebra 进行了许多实验。但是要花很多时间才能达到理想的效果（见图 6.6）。

笔者在网上没有获得有用的信息，只能利用现有的知识结构（希望获得的内容）来实现对过程方面的真正理解和体验，但在中学和大学教学中使用的一些标准教科书还是"允许的"（见参考文献）。

笔者也没有从他的知识结构或"允许使用的教科书"中找到任何直接可用的东西，后来我们认为他应该能够找到一些东西，例如芬兰的传统几何学教科书（Väisälä，1965）中包含了割线定理（Secant），以及一些可能有用的练习（但对一些可能与问题 q1 有关的内容只字未提）；笔者也在自己的教学中使用了割线定理，甚至将其应用于除法的几何解释（见 S 和 T 观点）等，割线定理在脑海中的确出现过，但无法将其与问题 q1 联系起来。因此我们也有一个经典的迁移问题的例子（例如，参见 Ropo，1999；Greeno，Collins & Resnick，1996）。

笔者将自己的关注过多地放在寻找问题 q1 的解上，而不是通过 P 点（见图 6.1、图 6.5、图 6.6）。总之，在有限的情况下处理问题 q1 有些困难，但猜想 c4 的发现（见图 6.6、图 6.7）给了一些安慰。笔者非常确信那些（部分定性）推理是正确的并且非常有趣，虽然可能仍然是错的。

　　问题 q2(作为主要问题 Q 的第二部分)笔者已非常熟悉,在学科教学以及在几何教学中使用了一些比如函数工作法(functional working methods)的方法,并在写作过程中学到了很多东西(见图 6.3)。在许多游戏中,比如冰球球员可能会通过墙壁将冰球传递给另一位球员,问题 q2 就此给出了背后有趣的几何图形。作为一项极值标准化(standard extreme value)任务,通过处理微积分中的函数根其实并不难,但如果手动计算就需要有大量工作。

　　对于许多师范生来说,似乎需要意识到可以用许多不同的方式看待一些极值的任务(例如 q2),但比如抽象微分学(abstract differential calculus)的典型工具库(typical arsenal)也可以不使用。我们可以在微分计算中提出问题 q1,通过应用我们的纯几何解(pure geometric solution),还可以推导出 K 点的解析式,可能会有一定的用处。但即使这样,问题 q1 在微分计算的情况下,也相当困难。因此我们可以通过对 K 和 X 的解析式来研究主要问题 Q,但在本章中,我们不得不忽略这种可能性。

　　对笔者而言,问题 Q 是困难的,但在那些初步猜想 c1,c2 及其他许多猜想被逐一证明错误之后, 便不会感到惊讶。造成困难的原因之一是问题 q1(作为问题的一部分), 它困扰了笔者很长时间, 但或许因为问题 Q 是笔者"自己提出的",虽然有时会感到沮丧,但依然令笔者感到有趣且充满动力。总而言之,问题 Q 是一个很好的伙伴,笔者几乎可以随时与之"交谈"。

　　还有一个我们应当考虑的关键问题,上述解题过程的叙述(我们称为 Q 的过程)——是否对一般过程方面(P)有所启示?"每个人都会创造自己的数学……"发生过这样的事情吗? 确实有一些。起初,笔者通过 GeoGebra 进行了许多研究,但因为没有直接归纳概括,给出任何提示,目前还不清楚如何使用或解释它们。因此从某种意义上说,笔者没有在研究中建立一些概念(但有一些初步成果),整个问题 Q 对于笔者而言是全新的。

　　例如,(对笔者而言)在直线 L 上找到点 X 的新方法(见图 6.3)是在观察中建立某种结构的尝试之一 (在研究猜想 c4 时可能起作用),适用于对图

6.4 的思考,对于笔者来说也是新的。但事实上,它在关于猜想 c4 的(合情)推理中被证明是重要的(见图 6.6、图 6.7)。猜想 c4 虽没有得到证明,但整个复杂的思维过程对笔者来说肯定是新的,可以说是自己的。因此,要想对 P 观点有一些真正地理解和体会,真正的解题似乎很有用。

在 Q 过程中,猜想多次出现自然会对其证明(或证伪)提出质疑。因此,如果说在 Q 过程中也存在 S 观点,加之我们考虑到某些可能的使用,例如游戏或闪电中的最大值,就必须确定所应用的理论是什么,才有可能在 S 观点进行证明。

在 Q 过程中也存在 T 观点。例如,从该角度可以看到邻补角定理与割线定理的作用。因此可以表明在 Q 过程中,即使有这些琐碎的结论,S 和 T 观点也会存在。

笔者认为,数学提供了更多无限的可能性,我们可以找到上述 Q 过程这样的好伙伴, 但不一定总是要解决一个合适的或有意义的 "自己的问题"。"完备的数学"中任何概念或结构都可以作为起点,且对于我们来说从发展的角度而不是从教育的视角来思考问题可能是一个好的思路(Haapasalo & Kadijevich,2000;Haapasalo,2004)。

总而言之,可以从波利亚的论文(1973)中找到关于合理推理特征的良好指导原则,如概括、特殊化、类比和归纳。另外,文章(Yrjänäinen & Ropo, 2013)很好地介绍了意义学习的一般特征。其文章中的思想被应用在波拉宁和耶尔约尼宁(Poranen & Yrjänäinen,2015)论文中,用动态菱形来考量汽车千斤顶的几何形状。

贯穿全文的粗糙性(roughness)和不确定性通常存在于教科书和数学基础研究中。但是系统(S)和工具箱(T)的观点可能会被赋予过多的关注,而没有给学生足够的机会来真正或更深入地理解这些想法。学习数学最重要的是学会思考,如果忘记或隐藏过程(P)可能是一个相当糟糕的处理方式。教材中或许可以加入一些作者对解决问题的真实描述,而不是只有"成功案例"。

数学专业的师范生应该写出自己的"意义叙事"或关于自己真正解决问题的故事。这或许可以成为他们学习最新的学科教学期间规范研究的一部分,否则他们将没有足够的能力让自己的学生参与并投入学校的学习中,甚至要求学生做类似的事情。因为如果教师没有真实的经验,就无法让学生也这样做;同样,如果没有这样的经验,师范生也无法理解本章开始时舍恩菲尔德(Schoenfield,2012)提出的三个问题的含义。

六、讨论

笔者在坦佩雷大学教育学院的三个基础领域担任大学教师,包含:学科教师教育的数学科学教学、小学教师教育及数学教学教师(与数学教学论不同,参见 Poranen & Silfverberg,2011)。在进入大学工作之前(自 2004 年起),笔者在中学任教大约 25 年,主要教授数学和哲学。

完成学科教师教育的学习/教育学研究(60 ECTS)需要一学年。在这一学年中,学生要学习通识教育与学科教学法,进行学科教学法研究,并在学校开展教学实践。在开始适当的教学研究(包括学校的教学实践)之前,数学专业的学生必须至少完成 50 至 60 个学分(ECTS)的学习。

课堂中的数学完全不同于大学数学。芬兰数学家索尔利(Sorvali,2004)曾写过一篇关于学校数学和大学数学之间重大差异的文章,并基于只有将数学作为一种公理–演绎系统,才能更好地获得学校数学知识的观点,对传统思维提出了质疑(见 S 观点),并提出了将"观察数学"作为未来数学教师学习的一部分(见 Q 过程和 P 观点)。克里辛斯卡(Klisinska,2009)以数学知识的换位教学概念为核心理论工具,处理专业数学知识与课堂中数学之间的复杂关系(参见 Schoenfield,2012),而且提到关于数学的功能性教学知识的研究有很多(如 Stylianides & Stylianides,2010)。

因此,学科教学研究的第一步是详细阐述每个学生的数学概念和观点,作为课堂数学讨论的起点。然后，通常会出现本章开头介绍的 S 和 T 观点。另一方面，S 和 T 的观点未必能成功地按照学校数学的目标进行教学。例如，应鼓励七至九年级的学生在自己的生活中发现和利用数学；他们还应该具备数学建模和解决问题的能力（POPS，2014），这在芬兰的高中课程也有类似的教学目标（参见 LOPS，2015）。

自 20 世纪 80 年代以来，与数学教学相关的概念对数学能力的考查比较广泛。当时，策略能力、适应性推理和效益导向等概念被多次强调。我们所说的策略能力是指提出、描述和解决数学问题的能力。适应性推理是指逻辑思维、反思、解释和论证的能力，而效益导向指的是习惯性地认为数学是有价值的、合理的和有用的，这与努力工作和个人效能的信念有关。除了这三个特征外，概念理解（即对概念、关系和运算的理解）和程序流畅性（即知道何时和如何使用不同的标准程序）也经常被提及。笔者认为，前三个特征与我们的 P 观点相差不远，而后两个特征分别接近 S 和 T 观点。

在数学教学的文献中，研究者们一直强调这五个部分对每个人的数学能力发展都是相互交织、相互依存的（例如，参见 Kilpatrick et al.，2001；Joutsenlahti，2005）。上文中我们也具体看到，在 Q 过程中，尽管 P 观点是重点，但 S、T、P 三个观点依然是相互交织的。

我们的"Q 过程"和问题 q1、问题 q2 是很好的例子。我们可以思考，如果国家课程中提到的重点和培养数学能力的重点能更加明确，未来的数学教师能有一些类似的练习和经验，就能更好地满足课程中提出的要求，更好地理解更普遍和显著的 P 观点（如数学能力中的策略能力）。当然，他们仍必须掌握更多传统意义上的基本知识，即 S 和 T 观点的知识。但在问题的解决上，他们会比作为高级教师的笔者来说更加明智，也会更渴望成为一名好的教师。

参考文献

1.Abramovich,S. & Brouwer,P. 2003. Revealing hidden mathematics curriculum to pre –teachers using technology:the case of partitions. *International Journal of Mathematical Education in Science and Technology*,34(1),81–94.

2.Greeno,J.,Collins A. & Resnick,L. 1996. Cognition and Learning. In D. C. Berliner & R. C. Calfee(eds.) *Handbook of Educational Psychology*. New York: MacMillan,15–46.

3.Haapasalo,L. 2012. *Oppiminen,tieto ja ongelmanratkaisu*. Kahdeksas päivitetty painos. Joensuu:Medusa–Software.

4.Haapasalo,L. & Kadijevich,D. 2000. Two Types of Mathematical Knowledge and Their Relation. *Journal für Mathematikdidaktik*,21(2),139–157.

5.Haapasalo,L. 2004. Pitääkö ymmärtää voidakseen tehdä vai pitääkö tehdä voidakseen ymmärtää? In P. Räsänen,P. Kupari,T. Ahonen & P. Malinen (eds.) *Matematiikka –näkökulmia opettamiseen ja oppimiseen*. Jyväskylä:Niilo Mäki Instituutti,50–83.

6.Joutsenlahti,J. 2005. *Lukiolaisen tehtäväorientoituneen matemaattisen ajattelun piirteitä 1990–luvun pitkän matematiikan opiskelijoiden matemaattisen osaamisen ja uskomusten ilmentämänä*. Acta Universitatis Tamperensis 1061. Tampereen yliopisto.

7.Kilpatrick,J.,Swafford,J.,& Findell,B. 2001. *Adding it up*. Washington, DC,USA:National Academy Press.

8.Klisinska,A. 2009. *The Fundamental Theorem of Calculus. A case study into the didactic transposition of proof*. Doctoral thesis. Luleå University of Technology.

9.Lehtinen,M.,Merikoski,J. & Tossavainen,T. 2007. *Johdatus tasogeome-triaan.* Helsinki：WSOY Oppimateriaalit Oy.

10.LOPS 2015=*Lukion opetussuunnitelman perusteet 2015.* Helsinki：Ope-tushallitus,Retrieved fromhttp://www.oph.fi/download/172124_lukion_opetussu-unnitelman_perusteet_2015.pdf in August 24th 2016.

11.Mura,R. 1993. Images of mathematics held by university teachers of mathematics education. *Educational Studies in Mathematics,*28(4),385-399.

12.Pehkonen,E. 1999. Professorien matematiikkakäsityksistä. *Kasvatus,*30 (2),120-127.

13.Polya,G. 1973. *Induction and Analogy in Mathematics. Volume I of Mathematics and plausible reasoning.* Princeton,New Jersey：Princeton Univer-sity Press.

14.POPS 2014=*Perusopetuksen opetussuunnitelman perusteet 2014.* Helsin-ki：Opetushallitus. Retrieved from http://www.oph.fi/download/163777_peru-sopetuksen_opetussuunnitelman_perusteet_2014.pdf in August 24th 2016.

15.Poranen,J. 2000. *Riemann,Lebesgue ja koulu.* Lisensiaatintutkimus. Matematiikan,tilastotieteen ja filosofian laitos. Tampereen yliopisto.

16.Poranen,J. & Silfverberg,H. 2011. Didaktinen matematiikka：sanoista tekoihin,teoista sanoihin. In H. Silfverberg & J. Joutsenlahti(eds.) *Tutkimus suuntaamassa 2010-luvun matemaattisten aineiden opetusta.* Matematiikan ja luonnontieteiden opetuksen tutkimuksen päivät Tampereella 14.-15.10.2010, 215-232.

17.Poranen,J. & Haukkanen,P. 2012. Didactic Number Theory and Group Theory for School Teachers. IMVI. *Open Mathematical Education Notes.* Vol.2 (2012),23-37.

18.Poranen,J. & Yrjänäinen,S. 2015. Polyasta tunkkiin,tunkista Penrosen laatoitukseen:esimerkki merkitysnarratiivin rakentumisesta. In P. Hästö & H. Silfverberg(eds.) *Annual symposium of the Finnish mathematics and science education research association 2014.* Matematiikan ja luonnontieteiden opetuksen tutkimusseura r. y.,81–92.

19.Ropo,E. 1999. Minuus,muutos ja oppiminen:Elinikäisen oppimisen lähtökohtien teoreettista tarkastelua. In P. Houni & P. Paavolainen(eds.) *Taide, kertomus ja identiteetti.* Acta scenica 3 Teatterikorkeakoulu,149–165.

20.Schoenfeld,A. H. 2012. Problematizing the didactic triangle. ZDM–The *International Journal on Mathematics Education.* doi.org/10.1007/s11858–012–0395–0.

21.Sorvali,T. 2004. Matematiikan opettajankoulutuksen kehittämisestä. In P. Räsänen,P. Kupari,T. Ahonen & P. *Malinen(eds.) Matematiikka–näkökulmia opettamiseen ja oppimiseen.* Jyväskylä:Niilo Mäki Instituutti,437–452.

22.Stylianides,G. J. & Stylianides,A. J. 2010. Mathematics for teaching:A form of applied mathematics. *Teaching and Teacher Education*,26,161–172.

23.Tossavainen,T.,Viholainen,A.,Asikainen,M. A. & Hirvonen,P. E. 2017. Explorations of Finnish mathematics students'beliefs about the nature of mathematics. *Far East Journal of Mathematical Education*,17(3),105–120. doi.org/10.17 654/ME017030105.

24.Törner,G. & Pehkonen,E. 1999. *Teachers'Beliefs on Mathematics Teaching–comparing different self–estimation methods–a case study.* Retrieved from https://duepublico.uni –duisburg –essen.de/servlets/DerivateServlet/Derivate –5246/ mathe91999.pdf in August 24th 2016.

25.Viholainen,A.,Asikainen,M. & Hirvonen,P. E. 2014. Mathematics student teachers'epistemological beliefs about the nature of mathematics and the goals of mathematics teaching and learning in the beginning of their studies.

Eurasia Journal of Mathematics, Science & Technology Education, 10(2), 159–171.

26.Väisälä, K. 1965. *Geometria*. Helsinki: WSOY.

27.Young, H. & Freedman, R. 2000. *University Physics*. Addison–Wesley series in physics. London: Pearson Education.

28.Yrjänäinen, S. & Ropo, E. 2013. Narratiivisesta opetuksesta narratiiviseen oppimiseen. In E. Ropo & M. Huttunen(eds.) *Puheenvuoroja narratiivi suudesta opetuksessa ja oppimisessa*. Tampere: Tampere University Press, 17–46.

第四部分

教师教育中跨宗教能力的培养

专题七　教师的跨文化和跨宗教能力

尹科瑞·瑞萨恩（Inkeri Rissanen）

阿尼卡·库斯托（Arniika Kuusisto）

艾丽娜·库斯托（Elina Kuusisto）

引　言

在芬兰的许多地方，最近都遇到了与宗教和文化多样性相关的问题。我在学习时很少讨论这些问题，尽管我们现在的师范生在开始工作时会遇到来自不同文化背景的学生。如果他们没有接受过正规的教育，那么如何确保有能力在未来的各种环境中胜任工作呢？师范生是否了解这些不只是关乎个人的问题。如果不承认教师教育中的这些变化，而不断讨论学校应该如何改变，这是有问题的。教师想要处理好具有挑战性的情境的话，不仅需要他们自身具有跨文化能力，还应该培养学生的跨文化能力（Rissanen，Kuusisto & Kuusisto，2016）。

师范生似乎很清楚地意识到社会上的教育机构日益增加，这将给他们作为教育工作者带来挑战。之前引用了一位芬兰师范生的例子，来说明对于师范生情感的关注，也说明他们愿意将发展跨文化和跨宗教能力作为学习的一部分，而且感到在发展这些能力方面得到的支持还不够。

在本章中，我们将审视教师的跨文化和跨宗教能力的概念，并根据在芬兰进行的多项研究，讨论在教师教育中发展教师跨文化和跨宗教能力的相关挑战。首先，我们将描述研究文献中如何定义教师的跨文化能力和跨文化敏感性，并讨论与宗教形式差异有关的特殊挑战。我们将描述宗教敏感性的概念，这将引导我们更好地理解是什么使教师不仅具有跨文化能力，而且具有跨宗教能力的必要性。其次，我们将讨论芬兰的背景及芬兰教师教育中跨文化和跨宗教能力的现状。再次，我们将阐述对芬兰教师和师范生的跨文化和跨宗教敏感性的研究结果，以及这些敏感性在教师教育中的发展。最后，我们将进一步从教师教育发展的角度来讨论这些研究结果的影响。

一、教师的跨文化和跨宗教能力

(一)教师教育中的跨文化能力是什么？

当今教师教育的关键挑战之一是培养教师如何面对社会日益增长的多样性。各个年级的教师都需要跨文化能力，这种能力可以理解为"在跨文化情况或背景下有效和适当地进行互动的能力"(Berry & Southwell, 2011)。跨文化能力的维度有不同的定义(如 Noel, 1995; Byram, 1997; Bennett, 2008; Lustig & Koester, 2006)。通常，跨文化能力被认为包括态度、知识和技能，换言之，即认知、情感和行为维度。

此外，跨文化敏感性作为上述情感层面的一部分，被视为是跨文化能力的基础。班尼特(Bennett, 1993)认为，它是指一个人观察和体验相关文化差异的能力，以及处理这些差异的认知和行为技能。如果主体不积极主动地激励自己去理解、欣赏并接受不同文化之间的差异，那就不会有跨文化敏感性，也就不可能建立起认知和行为层面的能力，这也包括教师积极批判并主动变革以促进学校平等和加强学校认同感的意愿(Jokikokko, 2005; Niemelä, 2015)。总的来说，跨文化敏感性与跨文化能力的潜力有关(Hammer, Bennett

& Wiseman,2003)。

　　班尼特(Bennett,1993)的跨文化敏感性发展模型包括从个体对待文化差异的不同反应中来看他对文化的基本态度和倾向。根据该模型,跨文化敏感性的发展遵循民族中心取向的三个阶段(否认、防御和最小化差异),这与一个人看待他所处环境中的文化的态度有关，比如是否愿意承认文化差异的存在,或将文化差异视为一种威胁并将其简单地忽略。在民族中心主义取向之后是民族相对主义取向(接受、适应和融合差异),个人要学会承认、接受和尊重文化差异,最后可将文化差异纳入并融进自己的身份。从以民族为中心的弱化阶段转变为以民族为中心的取向,需要对个人的世界观(包括实践、假设和价值观)有更多认识。而自我意识是意识到这些形式的主观文化差异的基础(Hammer,Bennett & Wiseman,2003;DeJaeghere & Zhang,2008)。

　　一方面，自我意识和自我反思被看作是教师跨文化能力的必要组成部分,应在教师教育中加以培养;另一方面,也被视为个人性格特征,表明个体如何应对多样性教育(Rissanen,Kuusisto & Kuusisto,2016;Garmon,2004;Adams,Bondy & Kuhel,2005)。在培养自我意识和对待多样性的积极态度方面,尤其是当他们把反思性的机会与多样性的学习经验整合在一起时，跨文化经验似乎是起作用的(Pohan,1996;Smith,Moallem & Sherrill,1997;Causey,Thomas & Armento,2000;Garmon,2004;Whipp,2013)。虽然有了用不同的方法来培养师范生在多元文化背景下的教学的相关研究，但这些研究中并没有非常明确的含义,对于如何实现师范生在态度上的转变也没有达成共识。此外,这些研究中很少讨论世界观和宗教。然而我们所知道的是,师范生以往的经验和态度对于学习起到了过滤性的作用，这意味着消极的态度是很难通过多元文化教育方面的课程来改变的。总的来说,师范生对其他人或者其他群体的信仰和假设被证明是很难改变的(Garmon,1996;2004;Causey,Thomas & Armento,2000),但也有报告称其在教师教育课程中取得了成功的进展(Kumar & Hamer,2012)。

(二)处理宗教多样性方面的特殊挑战——跨宗教能力

宗教在当代西方多元文化民主国家中的公共作用和政治意义日益增强。世界观在宗教激进主义和世俗阵营中的两极分化产生了与新的、更明显的世界观角色相关的问题,并成为激烈的辩论话题(Habermas,2006)。此外,公民之间的跨国联系增加,与此同时,对于民族主义的表达和想象也在加强(Abowitz & Harnish,2006)。许多欧洲国家意识到并规范了其公民的价值观。例如,通过教育来强化这种意识(Himanen,2012)。然而这种规范似乎常常特别关注某些群体——尤其是伊斯兰教徒,他们似乎已经成为许多自由社会中"多元文化的关键案例",因为他们的宗教价值观常常被认为是与自由主义的个人权利和世俗主义话语相对立的(Modood,2011)。例如,在国家组织的宗教教育中,目的往往是让学生内化与民主自由主义和人权话语相关的国家价值观,但这些形式的自由教育实践也被视为非西方世界观的"另类"(Rissanen,2018;Poulter,Riitaoja & Kuusisto,2015)。芬兰教师也非常注重促进相互之间的民主价值,可是他们对承认多样性的意愿,尤其是对于支持信仰伊斯兰教的学生融入学校和社会的意愿并不强烈 (Rissanen,Kuusisto & Tirri,2015)。

然而在许多多元文化教育中,宗教是一个保持缄默的话题(例如,见White,2009),直到最近,一些多元文化教育的倡导者才开始将宗教和世界观纳入讨论中(例如,见 Banks,2009)。但是在处理宗教教育中的多样性方面,似乎存在着不同的挑战。在世俗化的社会中,那些与宗教生活方式没有个人联系的教师,有时很难认识到宗教身份并接受宗教在学校和幼儿园的影响。即使是对多样性持积极态度的教师,有时也很难与宗教家庭产生共鸣,去理解他们的诉求和渴望(Rissanen,Kuusisto & Kuusisto,2016;Kuusisto,2011;Kuusisto & Lamminmäki-Vartia,2012)。教师常在宗教方面带有有色眼镜。在芬兰,少数民族的宗教是最不被教师认可的多样性形式之一(Jokikokko,2005)。然而对学生的宗教文化的认可和评价会增加他们的尊严和归属感，这对个人发展有积极的促进作用，是解决一些少数民族学生教育劣势问题的重要策略（Ipgrave，2010；Byfield，2008）。因此除了跨文化的敏感性，教师的"教学工具包"也亟须加入与宗教敏感性相关的内容（Kuusisto，Kuusisto，Rissanen & Lamminmäki-Vartia，2015）。

需要承认的是，跨文化和宗教敏感性之间存在着一些重要的差异。阿布·尼莫（Abu-Nimer，2001）认为，班尼特的跨文化敏感性模型是在一般水平上运作，忽视了宗教通常是文化特性的一个重要组成部分。阿布·尼莫指出，宗教甚至会成为文化敏感性发展的一个障碍，因为它对个体的文化行为及群体的观点产生了强烈的影响（Abu-Nimer，2001；Kuusisto & Lamminmäki-Vartia，2012）。与班尼特的模型类似，阿布·尼莫的宗教敏感性模型也包括宗教中心和宗教关系取向。然而阿布·尼莫认为，出于对宗教的自我理解、真理诉求与文化诉求不同，适应和融合的水平并不是宗教敏感性的理想目标（Abu-Nimer，2001）。因此在教育背景下，目标是达到接受宗教的水平，甚至获得一些适应技能，如同理心（Holm，Nokelainen & Tirri，2014）。然而对于宗教在融合和共融的适应形式方面则超出了教育的目的，可能会被认为是该实践误导了许多学生承认其宗教身份。

虽然跨文化和跨宗教的敏感性只是道德敏感性整体中的一部分（Tirri & Nokelainen，2011），但如果缺乏这些敏感性，就会通过压迫性和无视性的态度和做法来对道德敏感性造成重大伤害。跨文化和跨宗教的敏感性可以被看作教师教育中跨文化和跨宗教能力发展的基础（Kuusisto，Kuusisto，Rissanen & Lamminmäki-Vartia，2015）。同样重要的是要认识到它们之间质的差异性，以便理解与处理宗教教育中的特殊问题。宗教间的敏感性，以及随之而来提高认识宗教差异的能力，构成了教师的跨宗教能力的基础，但有必要更仔细地考虑其他因素，包括行为和认知方面。此外，在教师教育中培养学生的跨宗教能力是一个值得在研究和实践中给予更多关注的问题。

二、芬兰的社会背景

(一)多元文化和多宗教的芬兰

芬兰有着官方认可的多元文化取向。例如,学校努力满足移民的文化需求。然而官方的理想主义与现实之间似乎存在差距(Saukkonen,2013)。许多教师认为,芬兰学校的氛围和态度仍以单一文化主义为主导。在芬兰及其他北欧国家,新教和世俗主义的结合被称为"世俗路德主义"①,似乎占据着霸权世界观的地位,进一步将"信义路德会"世界观置于"其他"的地位(Poulter,Riitaoja & Kuusisto,2015)。尽管在过去的几十年里,宗教日益趋向多元化,这可以解释为是由世俗化和移民化引起的,但大多数芬兰人(现今大约有70%)仍然属于芬兰基督教路德会。与其他欧洲国家相比,芬兰只有少数公民具有强烈的宗教信仰,认为自己完全不信教的人也相对较少。人们对于强烈的宗教信仰的态度相对消极,排外的宗教观被认为是不宽容的表现形式。然而基督教作为一种传统却得到了积极的评价,这可能反映了芬兰路德教与民族认同之间的紧密联系。此外,芬兰对伊斯兰教徒的态度在欧洲是最消极的(Ketola,2011a;Ketola,2011b)。

(二)芬兰教师教育对于教师的跨文化和跨宗教能力的培养

芬兰的教师教育受到高度重视,部分原因是芬兰学生在国际比较中的学术成就,如 PISA。小学教师教育(教育硕士)和幼儿园教师教育(学士学位)都要求本科学位。此外,学科教师还要完成本学科的硕士学位,其中还包括教师的教学研究课程的学习(60 个 ECTS)。教师教育课程是以研究为基础

---

① 原文为"Secular Lutheranism",在这里译为"世俗路德主义"。

的,其目的是培养研究型、自主型和反思型的教师,他们愿意不断去发展和提升自己的教学水平(Tirri,2014)。因此,从总体上来看,教师教育的专业水平是非常高的。然而社会价值和目标自然也总是反映在大学教育中,既体现在概述的目标和内容中,也体现在每个工作人员的侧重点和其他的实施因素中。

社会变化随之会带来新挑战,因此需要不断发展教师教育系统(Hökkä & Eteläpelto,2014)。最重要的挑战之一是日益增长的多元文化主义:根据2012年的 PISA 数据,芬兰第一代和第二代移民学生的成绩达到了惊人的水平(Harju–Luukkainen et al.,2014)。此外,根据以往的研究,尽管芬兰教师通常认为自己对学生的个人和道德成长负有责任,但他们需要在道德敏感性领域,包括跨文化和跨宗教敏感性方面接受更多的教育(Tirri,2011;Hanhimäki & Tirri,2009;Tirri & Nokelainen,2011)。跨文化教育相关课程的目标和内容,应该视提供教师教育学位的特定机构的情况而有所不同。这在小学教师教育中差异明显较小。可能是因为一方面课程指导方针被认为是简化了小学教育的方向,而不是针对特定年龄组的教学,另一方面是因为国家的指导方针对特定年龄组的约束力并不相同。

例如,赫尔辛基大学在 2014 年规定,所有师范生在其教学研究中都有一门关于多元文化的入门课程,涵盖从文化多样性教育、文化包容性教育到特殊教育需求等一系列主题。该课程的目的是让学生更多地了解人们不同的文化和语言背景,"将他们视为社会中的个体,也将其视为多元文化环境中的个体"。此外,课程内容还包括:多文化教育的基本概念,指导多文化教育的相关政策和不同的方法途径,社会公正的实现,不同的家庭、文化和价值观、文化资本和文化认同,不同的世界观、宗教、跨文化交流及多元文化学校和幼儿园的日常事务。然而如上所述,芬兰各个大学之间依然存在着一些明显的差异。

这些差异在幼儿园教师教育方面的体现尤为显著。这并不是好事,因为研究表明,该领域的教育工作者存在很大的不确定性,例如,教育工作者和幼儿园园长也表示希望学校的教育工作人员能够更好地让师范生具备与跨文化和跨信仰环境相关的知识和方法,并实施世界观教育(Lamminmäki-Vartia & Kuusisto,2015)。这是教师教育的重要组成部分。根据一项研究发现,在芬兰教师群体中, 幼儿园教师和小学教师对信仰伊斯兰教的学生和支持其融入社会持有消极态度(Rissanen,Kuusisto & Tirri,2015)。在芬兰的教育体系中,这些年龄段的学生通常由一名教师负责所有科目的教学;相比之下,年龄较大的学生通常由专门的学科教师来教授(Rissanen,Kuusisto & Kuusisto,2014)。这也意味着,如果个别教师对某一文化或宗教群体有特别的看法,而又不能反思和调整自己的态度, 那么这种预设可能会在他或她的教学中体现出来(Kuusisto & Lamminmäki- Vartia,2012)。

三、培养芬兰在职教师和师范生的跨文化和跨宗教能力

(一)在职教师和师范生对跨文化和跨宗教的敏感性

为了研究并帮助个体反思和发展他们的跨文化和跨宗教敏感性, 霍尔姆(Holm)、诺克莱宁(Nokelainen)和蒂里(Tirri,2009;2011)建立了跨文化敏感性量表和跨宗教敏感性量表。两者基于班尼特(Bennett,1993 & Abu-Nimer,2001)的跨文化和跨宗教敏感性模型。两个测量项目都是根据初中生对文化和宗教差异的真实陈述而创建的(Holm,2012)。之前对芬兰初中生的研究已经证实了这两种测量工具的有效性和可靠性 (Holm,Nokelainen & Tirri,2009;2011;2014;Kuusisto,Kuusisto,Holm & Tirri,2014;Kuusisto,Kuusisto & Kallioniemi,2014)。坦佩雷大学和赫尔辛基大学正在进行的项目旨在为来自不同背景、宗教和文化的成人受访者,尤其是教师,来测试和开发这些工具,并允许其在多元文化社会和跨文化研究中使用这些工具(Kuusisto,Kuusisto,Rissanen,Holm & Tirri,2015;Kuusisto,Kuusisto,Rissanen & Lamminmäki -Vartia,

2015），这些类型的测量将提供有关学校和大学态度方面的重要知识，并为自我反思提供有价值的工具。这些工具可以帮助教师教育工作者设计课程、选择方法和指导讨论，以加强对跨文化和跨宗教能力的反思和提升。

初步研究结果表明，将这些工具应用于成人样本需要进一步调整方法。最初的工具将对应的文化或宗教问题分为五类：①否认；②抵制；③弱化；④接受；⑤适应。否认、抵制和弱化反映了种族/宗教中心取向，而接受和适应则反映了种族/宗教相对论取向。然而在在职教师和师范生中，ICSS 揭示了对于文化差异的三种态度：①抵制方面的消极种族中心主义，②弱化方面的积极种族中心主义，③接受方面的种族相对主义（Kuusisto，Kuusisto，Rissanen，Holm & Tirri，2015）。此外，在职教师和师范生在文化和宗教方面都比其他学生更为敏感，这可以说明道德敏感性的可学习性和发展性，同时也表明了教师和学生在道德敏感性问题上的态度差距。

（二）实验课程的学习经验

1.研究数据和方法

我们还研究了师范生在学校和幼儿园的文化和宗教多样性理论课程中的学习体验（Rissanen，Kuusisto & Kuusisto，2016）。在坦佩雷于 2014 年春季实施的行动研究中（例如，见 Brydon-Miller & Maguire，2009），共有 31 名学习幼儿教育（n=7）、小学教育（n=13）、学科教师教育（n=6）和成人教育（n=5）的师范生参加了该课程，该课程不属于任何一个方案中的课程的一部分，但此前计划的目的和首次教授这门课的目的都是利用该课程的经验来推动整个课程设置的开发。

该课程是自愿参加的，由五节课组成，其中四节课是以比较典型的理论教学和讨论为基础，还有一节课的参与者包括在多元文化学校或幼儿园工作过的教师。选择不同的课程形式和内容，是为了考察师范生如何体会这些不同主题对其跨文化和跨宗教能力发展的相关性，以及他们认为哪种类型的学习方法最有益。课程涉及的主题有:①教师的跨文化和跨宗教的敏感性;②芬兰学校和幼儿园中文化和宗教的多样性,特别关注伊斯兰教;③定型观念的威胁和支持不同学生的学习;④所认同的政治对学校和幼儿园的政策和实践的影响。

在课程开始时,师范生被要求使用课程日记来参与这项研究,并被告知研究的目的是分析他们的学习体验且该结果将用于课程开发。所有的师范生都想参加。总的来说,正如后来从课程日记中了解到,他们在以前的学习中并没有做好充分准备,所以才对多样性问题感到慌乱。因此他们积极加入这项行动研究,其目的是鼓励学生参与到实践探究中去(Brydon-Miller & Maguire,2009)。本研究的研究问题是:①根据自我报告的测试结果,学生在试点课程中学到了什么? ②学生报告的哪些内容对他们的学习有影响?

在课程期间,师范生会记录课程日记。他们会从自己的角度,根据选定的文献,具体列出需要看的文章来反思课程的内容。他们还被要求在这些课程日记中阐述他们的学习过程。此外,课程日记还包括一项预习任务,即描述所设想的一些可能会发生在多元文化学校或幼儿园日常生活中的案例,并要求师范生思考他们在这些类型的情况下会如何行动。师范生在课程前将这些预设任务上传到虚拟学习平台。课程结束后,要求他们在日记中反思,根据所学知识改变或拓展自己最初的想法,并说明原因。学生们还被要求对课程进行匿名反馈。本次行动研究的数据包括课程日记及单独的反馈表。对于数据中所反映出来的师范生的学习体验,采用归纳质性内容分析法来进行分析。根据师范生的自我评价,他们在课程的学习过程中又有以下方面的变化:①信念和态度的改变,②处理差异的做法,③自我反思和自我效能的改变。

2.态度和实践的自我评估变化

师范生在课程中的态度变化包括:理解和同情心增强,对文化和宗教多样性的兴趣增加,对宗教的认可度提高,以及在处理多样性时需要在个性和差异之间取得平衡。在以往的文献中,影响师范生对多样性的信念和态度被认为是教师教育中最具挑战性的任务之一(Garmon,1996;Causey,Thomas & Armento,2000)。在本研究中,我们注意到课程日记中所反映的大部分态度变化仅仅是由于对多样性知识的增加而引起的。在课程开始前,大多数师范生对伊斯兰教及其内部的多元性知之甚少, 通过对伊斯兰教的了解以及对于信仰伊斯兰教的学生及其家庭日常生活所带来的影响, 他们对这些家庭有了更多的理解。此外,这似乎提高了师范生学习更多知识的意愿,而且还提高了其对于宗教身份的普遍认知能力,这一点可以从一位师范生的反思中看出。

> 尽管我从宗教研究领域的课程中对伊斯兰教有一些了解, 但我越是熟悉伊斯兰教,就越是意识到我对它知之甚少。我对伊斯兰教的大部分知识都是通过阅读获得的, 但对人们的日常生活和宗教在其中作用的了解却非常零散。不知为何,我以前对宗教不屑一顾,认为这是私事。我没有个人的宗教信仰,在芬兰,宗教通常被认为是个人事务。这就是为什么我最近才开始意识到宗教对一些人来说是身份认同的重要组成部分,不能与他们的日常生活分开,也不能被视为个体的内在问题(学生 1)(Rissanen,Kuusisto & Kuusisto,2016)。

总之,研究结果表明,有必要将多样性教学作为培养教师跨文化能力的一个重要方面。在这一短期课程中,我们决定只集中于一个少数群体,即芬兰的伊斯兰教信徒。师范生认为,伊斯兰教和芬兰的伊斯兰教信徒是该课程最重要的内容之一,但也希望对其他文化和宗教少数群体进行类似的讨论。此外,应该指出的是,对多样性知识的了解并没有使所有师范生的态度产生积极的影响,即信仰伊斯兰教家庭要求高、难度大的看法似乎得到了加强。因此,在以往研究中所观察到的早期经验、信念和个人特质对学生的过滤作用(Garmon,1996;2004),在某些方面也得到了本研究的证实。然而对于大多数学生来说,他们的理解和同理心的增强与(自我评价的)行为变化相关,即他们在处理差异时更多倾向采取对话和关注的方式;特别值得一提的是,他们与父母协商的意愿和学会去理解父母的教育理念的意愿在增强。

总而言之,该课程似乎引起了学生态度上的变化,既增加了对宗教的认识,也改变了他们在实践中如何处理文化和宗教多样性的想法。重点已转向积极承认多元文化,并将其视为一种资源。该研究的一个有趣发现是,在师范生的预习任务中,中立的思想很强烈。特别是在反思他们处理宗教多样性的方式时,师范生的陈述与后现代自由主义和相对主义的世界观有关(例如,应该教导学生所有宗教都是同样真实的,或者宗教是私人事务),但这些行为会促进教育中立。这些观察结果支持了这样一种观点:在斯堪的纳维亚的语境中,教育中存在着强烈的"意识形态中立"的理想,而以自由新教世俗主义为基础的基本民族价值观的中和调解被视为是重要的教育目标(Berglund,2013;Rissanen,Kuusisto & Tirri,2015;Poulter,Riitaoja & Kuusis-to,2015)。此外,这些观点也反映了芬兰人对排他性真理主张和明显的宗教形式持有消极态度(Ketola,2011b)。

然而这些理想似乎在某些方面遭到了质疑。由于对伊斯兰教信徒身份的理解加深,以及对政治认同的讨论,师范生在课程中对伊斯兰教信徒身份有了更多的了解(例如,见 Taylor,1992)。该课程的主题之一是政治认同,讨论这种身份在教育方面的影响,并将其与相似性政治和差异性政治相比较。政治认同的基础是,身份是他人在我们身上看到的属性对话中定义的,它鼓励对差异性持开放和感兴趣的态度,但并不意味着不加批判地"接受多样性"(Taylor,1992)。这些讨论使师范生改变了对学校和幼儿园中一些非常实际问题的想法。例如,师范生在后期任务中有更多的多元文化观点,不再是理想化的"中立的"庆祝活动和"无视肤色"的实践,而是有了更多的多元文化主义思想。他们的理想已经从限制、"细化"每个人的教育内容、"割裂文化"(Kalliala,2001;2005;Kuusisto & Lamminmäki-Vartia,2012)转向将不同文化和宗教的价值视为一种资源。这种变化反映在一位已有丰富教学经验的师范生的课程日记中。

> 我的目标不仅是让他们(移民家庭)适应芬兰的幼儿园,而且要用他们的知识和做法来充实丰富我的课堂。我的脑海中浮现出许多失去了的机会,在这些机会中,我本可以更多关注具有多元文化的孩子和他们的家庭。当然,我已经按照我最好的理解方式和技巧去做了,但现在回想起来觉得自己可能也因无知得罪了几个家庭。我希望自己以后工作时,能记住在这里学到的东西,能更好地实践,注意到不同家庭的习惯。我很高兴我参加了这个课程(学生 2)(Rissanen,Kuusisto & Kuusisto,2016)。

此外, 随着近期关于对少数民族学生学术成果表示认可的研究成果的增加(Byfield,2008;Ipgrave,2010;Cohen、Garcia、Apfel & Master,2006),该课程也改变了师范生对于支持少数民族学生学习成绩和学术成果的观点。课程前,大部分学生都只认为语言问题是造成成绩差距的主要原因,他们希望在实践中主要关注语言问题。但在课程结束后,他们在解决方法上增加了对共同性和合作性的认可和推进。

3.提高自我意识和自我效能感

除了师范生在态度和实践方面的自我评价变化外, 课程中还包括自我意识和自我效能的提高。预习任务给人的印象是,师范生处理文化差异的想法主要集中在如何理解及与他人沟通上,但在课程中,他们开始理解意识到自己的世界观、态度和行为方式对其跨文化能力的重要性。师范生无法看到自己在预习任务中提出的处理差异的意识形态和文化根源, 这说明需要更好地认识自己的世界观(Kuusisto & Lamminmäki-Vartia,2012)。多数文化往往有盲点,如果没有自我反思的意愿,与自由新教世俗主义相关的价值观可能因此与中立主义混淆,并导致新形式的帝国主义教育实践(Rissanen,2014;Berglund,2013;Poulter,Riitaoja & Kuusisto,2015)。所有的教师,无论他们是否有意为之,都会在课堂上传递价值观。例如,回答孩子关于宗教问题时的语音语调、甚至只是沉默,都足以传达教师个人对于文化和宗教的价值观和态度(如Holm,2005)。因此,特别是在多元文化背景下,教师愿意在教学方法和实际的教育实践中反思和研究自己的世界观,以及文化或宗教理想、信仰和价值观所带来的影响,是其跨文化和跨宗教能力的重要组成部分(Kuusisto & Lamminmäki-Vartia,2012)。这项研究要求,要求师范生反思他们自己的价值观、世界观及这些价值观和世界观对其教育理想和教学实践的影响,这是培养对他人敏感度的一个起点。班尼特的跨文化敏感性六阶段理论(Bennett,1993,2008)似乎是引导师范生培养自我意识的有效教学工具。第一节课就要求学生根据班尼特的理论进行自我反思。这引发了他们深入且持续性的思考,他们的学习日记中也很好地呈现了这一点。许多师范生认为,班尼特的理论对他们的反思起到了警醒作用,使他们意识到自己思维的缺陷,由此产生了对自己的态度进行批判性反思的想法。以下是一位师范生的感受:

> 我一定会永远记住这门课程中最重要的成果是班尼特的理论,以及我如何意识到我可能并不像我想象和希望的那样具有跨文化敏感性。是它唤醒了我,让我积极反思如何提升自我开放性,以及如何让自己接受并关注到那些能够用不同的方式去看待事情的人(学生3)(Rissanen,Kuusisto & Kuusisto 2016)。

此外,该课程似乎对师范生产生了双向影响,一方面,他们的自我意识和建设性的自我批评有所增强,他们开始感到更需要发展自己的跨文化和跨宗教能力。另一方面,他们增强了自我效能感,更加相信自己在实践中能够处理多样性的问题。例如,当他们遇到有挑战性的情形时,会向其他学校/幼儿园的工作人员寻求帮助,也开始根据在课程中获得的理论知识,从更加专业的角度来反思工作团体的实践性价值。有趣的是,在理论基础上论证个人观点的能力似乎增强了师范生的自我效能感。对于那些有较多实践经验的学生及小学教师、学科教师和参加成人教育项目的学生来说,情况更是如此。对于理论理解程度的加深,似乎也提升了这些师范生的信心和自我效能感,这可能反映了芬兰教学专业的学术重点:确实,许多教师希望发展他们作为学术专家的专业性身份(Tirri,2014)。

四、讨论

考虑到宗教在当代尖锐的政治问题中的作用,世俗公民和宗教公民之间的障碍,甚至对一些学生来说是宗教认同的神圣性。我们有理由认为,教师除了需要具有跨文化敏感性外,还需要具有跨宗教敏感性。跨宗教敏感性能够使人们认识到宗教/宗教身份,并形成跨宗教能力的基础。然而除了重视宗教之间的敏感性这一概念之外,我们认为还必须培养教师对于跨宗教能力的理解,将其认知和行为层面也纳入其中。

根据我们的研究,我们提出了培养教师的跨宗教能力的相关因素。对宗教的了解,特别是对"活生生的宗教"的了解,即宗教个人和团体的日常现实情况,似乎对激发师范生的同理心和公开接触宗教的意愿非常重要。此外,了解宗教传统的内在多元性,可以清除困惑,并促进学生及其家庭作为个体公开接触宗教的意愿。通过增加宗教知识来发展宗教能力的认知层面,就有可能进一步发展行为层面。在我们的研究试点过程中,师范生知识的增加促进了他们与学生及其家长公开交流宗教需求/愿望的意愿,不再认为这是禁忌或私事。具备跨宗教能力还要求教师了解宗教在当代社会中的公共作用有关的问题,并能在自己所在的多宗教教育场所中建设性地调解相关对话。

我们研究的一个重要意义是,帮助师范生理解他们对宗教的看法不是中立的,而是基于一定的意识形态框架,他们应该学会认清这些看法何时与某些传统的信念和真理主张相矛盾。例如,当宽容的理想基于自由相对主义框架时,它们可能与基于宗教传统教义的宽容理想相矛盾。为了能够支持他们的学生,他们经常在这些不同的框架之间取得平衡,而且他们谈判的身份因来自学校和家庭的冲突而变得复杂,教师需要了解不同的框架,并能够反思自己的立场。跨宗教能力的一个重要因素是教师能够反思自己的世界观、价值观中的文化或宗教根源。因此,尽管使用了跨宗教能力这一术语,我们同样承认有必要对宗教和非宗教世界观给予同等关注,并支持教师将自身的影响力纳入他们的身份认同和学生的身份认同中(参见 Kuusisto、Kuusisto & Kallioniemi,2014;Kuusisto & Lamminmäki-Vartia,2012)。

　　我们对在教师教育中发展这些能力持相当乐观的态度。我们的研究,以及我们作为教师教育工作者的经验,使我们相信在多元文化背景下工作的师范生将会有强烈的动机来发展自己的跨文化和跨宗教能力。尽管在教师教育中,将广泛的实践经验与个人反思相结合的课程被证明是有效的,但在基于理论的课程中还可以做很多努力。在研究型教师教育中,理论可以作为引导自我反思的教学工具,帮助教师开展研究和教学实践,从而提高教师的自我效能感。在我们的案例课程中有一个很好的例子,那就是通过班尼特的跨文化敏感性发展模型来引导师范生如何进行深入的自我反思。为了进一步发展教师的跨文化和跨宗教能力,以及增进对于教师教育中发展教师的跨文化和跨宗教能力的最有效理解,还需要进行更加深入的研究。

参考文献

　　1.Abowitz,K.K. & Harnish,J. 2006. Contemporary discourses on citizenship. *Review of educational research* 76(4),653-690.

　　2.Abu-Nimer,M. 2001. Conflict Resolution,Culture,and Religion:Toward a Training Model of Interreligious Peacebuilding. *Journal of Peace Research* 38 (6),685–704.

3.Adams,A.,Bondy,E. & Kuhel,K. 2005. Preservice teacher learning in an unfamiliar setting. *Teacher Education Quarterly*,32(2),41–62.

4.Banks,J. A.(Ed.)2009. *The Routledge International Companion to Multicultural Education.* New York:Routledge.

5.Bennett,M.J. 1993. Towards Ethnorelativism:A Developmental Model of Intercultural Sensitivity. In M.R. Paige(ed.) *Education for the Intercultural Experience Yarmouth*,ME:Intercultural Press,21–72.

6.Bennett,M.J. 2008. On becoming a global soul. In V. Svicki(ed.) *Developing intercultural competence and transformation:Theory,research and application in international education.* Sterling:Stylus,13–31.

7.Berglund,J. 2013. Swedish religion education:Objective but Marinated in Lutheran Protestantism? *Temenos* 49(2),165–184.

8.Berry,L. B. & Southwell,L. 2011. Developing intercultural understanding and skills:models and approaches. *Intercultural education* 22(6),453–466.

9.Brydon–Miller,M. & Maguire,P. 2009. Participatory action research:contributions to the development of practitioner inquiry in education. *Educational Action Research* 17(1),79–93.

10.Byfield,C. 2008. The impact of religion on the educational achievement of Black boys:A UK and USA study. *British Journal of Sociology of Education* 29(2),189–199.

11.Byram,M. 1997. *Teaching and assessing intercultural communicative competence.* Clevedon:Multilingual Matters.

12.Causey,V.E.,Thomas,C.D. & Armento, B.J. 2000. Cultural diversity is basically a foreign term to me:the challenges of diversity for preservice teacher education. *Teaching and teacher education* 16(1),33–45.

13.Chen,G.M. & Starosta,W.F. 1998. The development and validation of the Intercultural Sensitivity Scale. *Human Communication* 3,1–15.

14.Cohen,C.L.,Garcia,J.,Apfel,N. & Master,A. 2006. Reducing the racial achievement gap：A social –psychological intervention. *Science* 313（5791）, 1307–1310.

15.Cushner,K. & Brennan,S.(eds.)2007. *Intercultural student teaching：A bridge to global competence*. Lanham,MD：Rowman & Littlefield Education.

16.DeJaeghere,J.G. & Zhang,Y. 2008. Development of intercultural competence among US American teachers：professional development factors that enhance competence. *Intercultural Education* 19(3),255–268.

17.Garmon,M.A. 1996. *Missed Messages：How Prospective Teachers'Racial Attitudes Mediate what They Learn from a Course on Diversity*. Michigan：Michigan State University.

18.Garmon,M.A. 2004. Changing Preservice Teachers'Attitudes/Beliefs About Diversity. What are the Critical Factors? *Journal of Teacher Education* 55 (3),201–213.

19.Habermas,J. 2006. Religion in the public sphere. *European Journal of Philosophy* 14(1),1–25.

20.Hammer,M.R.,Bennett,M.J. & Wisemanc,R. 2003. Measuring intercultural sensitivity：the intercultural development inventory. *International Journal of Intercultural Relations* 27(4),421–443.

21.Hanhimäki,E. & Tirri K. 2009. Education for Ethically Sensitive Teaching in Critical Incidents at School. *Journal of Education for Teaching* 35(2)： 107–121.

22.Harju–Luukkainen,H.,Nissinen,K.,Sulkunen,S.,Suni,M. & Vettenranta,J.

2014. *Avaimet osaamiseen ja tulevaisuuteen. Selvitys maahanmuuttajataustaisten nuorten osaamisesta ja siihen liittyvistä taustatekijöistä PISA 2012–tutkimuksessa.* Jyväskylä: Koulutuksen tutkimuslaitos.

23. Himanen, T. 2012. *Cultural Diversity, Social Cohesion, Religion: Core Values and Educational Policies in Four European Nations.* Turku: University of Turku.

24. Holm, N. G. 2005. Kehityspsykologisia näkemyksiä uskontokasvatukseen [Perspectives of Developmental Psychology to Religious Education]. In P. Hilska, A. Kallioniemi, & J. Luodeslampi (eds.) *Uskontokasvatus monikulttuurisessa maailmassa* [Religious Education in a Multicultural World]. Helsinki: Kirjapaja, 57–58.

25. Holm, K. 2012. *Ethical, Intercultural and Interreligious Sensitivities. A Case Study of Finnish Urban Secondary School Students.* Münster: Waxmann.

26. Holm, K., Nokelainen, P., & Tirri, K. 2009. Relationship of Gender and Academic Achievement to Finnish Students'Intercultural Sensitivity. *High Ability Studies* 20(2), 187–200. doi.org/10.1080/13598130903358543.

27. Holm, K., Nokelainen, P., & Tirri, K. 2011. Intercultural and Interreligious Sensitivity Scales. In K. Tirri & P. Nokelainen(eds.) *Measuring Multiple Intelligences and Moral Sensitivities in Education.* Rotterdam: Sense, 101–120.

28. Holm, K., Nokelainen, P., & Tirri, K. 2014. Finnish Secondary School Students'Interreligious Sensitivity. *British Journal of Religious Education*, 36 (3), 315–331. doi.org/10.1080/01416200.2014.902807.

29. Hökkä, P. & Eteläpelto, A. 2014. Seeking new perspectives on the development of teacher education: A study of the Finnish context. *Journal of Teacher Education* 65(1), 39–52.

30. Ipgrave, J. 2010. Including the Religious Viewpoints and Experiences of

Muslim Students in an Environment that is Both Plural and Secular. *Journal of international migration and integration* 11(1),5-22.

31.Jokikokko,K. 2005. Interculturally trained Finnish teachers'conceptions of diversity and intercultural competence. *Intercultural Education* 16(1),69-83.

32.Kalliala,M. 2001. Sanoista tekoihin ja tekemättömyyteen –uskontokas – vatuksen arki päiväkodissa. In J. Salminen(ed.) *Varhaiskasvatuksen uskontokas – vatus.* Studia Paedagogica 24. Helsinki:Department of Teacher Education,163- 191.

33.Kalliala,M. 2005. Varhaiskasvatuksen uskontokasvatuksen mahdollisu – udet moniuskontoisessa yhteiskunnassa. In P. Hilska,A. Kallioniemi & J. Lu odeslampi(eds.) *Uskontokasvatus monikulttuurisessa maailmassa.* Helsinki:Kir – japaja Oy,141-176.

34.Ketola,K. 2011a. Suomalaisten uskonnollisuus.[Religiosity in Finland.] In K. Ketola,K. Niemelä,H. Palmu & H. Salomäki(eds.) *Uskonto suomalaisten elämässä.*[*Religion in the lives of Finns*]. Tampere:Yhteiskuntatieteellinen ti – etoarkisto,7-24.

35.Ketola,K. 2011b. Suomalaisten uskonnollinen suvaitsevaisuus.[Reli – gious tolerance among Finns.]In K. Ketola,K. Niemelä,H. Palmu & H. Salomäki (eds.) *Uskonto suomalaisten elämässä.*[*Religion in the lives of Finns*]. Tam – pere:Yhteiskuntatieteellinen tietoarkisto,60-89.

36.Kumar,R. & Hamer,L. 2012. Preservice Teachers'Attitudes and Beliefs Toward Student Diversity and Proposed Instructional Practices:A Sequential Design Study. *Journal of Teacher Education* 64(2),162-177.

37.Kuusisto,A. & Lamminmäki–Vartia,S. 2012. Moral Foundation of the Kindergarten Teacher's Educational Approach:Self–Reflection Facilitated Ed – ucator Response to Pluralism in Educational Context. *Education Research Inter-*

national 2012, Article ID 303565, 1–13. doi. org/10.1155/2012/303565.

38.Kuusisto, A. 2011. Yhteisöllisyyden ja yksilöllisyyden moniuloitteisesta suhteesta uskonnollisen vähemmistön ja laajemman yhteiskunnan kontaktipin – noilla [Multidimensional relationship between communality and individuality in the contact surfaces of minority and wider society]. *Didacta Varia* 16(2),58–62.

39.Kuusisto, A., Kuusisto, E., Holm, K., & Tirri, K. 2014. Gender Variance in Interreligious Sensitivity among Finnish Pupils. *International Journal of Children's Spirituality* 19(1),25–44. doi.org/10.1080/1364 436X.2014.887560.

40.Kuusisto, A., Kuusisto, E. Rissanen, I. & Lamminmäki –Vartia, S. 2015. Finnish Perspectives to Interreligious and Intercultural Competence in Kinder-garten Teacher Education. In F. Schweitzer & A. Biesinger(eds.) *Interreligiöse und interkulturelle Kompetenz in der Ausbildung für den Elementarbereich*. Münster:Waxman.

41.Kuusisto, E., Kuusisto, A., & Kallioniemi, A. (2016). How is interreligious sensitivity related to Finnish pupils'religiousness profiles? *British Journal of Religious Education*,38(1),64–82. doi:10.1080/01416200.2014.984587.

42.Kuusisto, E., Kuuisisto, A., & Rissanen, I. 2015 *Student teachers'religiosity and interreligious sensitivity*. Manuscript in preparation.

43.Lustig, M. W. & Koester, J. 2006. *Intercultural competence:Interpersonal communication across cultures*. 5th ed. Boston, MA:Pearson.

44.Modood, T. 2011. *Multiculturalism and integration:struggling with confusions*. European University Institute, Robert Schuman Centre for Advanced Studies, Accept pluralism 7th Framework Programme Project.

45.Niemelä, R. 2015. *Inclusionary practices in a Finnish pre–primary school context*. An unpublished doctoral dissertation. Helsinki:University of Helsinki. Retrieved from https://helda.helsinki.fi/handle/10138/153543 in April 7th 2015.

46.Noel,J.R. 1995. Multicultural Teacher Education:from awareness through emotions to action. *Journal of Teacher Education* 46(4):267–273.

47.Pohan,C.A. 1996. Preservice Teachers'Beliefs about Diversity:Uncovering Factors Leading to Multicultural Responsiveness. *Equity & Excellence in Education* 29(3),62–69.

48.Poulter,S. & Riitaoja,A–L. & Kuusisto,A. 2015. Multicultural Education:What about Worldviews? *Globalisation,Societies and Education*. 7.1.2015. doi.org/10.1080/14767724.2014.989964.

49.Rissanen,I. 2018. Religious education for minorities–perspectives from Islamic religious education in Finnish schools. In J. Berglund(ed.) *European perspectives on Islamic education and public schooling*. London:Equinox.

50.Rissanen,I. 2014. *Negotiating identity and tradition in single–faith religious education*. A case study of Islamic education in Finnish schools. Münster: Waxmann.

51.Rissanen,I.,Kuusisto,E.,& Kuusisto,A. 2016. Developing teachers'intercultural sensitivity:Case study on a pilot course in Finnish teacher education. *Teaching and Teacher Education* 59,446–456. doi:10.1016/j.tate.2016.07.018.

52.Rissanen,I.,Kuusisto,E. & Tirri, K. 2015. Finnish teachers'attitudes to Muslim student integration. *Journal for the Scientific Study of Religion* 54 (2),277–290. doi:10.1111/jssr.12190.

53.Saukkonen,P. 2013. *Monikulttuurisuus ja politiikka Pohjois–Euroopassa*. Helsinki:Cupore.

54.Sleeter,C. 2001. Preparing teachers for culturally diverse schools:research and the overwhelming presence of whiteness. *Journal of teacher education* 52(2),64–106.

55.Smith,R.,Moallem,M. & Sherrill,D. 1997. *How preservice teachers think* about cultural diversity: From self-analysis to self-reflection. Educational Foundations, Spring issue.

56. Taylor, C. 1992. The politics of recognition. In A. Gutmann(ed.) *Multiculturalism: Examining the Politics of Recognition.* Princeton: Princeton University Press, 25–73.

57. Tirri, K. & Nokelainen, P. 2011. *Measuring Multiple Intelligences and Moral Sensitivities in Education.* Rotterdam: Sense.

58. Tirri, K. 2011. Holistic school pedagogy and values: Finnish teachers' and students' perspectives. *International Journal of Educational Research* 50(2), 159–165.

59. Tirri. K. 2014. The last 40 years in Finnish teacher education. *Journal of Education for Teaching: International research and pedagogy* 40(5), 600–609.

60. Whipp, J. L. 2013. Developing Socially Just Teachers. The Interaction of Experiences Before, During, and After Teacher Preparation in Beginning Urban Teachers. *Journal of teacher education* 64(5), 454– 467.

61. White, K.R. 2009. Connecting religion and teacher identity: The unexplored relationship between teachers and religion in public schools. *Teaching and teacher education* 25, 857–866.

专题八　多元文化作为一种资源

——培养具有移民背景的教师
成为芬兰学校多元文化中的宝贵资源

玛雅·伊利约克匹（Maija Yli-Jokipii）

雅库·维瑞（Jaakko Vuorio）

引　言

本章的主要目的是介绍芬兰坦佩雷大学教育学院开展的 Kuulumisia 项目的实施情况及其产生的影响。这个项目目前正在实施，即教育学院为具有移民背景的学生提供教师资格相关的教育培训。我们将解释这种教育的背景和可能性，并阐明具有移民背景的教师所面临的挑战和机遇。此外，本章还选取了雅科·沃里奥（Jaakko Vuorio，2015）在硕士论文中研究背景部分的一些结论。

在此简要介绍一下本章中使用的术语。首先，关于项目的标题，芬兰语 Kuulumisia 是一个复数词，根据语境的不同，它有两种理解方式。在日常交谈中，它通常表达"新闻"或"问候"之意，而在目前的语境中，该词可以被理解为是单数词 kuuluminen（"归属感"或"融合性"）的复数形式。因此，这个项目的标题在英文中可以理解为"归属感"或"融合性"。在目前的讨论中，我们当然会以原始的芬兰语形式提及该项目，但在英语中，可以用其来修饰名词，例如，Kuulumisia 学生。其次，"移民"和"具有移民背景的人士"这两个词是多方面的，其使用并没有问题。即使如此，目前并不是要考虑这些术语的范围，也不是要争论这些术语可以正确地用于指代谁。相反，我们用这些术语来描述 Kuulumisia 项目中的学生；在其选择标准中，"具有移民背景的人士"是指在芬兰境外用芬兰语、瑞典语或萨米语以外的语言完成（或至少接受了两年）学校教育的个人。

一、基本原理

> 库鲁米宁（Kuuluminen）认为，归属感……是建立社区及其公民地位的一个基本因素。归属感通过两种方式产生。首先，它通过话语，即我们和他人如何被呈现。其次，它在社会互动中成长，换言之，在涉及描绘归属感的行动和操作的情境中成长。
>
> （Lehtonen & Löytty，2003）

除了上述定义外，我们可以认为 Kuulumisia 项目的标题参考了大卫·莫利（David Morley）的文章（2003），题为"归属感——以媒体为中心的世界中的时间、空间和身份"。在文章中，作者试图回答这样一个问题，即我们应该如何解释关于"家"的概念的各种思维变化，这些变化是由通信模式的广泛变化和我们当前"不稳定"（甚至是非本土化）的世界中的实际流动所造成的。当谈到家时，莫利（Morley）想到的是家的象征性意义，既包括狭义的实际场所（家庭），也包括更广泛的空间意义（Heimat）。这些在不同的地理尺度上，形成了不同的"归属感的状态"或"身份认同感的状态"，如在当地或是跨国地区，人们都能在其中感到"宾至如归"（Morley 2003）。莫利的文章发人深省，因为其中关于具有移民背景的教师或候选人的想法，恰好描述了 Kuulumisia

教师资格培训项目背后的理念。

Kuulumisia 项目于 2009 年在芬兰坦佩雷大学教育学院启动，这是在芬兰教育文化部批准的 Specima 项目的特殊资助下启动的。该项目从一开始就围绕教师资格教育培训展开，培训对象是具有移民背景的教师候选人和已经在教学教育领域就业的具有移民背景的人士。除了努力加强参与者的全面型教师身份和教育工作者的身份，Kuulumisia 项目还为他们提供了在不断变化的芬兰学校系统的环境中获得教师资格的途径。

Kuulumisia 项目是加强大学内部改革和社会影响力的一个重要先驱。事实上，该项目解决了当今对大学提出的一些要求，如社会影响力和社会责任感、以研究为基础的教师教育、移民的融入问题以及芬兰公民应对改革所带来的重大挑战的方法。由于其本身具有国际教育项目的性质，Kuulumisia 给人们带来了在多元文化社会中作为一名教师所需要的新形象。毕竟，作为一名教师，社会层面是排在前列的。

在设计教育培训项目的内容和形式时，我们认真考虑了社会变革的现实，即学术型教师教育需要满足新型的要求。我们在不降低学术水平和追求高质量的前提下，努力寻找灵活的、针对具体案例的解决方案，来帮助学生获得教师资格。正如卢克凯宁（Luukkainen，2004）所指出的，在努力应对社会变化带来的挑战时，教师教育需要为教师群体提供一个可加速其成长的基础。这种挑战既适用于基础教育，也适用于继续教育。因此，Kuulumisia 项目的目的是为那些接受过学术教育，但在芬兰很难找到与其教育程度和能力相匹配的工作的移民提供胜任岗位的资格。该项目满足了基础教育通识教育及整个教育中两种日益增长的需要：即加强多元文化教育和移民问题相关专业性知识的需要，现在也扩展到多成人教育中的多种形式，包括通识成人教育。

Kuulumisia 项目的背景思想借鉴了卢克凯宁（Luukkainen，2006）和米里亚-蒂蒂·塔利布（Mirja-Tytti Talib，2005）提出的观点。他们宣称，作为一名教师,不仅要结合社会价值观,还要在学校实践中反复强调这些价值观。由于教师身份也是特定的文化存在,因社会状况不同而有所区分,因此不容易进行比较。尽管如此,社会对教师身份的期望似乎有所提高。同样,社会对于教师的期待值往往比教师个人期待社会所给予他或她的要高得多。

Kuulumisia 项目旨在提升每个人的软实力、教师身份和移民在社会中的身份地位。同时,教师在公共文化方面发挥了较大作用,为更新芬兰人的理念做出了重大贡献。以下是一位学生对该项目的感受:

> 有一种方法可以取得很好的效果,那便是雇用移民从事与他们以前接受过的教育相匹配的工作类型。这方面的一个突出例子就是聘请具有移民背景的教师使用学生的语言或学生的母语来进行教学,并教授学生的语言或学生的母语。当具有移民背景的教师有机会作为跨文化之间的纽带,就会对教师、教育工作者和家校合作产生非常积极的效果。

> 我敢说,在为移民带来利益的重要措施中,这类培训项目是最为重要的。这件事的意义可以从几个方面来探讨。这个项目帮助移民教师对自己的技能和知识更有信心,使他们有了继续就业的可能性,同时他们的移民学生会更积极地看待自己未来的前景,因为他们看到,无论你生活在世界的哪个地方,接受教育和取得学位都会有所作为。同时,学校管理人员对具有移民背景的教师的态度也有了积极的转变。

> (Kuulumisia 学生 2012—2015;学生的母语教师;基础教育。)

教育界为受教育程度最高的移民提供了就业机会,因为拥有硕士学位是在芬兰获得稳定的教师职位的一项要求。当具有移民背景的教师在芬兰没有正式的任教资格时,他们的疏离感和临时感很容易被强化。然而即使他们在原有的国家完成了符合要求的学习并取得了正式资格,想要在芬兰获得正式任教资格之前也必须进行额外的学习(Forsander,2002)。事实上,在芬兰,教师的职业是通过相关立法措施来进行严格管理和监督的,包括公开的教育需求。例如,在芬兰,小学学科教师被列为是规范的职业,这意味着一定的学术学位或一定的学术研究是获得这些职位的正式资格的先决条件。受到监管的职业包括公共部门的职位以及必须获得并持有专业执业资格的职业。芬兰教育署是负责授予未来小学学科教师专业任教资格的主管部门。

我们的主要合作团队除了教育文化部外,还包括于韦斯屈莱大学(University of Jyväskylä)和图尔库大学(University of Turku)、坦佩雷大学(University of Tampere)中的专家,特别是通信、媒体和戏剧学院、社会科学和人文学院及语言、翻译和文学研究学院。该项目的目标是让参与者通过一个长期的、以目标为导向的过程,从而在劳动力市场和学校教职员工中实现职业平等和能力提升。我们的直接出发点是努力扩大和促进学生通过教育来获得资格的机会,在这个过程中,他们此前所获得的知识也被认可。总之,该培训项目的目标是增强学生可涉猎多领域的教学能力,以便使他们在一个对劳动力需求不断变化的多元文化社会中胜任教师一职。

截至 2015 年 8 月,共有 138 名具有移民背景的人参加了 Kuulumisia 教师资格教育培训项目。总体而言,Kuulumisia 学生的原籍国差异很大,如下所示:阿尔巴尼亚/科索沃、阿尔及利亚、阿根廷、奥地利、阿塞拜疆、白俄罗斯、比利时、加拿大、中国、哥伦比亚、爱沙尼亚、法国、德国、加纳、匈牙利、印度、伊朗、伊拉克、以色列、意大利、日本、哈萨克斯坦、利比亚、墨西哥、摩尔多瓦、波兰、俄罗斯、索马里、西班牙、瑞士、叙利亚、泰国、突尼斯、乌克兰和乌兹别克斯坦。大多数参与者来自欧盟或欧洲贸易协定以外的国家。

进入该项目时,学生至少持有大学学位(学士学位)。通常情况下,学位的主修科目与个人从事教学的科目(以下简称教学科目)相同。在基础教育中,获得学科教师资格的最低要求是 60 个 ECTS 学分。一般来说,学生在开始学习 Kuulumisia 项目之前必须已经修完这些学分。教学科目的范围包括语言研究和科学、伦理学和艺术或实践科目。许多学生都拥有一个语言学位,最常见的是英语、法语、俄语和西班牙语。以下是我们的学生曾经获得过的各种资格:包括语言教师(英语)、音乐学士、芬兰语教师、数学教师和物理教师、文学学士(艺术)、生物学家和生物教师、护士、英语翻译硕士、文学硕士(法国语言文学)、心理学、芬兰-乌戈尔语言和民族研究、汉语言文学、俄语教师。

我们有很多学生会被聘为语言老师，主要教授学生的母语，即第一语言。因此,我们将使用 MAI 教师一词来指代此类语言教师①。有时,具有移民背景的人士最终成为 MAI 教师,而他们的大学学位可能是在另一个领域完成的。这是因为在芬兰几乎不可能获得某些语言教学的资格,如索马里语、库尔德语、越南语和阿尔巴尼亚语,更不用说 MAI 语言了,因为芬兰的大学不提供这些语言的学习。因此,Kuulumisia 项目中的一些学生既是 MAI 教师,又是外语母语教师,而有些学生要多教一门外语,如英语为第一外语,俄语为第二外语,或俄语为母语(MAI)。我们也有相对较多的具有移民背景的学生,他们目前从事芬兰语教师工作,但他们往往是在移民融合培训中心工作而非基础教育;基础教育的职位要求在芬兰的大学里获得芬兰语学位。在实践中,这意味着芬兰语要达到母语水平才行。

Kuulumisia 学生的另一个就业机会是母语(补救性)教学,但这并不广为人知。在学习过程中接受母语帮助,对于最近抵达该国并从预备教育转入基础教育的学生来说,往往特别有益。尤其是数学、自然科学和人文科学,在小学高年级和初中阶段已经包含了很高的实质性内容，因此通过给予补习和补救性的母语教学来改善移民学生对这些科目的学习是值得的。除了帮助学生学习科目外,这种教学还能促进芬兰语和学生母语的发展。然而母语教师没有正式的资格。除了项目中的教学研究外,Kuulumisia 项目中几名担任母语教师的学生还需要完成小学教师资格所需的多学科学习。

――――――――

① 该术语来源芬兰语 maahanmuuttajan äidinkieli"移民的母语",在指教学对象时使用。在英语中,存在遗产语言和社区语言这两个术语,但它们有些问题,这里就不使用了。

此外,Kuulumisia 学生可以受雇于对伊斯兰教等少数教派进行宗教教育。一些人在学习 Kuulumisia 的同时或之后,在赫尔辛基大学接受伊斯兰教教育。总的来说,Kuulumisia 学生对自己的教育持高度积极的态度,并不断努力提升自己的学业。

二、灵活的解决方案和操作模式

Kuulumisia 项目的对象是已经完成大学学位的人士。由于 Kuulumisia 项目的许多学生要么是在教育领域学习,要么是在教学方面有相当的经验——其中有些人两者兼而有之——我们的结论是,他们希望所积累的技能和能力被认可。事实上,Kuulumisia 教师资格培训项目从一开始就采用了认可之前的学习经历(AHOT)的方法,在实践中,学生带着他(她)现有的学历证书和他(她)在芬兰和国外的工作经历相关证书,这样,以前所获得的知识就能得到认可。所有这些都会根据项目的内容进行预测,并考虑到每个学生的个人技能和需求。因此,我们为学生制定了个人学习计划(HOPS)。鉴于HOPS 程序的灵活性,Kuulumisia 项目为在原国籍获得教师资格的学生提供了 15 个 ECTS 学分以进行补充学习,根据芬兰教育署对先前学习经历的认可和评估,这些学生必须进行相应地补充学习,以便获得在芬兰就业的教师资格。

整个项目实施过程体现了灵活性和对学生个人情况的关注。大部分的学习都是通过坦佩雷大学的电子学习平台(可在 Learning.uta.fi 上访问)以远程和多模式的方式进行,面对面教学则在周末进行。这意味着,除了可以在坦佩雷周边地区,还可以在其他地方进行该项目的学习。事实上,很多学生来自坦佩雷及其周边地区之外的地方,可以说,我们的学生不仅来自芬兰各地,也来自世界各地。

坦佩雷大学的教育学和多学科研究都包括对学生进行监督教学。然而

Kuulumisia 学生与学位生不同的是,一般来说,他们的学生教学是在实际所处地进行的,而不是在大学里的教师教育学院。这主要有两个原因:首先,相当多的 Kuulumisia 学生住在坦佩雷市以外,因此他们在家乡的学校完成教师培训;其次,许多 Kuulumisia 学生实际上教授的是一门科目,通常为一门(母语)语言,而这门语言并不包括在教师教育学院的课程中。事实证明,这种解决办法有一定的好处,它使已经从事教学工作的学生能够在自己的就业地完成学生教学计划,而尚未从事教学工作的学生也有机会熟悉当地的学校并建立联系,最终或许能通过这种方式找到工作。负责 Kuulumisia 项目的大学教师参观了相关学校,并对学校的教学进行了观察和监督。这一过程使得 Kuulumisia 教师资格教育培训项目获得了更广泛的知名度,并启动了网络工作,这也可能使未来的学生受益。这种网络对改善学生的就业状况具有重要作用,因为除了官方公布的信息外,它往往是第一个网络系统,而且对许多人来说也是唯一的网络系统,是有关空缺职位和合格教师的信息来源。此外,网络还能让大学教师对芬兰的学校及其现状有一个全面的了解。在一个学年中,Kuulumisia 项目的教师们参观了全国各地的几十所学校,并观察了从小学到成人教育的不同科目、不同水平的班级。他们见到了学校的校长、教师和许多学生。因此他们也能了解教育领域的最新情况,这一点是独一无二的,因为传统的教师培训是在教师教育学院进行的,往往位于大城市。相应地,参与该项目的学校也会收到有关教师培训的学术研究创新方面的最新信息。

事实证明,Kuulumisia 项目提供的教育培训对参与者来说意义重大。事实上,2014 年的一项有影响力的研究中(Kuulumisia,2014)涵盖了从 2010 年起参加该项目的学生,研究表明,大多数参与者认为,他们的工作和生活状况有所改善,即个人获得了一份与其教育水平相匹配的工作,或者个人已获得一份稳定的工作,或者由辅助性的工作升级为教师职位,或者个人已经进入工作状态(Kuulumisia,2014)。下面是学生的个人报告:

学校教育对我找到工作起了重要作用。在完成该项目的学习之后，我被聘为教师。如今，我担任培训负责人。除了业务管理外，我还负责课程规划和设计培训方案，以满足现有的需求。我的工作还包括各主管部门之间的合作……这个项目的学习帮助我在一个新的国家重新找到了自己的教师身份，并提升了我的教学水平（Kuulumisia，2014）。

尽管产生了上述的积极影响，但仍然存在一个相当大的问题。在芬兰，具有移民背景的人士很难获得教授他们母语（如索马里语）的机会。事实上，在于韦斯屈莱大学开展的芬兰语言教育政策项目（KIEPO，2007）提出的建议和意见中，大多数具有移民背景的人士在教授移民的母语时，不具有任何教授母语的正式资格。的确，没有任何法规规定移民有资格教授自己的母语，也没有适当的教育途径（Luukka & Pöyhönen，2007）。然而研究表明，当移民学生接受母语教学时，他们能更好地学习第二语言，并取得更好的学习成绩（Pantzar，Merta & Stüber，2013）。上文讨论的沃里奥（Vuorio，2015）的调查中的建议和意见表明，有必要提供以母语教师资格为目标的教育培训，这将会有很大的需求。因此，坦佩雷大学也产生过与瑞典的乌普萨拉大学合作的想法，因为在那里可以找到一名索马里语教师。然而新的结构应该建立在长期性的原则上，而不是临时性的安排，而且应该在国家层面上建立起来。此外，不可能仅仅是为了方便获得正式的教学资格，而为所有少数民族语言的学生提供大学水平的语言教学。即使如此，我们也不应该仅仅满足于记录这一声明：相反，我们应该准备筛选出一份对合格的母语教师需求最迫切的语言清单。

三、协作和集体性学习

教育学院强调学院内部和坦佩雷大学中不同学院之间的合作。Kuulumisia 项目中就包含了这种合作。例如，自 2015 年以来，在语言、翻译和文学研究学院（LTL）学习芬兰语并将其作为第二语言的芬兰学生（以下简称 S2 学生）与 Kuulumisia 学生有着良好的合作关系。LTL 讲师尼娜·利利亚（Niina Lilja）和 Kuulumisia 大学教师迈亚·伊利-乔基皮（Maija Yli-Jokipii）在其中担任了关键的管理职位。这种合作的目的是创造一个对这两个学生群体都有利的局面，到目前为止的经验表明，我们在这方面取得了成功。以下是对这一合作的实际情况的介绍。

2015 年春季，Kuulumisia 学生和 S2 学生联合举办了一个教学周。学生们以小组为单位，就课本的语言等指定主题开展工作，S2 学生对 Kuulumisia 学生撰写的课文进行反馈。最后，讲芬兰语的 S2 学生被置于一个（语言）学习者的位置，他们在此之前对所教学的语言一无所知，而 Kuulumisia 学生，即具有移民背景的学生，则用自己的语言教授一节自己选择的课程。如果他们在不了解芬兰的同时也不了解芬兰语的话，这种教学情况下的 Kuulumisia 学生要面临一个教学挑战：如何跨越语言障碍。相应地，S2 学生经历了一种学习情境，当他们站在自己（未来的）学生的立场上，感受到了在教师和学生之间没有共同语言时仍要尝试学习的感觉。首先，每个老师都有一个学生，以两到三个学生为一组。实验的效果超出了所有人的预期。双方都找到了跨越语言障碍的方法。他们画画、做手势和用面部表情、用手指指、展示图片等。师生之间进行了深入的接触，许多参与者似乎真的很享受。课堂上的气氛热烈而又温馨。此外，所有的学员都注意到，在小组中学习往往比学生独自学习更有效率，而且小组教学比只教一个学生更容易，更有意义。

上述实验收到的反馈确实是积极的。学生们认为这项任务对他们（将来）的工作是足够有用的。在这里值得引用一位学生的学习日记中的一段话：

　　2015年3月6日、3月7日，我们用母语给大学里的S2师范生讲课。我觉得这个任务很有意义，如果可能的话，希望你们明年再组织一次。

　　对于这个任务，我决定告诉未来的S2老师有关于比利时的辛特克拉斯(Sinterklaas)庆典活动。在我看来，语言和文化是紧密相连的，从一开始就把它们融入教学中是个好主意。尽管学生的语言知识还很匮乏，但文化中包含了各种可以用图片来表达的有用词汇。此外，庆典的主题很有意义，因为我们大多数人都喜欢收(或送)礼物和糖果。在教学中，我利用了图片，因为图片能使学习材料形象化，使气氛变得轻松。在短暂的教学过程中，我尽量多次创造机会，让学生反复听、用、读与主题相关的单词。通过不同方式的重复和使用频率来强化他们的记忆过程。

　　荷兰语是一门相对容易学习的语言，因为它富含德语、英语、瑞典语中熟悉的元素。我认为，学习阿拉伯语或汉语的学生会和学习荷兰语的学生有完全不同的语言体验。因此，学生与我相处相对容易，因为发音、拼写、词汇都很简单，至少在一定程度上是熟悉的。这就是为什么我没有把我的演讲简单化的原因。选题、材料和作业的选择相对容易。毕竟，除了使用的语言不同之外，这与我的日常工作并没有太大的不同。

　　讲荷兰语是这个实验中最难的部分。现在我从来不需要说我的母语，实际上我也不用它。为了这项任务，我不得不这样做，而且我做得相当好。当然，我注意到我的有些反应(如"joo""yes"和"hyvä!""good!")还是芬兰语的。我不认为这是目标受众的原因。完全可以想象，我也会用芬兰语对我母亲的问题做出反应。

　　在我看来，这个任务选得很好。S2师范生能够体验到用母语以外的语言来学习的感受。他们也能够感受到S2学习者每天都要面对的不安。我们组的学生们能够找到他们的教学技巧，并尝试教授自己所学内容以外的科目。我确信，这是本学年所包含的内容之一，在课程结束后的很长一段时间都会留在脑海中（学习日志 2015；Kuulumisia，2014—2015 级学生；芬兰语教师）。

另一方面，我发现站在学生的角度去思考非常有用，那样你才会发现它有多难。学习俄语让我注意到，当你不得不坐着学外语，听几个小时的外语是多么难，当你什么都不懂的时候是多么令人沮丧。课后我试着记住几个单词，但什么也记不起来。这段经历强化了这样一个观念：当你学习一门新的语言时，不断的重复和练习是必要的。如果你没有任何练习的机会去学习新知识，那你很难记住所学的一切。这也适用于常规教学。当老师教授新知识时，重要的是需要学生重复和练习，否则他们什么都记不住。

与此实验类似的教学和学生教学对所有教师都是有益的。这种体验能让我们开阔新的视野，提醒我们在学习新的知识时，很难一直集中注意力，如果学习时要长时间坐着不动，是多么的枯燥无味（学习日志 2015；Kuulumisia，2015—2016 级学生；小学教师）。

我们的目的是为了继续开展这种富有成效的合作，并在可能的情况下加强芬兰的主流学生和具有移民背景的学生之间的合作学习。重要的是增加他们之间的交流和对话，从而培养教师的交互技能，以满足不同工作环境的需要。此外，Kuulumisia 学生经常拥有有用的信息和各种技能，这些信息和技能将有助于其他学生如何成为教师（参见，例如，Koskinen-Sinisalo，2015）。然而这种合作存在一个小小的实际问题，即 Kuulumisia 课程主要在周五晚上和周六进行，实际上，这个时间点其他学生往往不在大学里面。

坦佩雷大学实行了一个新的措施，即招收具有移民背景并在国外完成了部分或全部学业的学生。这是一项值得欢迎的举措，旨在将多元文化元素引入学校。其次，这一措施必然会对教师培训本身产生巨大影响。芬兰的师范生将由那些对其他文化、语言和运作模式有经验和愿景的学生的陪同，这无疑将丰富他们关于教育的讨论。当然,这并不能取消今后对 Kuulumisia 这种继续教育项目的需求,因为它是针对教师资格培训和具有移民背景的大学毕业生的教育。Kuulumisia 项目是一个成本效益高且快捷的方法,可以雇用具有移民背景的教师,从而填补教育教学在这方面的空白。

四、社会责任

坦佩雷大学在其历史上一直承担着强大的社会责任。Kuulumisia 教师资格教育培训项目则承担着大学的社会职能,致力于广泛造福个人和社会。最近关于移民和融合的政治讨论,以及具有移民背景的学生的学习成绩比其他同龄学生差的新闻报道(例如,HS,2015)已清楚地表明,我们的社会需要更多地关注移民。

Kuulumisia 项目强调满足两方面的需要。首先,旨在满足移民在芬兰的社会中找到自己的归属感并获得就业的需要。其次,旨在满足社会和教育的需求,为所有儿童和青年提供他们所需的技能和知识。从社会角度看,后者是重点。具体来说,人们对具有移民背景的学生在学校中表现出两极分化和学业低于同龄人的现象感到担忧。当然,这种糟糕的表现有几个原因,但其中的主要原因在于其母语水平不高(参见,例如,Opettaja,2015;KARVI,2015)。我们在教育学院和 Kuulumisia 项目中的目标包括:通过培养和教育有能力的、合格的多语种教师来改善这种令人遗憾的状况,这些教师具有丰富的学校教育方面的知识,既能担任母语教师,又能用相关的母语进行教学,并能在学校和移民家庭之间担任语言和文化翻译。同时,他们以自己的人格魅力,对不同的文化产生积极的影响,从而增进人与人之间的了解。最后,具有移民背景的教师也是许多具有移民背景的学生的榜样。正如科斯金宁·西尼萨洛(Koskinen-Sinisalo,2015)指出的那样,这些年轻人,偶尔也包括孩子们,很容易就能认同并看到获得教育是有可能的,无论你生活在世界的哪个地方,有目的性的学习都是值得被肯定的。

从个人角度来看,对于一个具有移民背景的教师来说,在工作环境中找到归属感是不容易的。根据科斯金宁·西尼萨洛(Koskinen-Sinisalo,2015)的观点,具有移民背景的教师在融入职场生活时面临的困难包括:现有能力的被认可、找工作、应对官僚主义、融入新的文化、学习语言、掌握学校的工作方法和教学程序、掌控课堂, 所有这一切都是为了成为职场中被认可的一员。当然,这不仅涉及芬兰的移民,其他一些国家也有类似的情况。Kuulu-misia 教育工作者正在努力应对这些挑战,不仅通过 AHOT 和学生进行实地教学, 而且还通过开放芬兰的学校和芬兰社会显性或隐性的道德规范和价值观。此外,我们已经成功提升了那些具有移民背景的教师在劳动力市场上的地位, 关于 Kuulumisia 项目影响力的相关研究也清楚地表明了这一点(Kuulumisia,2014)。

目前芬兰教师教育最重要的任务之一是提升教师的业务能力, 以增进对多元文化的理解。整个学校教育是建立在承认多样性和平等性的教师教育原则的基础上,正在进行的教育改革符合这一原则。在某种程度上,多元文化教学借鉴了批判性教学法,旨在质疑不同文化中理所当然的“真理”,并在可能的情况下改变它们。如果教学缺乏批判性,它可能会停留在浪漫或异国情调的层面上,并且我们根本不会注意到它。如果我们不能用批判性的眼光看待自己的文化, 我们就无法理解我们的文化所受到的批评(Talib,2005)。汉努拉(Hannula,2000)对多元文化教师的讨论做出了一个有意思的贡献,这基于他对保罗·弗莱雷的经典论著《被压迫者教育学》(*Pedagogia do Oprimido*)的系统分析(Myra Ramas,Sorrettujen pedagogiikka,Joel Kuortti 译)。该书指出,通过教育,我们以事实的形式传达关于世界的知识,这些知识是零散的、有限的。进一步来说,通过传达关于世界的知识,我们也传达了一种无法影响的、人类必须适应的现实观念。相反,所谓的“解放的态度”包括对经历变化的现实的理解,以及对人类在变化的过程中发挥积极作用的信念,即每个人的权利在这个过程中都得到了强调(Hannula,2000)。如果教师教育仅仅局限于传达一段历史和一个文化故事,那么看待世界的其他可能性和方式就被忽视了。因此,在教育学院的基础教育中融入部分移民教育是我们未来的一个坚实目标,这必然会导致不同教育群体之间的进一步协同与合作(Virta,2015)。

　　教师被要求在多元文化专业素养方面具有比以前更加广泛的能力。教师的专业能力与他(她)的身份认同和自我概念有关,不同文化之间的碰撞与融合预示着教师的多元文化(Talib,Löfström & Meri,2004)。在民族认同感方面,教育机构中具有不同民族血统的教师可能会越来越多。他们每个人都有自己的文化框架和生活经验,了解这些可以增进彼此间的理解,有助于相互交流。事实上,教师应该从外部看待自己的文化特性,他们应该有勇气评估自己的文化特性在多大程度上被西方文化所改变。此外,多元文化主义已经意识到前提是要以其他不同的人作为个体社会现实的修改者。批判性的专业反思有助于更全面地理解个人的经验,因为文化和教育理论可以解释这些经验。另外,为了提高自己的专业水平,教师应该意识到教学中蕴含的权力以及权力的使用。社会活动和社会影响与本节前面讨论的教师的社会性质有关,但正如塔利布(Talib,2005)所设想的,教师是一个注重变化、具有反叛精神的知识分子群体,他们也关注学校以外的社会活动。这与教师作为公共职业群体的理念有关,教师能够跨越各种边界,如文化、民族、社会和性别等(Talib,2005)。

　　在芬兰,由于移民的历史很短,拥有具有移民背景的教师是一个相对较新的现象。因此我们对这类教师的了解并不算多,对他们的研究也较少,而且在芬兰学校中, 这类教师的人数总体上较少。不过这种情况是自相矛盾的,因为芬兰在短时间内接收了越来越多的移民。如今,芬兰的首都赫尔辛基大都市周边地区的学校已经为许多具有移民背景的学生提供了教育。芬兰的其他大城市也有类似的状况。然而学校未能对这一社会变化做出充分反应,事实上是未能对移民数量的增加做出及时反应。

　　社会的变化增加了学校在防止移民边缘化和排斥社会方面的责任。这强调了教师作为社会民主执行者的角色作用。不论从个人层面,还是社会层面都对第二代移民学生提出了进一步的挑战。如果他们的学习成绩没有达到预期,更多的人会认为是他们的语言和文化不同,加上他们父母的社会经济地位和学校的态度,都降低了移民学生在学校具有成功表现的平等机会。由此可见,移民在一定程度上被视为外来人员,这种被区别对待的方式从其父辈传到子辈,使得移民在世界上成功的机会减少(Talib et al.,2004)。

　　移民的快速增长也对教师教育的改革和提高提出了要求。雇员的流动和大量的难民对学校的学生群体产生了影响。同时,一些芬兰人移居国外,因就业原因又返回芬兰。这意味着今后将更加需要能够用学生的母语进行教学的教师。此外,教师在如何接收新学生和帮助他们适应新国家方面也面临着挑战。同样,也应该对离校学生在新的生活环境中给予支持。这些挑战需要开展新的教师教育项目,使具有移民背景的学生能够通过学习成为教师(教育文化部[①],2007)。

　　最后,要注意了解应聘教师的原国籍,这一点在教师的教育教学工作生活中都很重要。毕竟,无论学校的多元文化状况如何,具有移民背景的教师的多元文化经验和背景都能为其提供丰富的资源,因为教师可以在其工作的学校和社区中利用他们的多元文化背景。具有移民背景的教师还可以作为文化和语言方面的全能专家。他们能够在学校中激发出丰富多样的跨文化讨论和辩论,增进不同文化之间的理解。

---

　　①　文中为 Ministry of Education and Culture,在这里译为教育文化部。

五、研究视角

如上文所述,Kuulumisia 项目为多元文化的教师提供教育，他们在丰富芬兰的社会方面发挥了显著作用。这一观点引起了教育界学者的关注和兴趣。关于这一主题,基尔西-利萨·科斯金宁-西尼萨洛(Kirsi-Liisa Koskinen-Sinisalo)在博士论文(2015),题为"漫漫长路:从一名移民到芬兰的教师"(Pitkä tie-Maahanmuuttajasta opettajaksi Suomeen)中进行了详细研究。在论文中,作者考察了那些在芬兰具有移民背景并且担任教师的群体,以及有关于他们个人的不同的教育经验。她让这些人描述他们自己的生活轨迹,并将其与他们的教育职业交织在一起。

在雅科·沃里奥(Jaakko Vuorio)的硕士论文(2015)中,有一项关于 Kuulumisia 教育培训项目对于学生的职业生活地位影响的调查。在下文中,我们将着重介绍这项调查的部分成果。根据学生的回答,65 名受访者中有 63 人完全或部分同意这种教育改善了他们的就业机会。据受访者反映,就业机会的改善主要是指能够进入劳动力市场就业, 同时也是指因完成教育而提高自己的地位。当然,还有一小部分受访者不同意这一说法。这似乎表明,在数据收集期间,他们的就业机会没有改善。

这项调查中的大多数受访者认为，他们所受的教育使他们能够胜任芬兰学校的教学工作。一半以上的受访者完全同意这一说法,近三分之一的受访者部分同意这一说法。根据这些结果及对开放性问题的回答,一些受访者从教育中学到了有用的相关工具,既可以应用于他们的教学,又能帮助他们在学校社区中找到自己的归属感。然而少数受访者也提到,目前的教育未能为他们提供他们所希望得到的某些准备。

就专业性网络而言,根据 Kuulumisia 项目所提供的教育,几乎所有受访者(65 人)都认为教育在一定程度上或显著加强了他们的专业性网络活动。

他们从同学中或是参与该项目的大学工作人员中找到了新同事，咨询新同事以寻求帮助，比较学校的做法和意见，讨论工作中可能出现的各种问题。教育似乎把学生带入了一个共同体的空间。在这个空间里，又产生了新的交往和新的关系。

关于职业平等的主张在调查中得到的回应主要是正面的，但公开回应中也有一定数量的负面反应。遗憾的是，公开回应中没有对不平等的情况进行描述，因此不能确切地指出工作场所中的不平等是如何表现出来的。不过，总的来说，大多数受访者都认为平等的情况是好的。

此外，根据报告，培训还建立了新的网络来促进教师专业化的成长。在这方面，Kuulumisia 项目成功地实现了加强学生个人成长的目标，使其成为一名专业的教师教育工作者（Pantzar, Merta & Stüber, 2013）。受访者认为，这一项目不局限于让学生获得物质上的帮助和有形的技能，而且还能促进受访者个人成长为教师，这一点很有价值。受访者强调，建立网络是他们个人成长的重要因素。当然，该计划还为受访者提供了芬兰相关学校教师工作的知识，以及他们认为所需要的技能和各种能力。这一点既体现在定量的回应中，也体现在主题问题中。

受访者认为，Kuulumisia 教师资格教育培训项目的内容，以及他们在培训期间获得的与教师工作有关的能力是高质量且有针对性的。他们相信，这些能力会帮助他们在未来的工作中取得成功。尽管受访者在各自的原籍国可能拥有教师证书或文凭，但他们在芬兰接受的教育使他们获得了关于教学方面、特别是关于芬兰学校性质的新信息。这反过来又帮助具有移民背景的教师更好地了解芬兰教师的工作情况、芬兰学校系统的基础结构和其中的教学理念。就其芬兰语技能而言，受访者对他们作为受益于教育的一分子而提高了其具体的技能感到满意，并认为这让他们增加了使用芬兰语的勇气。

然而正如科西金宁-西尼萨洛（Koskinen-Sinisalo, 2015）所指出的，我们对具有移民背景的教师的角色、可能性及学校运作情况的研究仍然很少。事实上,我们这些参与 Kuulumisia 项目的人希望,未来有可能将其教学重点进一步扩大。特别是在提升我们对芬兰学校中具有移民背景的教师的角色认同、影响力和理解方面,将会具有社会意义。

　　所以,这里有一个新的研究领域等待着我们去探索。这个领域适合教育学者、多元文化学者及其他国家的代表。据我们所知,迄今为止,芬兰的研究文献并不包括基于广泛访谈或其他方法来调查具有移民背景的教师如何找到进入学校和其他教育机构途径的研究。除了可以启发博士论文的灵感外,这一主题领域还可以为多元文化论文集做出贡献,并作为多元文化学校的基础性研究文献。

结　论

　　就芬兰的教师教育及其经验背景而言,芬兰的教师教育培训中其教育机构过于单一的人员结构经常遭到批判。也就是说,高度的同质化可能会限制教育机构解释和理解社会变化的机会(Hämäläinen & Kangasniemi,2013)。在这个日益多元化的世界里,我们为什么还要培训教师在四十年前的教室里工作呢(Cummins,2009)。然而人们似乎一致认为,学校正在变得越来越多元化,特别是赫尔辛基都市区和其他大城市的学校,因此教师必须能够应对这种变化。

　　那些接受过国外教育的教师可以把他们的知识和专业技能带到所工作的学校。他们的素质包括意识到种族和民族的多样性,具有不同文化、不同语言的背景知识,有个人的实践经验,并了解拥有移民背景所需要的东西。有了这些品质和技能,这些专业人员既可以丰富那些他们所教的孩子的生活,也充实了他们所依附的教育界(Myles,Cheng & Wang 2006)。

　　无论一所学校是否具有多元文化,具有移民背景的教师所拥有的多元文化的历史经验似乎都为教学提供了重要的资源。显然,他们能够在专业环境中最大程度上利用其多元文化的历史经验。此外,具有移民背景的教师可以作为全方位的文化和语言专家顾问。他们能鼓励学校进行丰富的跨文化讨论,并从整体上提升对跨文化的理解。每个人通过自身的技能、知识和文化感知力,使芬兰的学校比以前更加明理智慧,从而确保我们在未来能够保持"世界上最知识渊博的国家"的头衔(芬兰教育文化部,2013)。

参考文献

1.Cummins,J. 2009. Pedagogies of choice:Challenging coercive relations of power in classrooms and communities. *International Journal of Bilingual Education and Bilingualism*,12(3),261–271.

2.Forsander,A. 2002. *Luottamuksen ehdot –Maahanmuuttaja 1990 –luvun suomalaisilla työmarkkinoilla.* Väestöntutkimuslaitoksen julkaisusarja D 39/2002.

3.Hannula,A. 2000. *Tiedostaminen ja muutos Paulo Freiren ajattelussa. Systemaattinen analyysi Sorrettujen pedagogiikasta.* Helsingin yliopiston kasva tustieteen laitoksen tutkimuksia 167. Helsinki:Helsingin yliopiston verkkojulka isut. Retrieved from https://helda. helsinki.fi/bitstream/handle/10138/19830/tiedo sta.pdf?sequence=4 in January 28th 2015.

4.HS 2015=Helsingin Sanomat 2015. Daily newspaper. 8 August 2015,A 17.

5.Huttunen,L.,Löytty,O. & Rastas,A.(eds.)2005. *Suomalainen monikulttuurisuus. Suomalainen vieraskirja. Kuinka käsitellä monikulttuurisuutta.* Jyväskylä: Gummerus kirjapaino Oy.

6.Huttunen,H-P. 2007. SPECIMA–projektintarina. In H. Huttunen& T. Kupari(eds.)SPECIMASTA opittua. *Korkeasti koulutetut maahanmuuttajat työelämään.*

Turku:Painosalama Oy,11-18. Retrieved from http://issuu.com/hphuttunen/docs/ specimasta opittua in March 26 th 2015.

7.Hämäläinen,K. & Kangasniemi,J. (eds.)2013. Systemaattista suunnit - telua. *Opetustoimen henkilöstökoulutuksen tila,haasteet ja kehittämistarpeet*. Opetus-ja kulttuuriministeriön julkaisuja 2013:16. Retrieved from http://www. minedu.fi/export/sites/default/OPM/Julkaisut/2013/liitteet/okm16.pdf?lang=fi.in February 26th 2015.

8.KARVI 2015. *Maahanmuuttajataustaiset oppijat suomalaisessa koulu- tusjärjestelmässä*. Abstract. T. Pirinen(ed.) Kansallinen koulutuksen arvioin- tijärjestelmä. Available also:http://karvi.fi/app/uploads/2015/06/KARVI_T0515. pdf. Report in full:http://karvi.fi/app/uploads/2015/06/KARVI_1715.pdf.

9.KIEPO 2007. *Kohti tulevaisuuden kielikoulutusta Kielikoulutuspoliittisen projektin loppuraportti*. S. Pöyhönen,S & M-R. Luukka(eds.)Jyväskylän yliopisto. Soveltavan kielentutkimuksen keskus.

10.Koskinen-Sinisalo,K-L. 2015. Pitkä tie. *Maahanmuuttajasta opettajaksi Suomeen*. Akateeminen väitöskirja. Tampereen yliopisto. Kasvatustieteiden yk- sikk?. Acta Universitatis Tamperensis 2112. Tampere:Vastapaino.

11.Kuulumisia 2014. *Kuulumisia -Opettajankoulutuksen monikulttuurinen horisontti. Koulutuksen vaikuttavuuden arviointi kevät 2014*. J. Vuorio(ed.)Tam- pereen yliopisto,Kasvatustieteiden yksikkö.

12.Luukkainen,O. 2004. *Opettajuus-Ajassa elämistä vaisuunnan näyttämistä?* Tampere:Tampereen yliopistopaino Oy. Retrieved from https://tampub.uta.fi/bit- stream/handle/10024/67349/951-44-5885-0.pdf?sequence=1 in January 21st 2015.

13.Luukkainen,O. 2006. Muuttuva opettajuus. In K. Hämäläinen,A. Lind- ström & J. Puhakka(eds.) *Yhtenäisen peruskoulun menestystarina*. Helsinki: Yliopistopaino,204-211.

14.Morley, D. 2003. Kuulumisia −Aika, tila ja identiteetti medioituneessa maailmassa. In M. Lehtonen & O. Löytty(eds.) *Erilaisuus.* Tampere: Vastapaino, 155−186. Original article: Morley, D. 2001. Belongings: A place, space and identity in a mediated world. *European Journal of Cultural Studies* 4(4).

15.Myles, J., Cheng, L. & Wang, H. 2006. Teaching in elementary school: Perceptions of foreign −trained teacher candidates on their teaching practicum. *Teaching and Teacher Education* 22, 233−245. Retrieved from http://ac.els−cdn. com/S0742051X05001216/1−s2.0−S0742051X05001216−main.pdf?_tid=be63f83 8−c17d−11e4−961a− 00000aab0f27&acdnat=142537083 in March 26th 2015.

16.Opettaja 2015. Pääkirjoitus. *Opettaja* 16/2015. OAJ ry: n jäsenlehti. M. Puustinen(editor−in−chief).

17.Opetushallitus 2013. Raportit ja selvitykset 2013: 8. Maailman osaavin kansa 2020. *Koulutuspolitiikan keinot, mahdollisuudet ja päämäärät.* Koulutusfoorumin julkaisu. S. Mahlamäki −Kultanen, T. Hämäläinen, P. Pohjonen & K. Nyyssölä(eds.) Helsinki: Yliopistopaino. Opetusministeri? 2007. Opettajankoulutus 2020. Opetusministeriön työryhmämuistioita ja selvityksiä 2007: 44. Helsinki: Yliopistopaino. Retrieved from http://www.minedu.fi/export/sites/default/OPM/ Julkaisut/2007/liitteet/tr44.pdf?lang=fi. Accessed 25 Feb−ruary 2015.3_2f0a66c27 d546fd0c451d6460e5400b0 in March 3rd 2015.

18.Pantzar, T., Merta, J. & Stüber, O. 2013. Kuulumisia Tampereelta−pätevöittävää koulutusta maahanmuuttajataustaisille opettajille. In M. Tarnanen, S. Pöyhönen, M. Lappalainen & S. Haavisto(eds.) Osallisena Suomessa. *Kokeiluhankkeiden satoa.* Jyväskylä: Kirjapaino Kari, 292−296.

19.Soilamo, O. 2008. *Opettajan monikulttuurinen työ.* Turku: Painosalama Oy. Retrieved from http://doria32−kk.lib.helsinki.fi/bitstream/handle/10024/36550/ C267.pdf?sequence in January 6th 2014.

20.Talib,M -T. 2005. *Eksotiikkaa vai ihmisarvoa. Opettajan monikult -tuurisesta kompetenssista.* Suomen kasvatustieteellinen seura. Turku:Painosalama Oy.

21.Talib,M-T.,Löfström J. & Meri,M. 2004. *Kulttuurit ja koulu. Avaimia opettajille.* Vantaa:Dark Oy.

22.Teräs,M. & Kilpi-Jakonen,E. 2013. Maahanmuuttajien lapset ja koulutus. In T. Martikainen,P. Saukkonen & M. Säävälä (eds.) Muuttajat. *Kansainvälinen muuttoliike ja suomalainen yhteiskunta.* Helsinki:Gaudeamus Helsinki University Press,184–202.

23.Virta,A. 2015. "In the middle of a pedagogical triangle"–Native–language support teachers constructing their identity in a new context. *Teaching and Teacher Education* 46,84–93.

24.Vuorio,J. 2015. *Opettajankoulutuksen monikulttuurinen horisontti –Ku ulumisia–koulutuksenvaikuttavuuden arviointi.* Kasvatustieteiden yksikkö. Kasvatustieteiden pro gradu –tutkielma. Tampereen yliopisto. http://urn.fi/URN:NBN: fi:uta–201506261896.

专题九 优秀的艺术教师：在教师教育中培养视觉形象

尤科·普利嫩（Jouko Pullinen）

朱哈·梅尔塔（Juha Merta）

引 言

当我们生活在一个不可预知的世界，越来越多的图片或图像迅速充斥着生活，我们很少停下来去思考图片作为媒介有多古老。最古老的图片信息已经有 2000 多年的历史了，这些图片和标识也会让人想到现在仍然在使用的一些图片和标识。比如，阿尔塔米拉洞穴里的野牛图（The bulls in the caves of Altamira)以同样的"图片语言"向我们讲述了一个故事,这种方式也很像在互联网论坛中所使用的一些图片语言。

作为人类,我们有很多方式来定义或总结自己是谁。我们可以认为自己是父母的孩子或者孩子的父母,是一个国家或地区的公民,是某一领域的专业人士或者是以个人身份爱好来定义——诸如此类,不胜枚举。我们用来定义自己的所有属性塑造了我们的个人身份。因此,身份并不是一个稳定的、连续的形式：每个人在不同的时间和不同的情况下都可以重新定义自己的身份。这种零散的身份因其过程性而从不会完备,始终处于不断形成和发展的状态中(Hall,1999)。

在本研究中,我们访谈了艺术教育专业的学生,了解他们是如何描述自己的身份。这项研究的出发点是想知道这些学生更愿意将自己定义为未来的教师还是艺术家,以及他们认为如何将这两种不同的职业身份结合起来。为此我们在自己设计和举办的一门名为"艺术之间的学术探讨"(3 个学分 ECTS)的课程中收集数据。在 2011—2015 年这五年间,每年重新组织一次该课程,并针对阿尔托大学的视觉艺术教育专业学生、西贝柳斯学院的音乐教育专业学生、戏剧学院的舞蹈与戏剧教育专业学生和坦佩雷大学艺术教育方向的小学教育师范生①开设这门课程。该课程的目标是引导来自不同艺术领域的教育专业的学生进行对话。胡图宁(Huttunen)认为身份是社会交互的结果。身份问题涉及个人与他人的关系(Ropo,2009;2019;Huttunen,2013)。

该课程致力于促进来自不同艺术领域的教育专业学生之间的学术交流,在这门课程中,学生将开放地讨论并重新表述自己的教学观点,研究教育与艺术表达、技能、对话和身份之间的联系。我们的目的是,同学生一起将艺术话语中容易含混不清的概念提取出与学生经验世界相关的更为精确的定义。在这门课程中,学生也要完成图像与文字工作:身份照片和故事。对于身份照片,我们指的是构建肖像,学生设计一张照片,选择位置,决定如何融入环境,使用什么道具。我们的想法是把他们对艺术"教师"的个人看法总结成一张照片。随后,对这些照片进行分组解读和讨论。讨论结束后,学生写下了自己的身份故事,在这些故事中,他们在自己的解读和基于照片的集体解读过程中打开了自己的身份照片。这些故事和照片被用作本章的数据,它们为我们提供了各种各样的材料,用来检验艺术教学学生的身份。

我是谁? 我从哪里来? 我属于哪里? 我能成为谁? 这些都是人类生命中最重要、最敏感、最难回答的问题(Huttunen,2013)。选修我们课程的学生正处于最关注这些问题的人生阶段。通常,学生在他们的学习和社会网络中都

---

① 在芬兰,"小学教师"(或"班主任")是指在基础教育中教授一至六年级的教师。小学教师拥有教育硕士学位。

会构建自己的身份。因此我们的课程落在了一块敏感而肥沃的土地上。正如一位学生所总结的那样:"我觉得反思自己的身份是很有用的,在我看来与其他同学的讨论让人受益匪浅。以一种非常新颖的方式打开身份照片,同时我们也得到了构建自己身份的工具。而且我认为能与来自不同大学的同学一起讨论交流,也能收获颇丰。"

尹克瑞·萨瓦(Inkeri Sava)和阿里亚·卡泰宁(Arja Katainen,2004)认为将自身视为"身份"的观点是在社会关系中构建的并且是不断演变的,这为不同的身份体验提供了空间。萨瓦参考了齐格蒙德·鲍曼(Zigmund Bauman)的观点:她认为现代人正处于寻找自我的朝圣之旅。后现代身份是漫游、流浪和观光的结合。因此身份工作就像游戏一样。个体在不同的情况下尝试不同的角色,个体的身份是在不断地建构、解构然后再重构的过程中形成的。那些作为艺术教师毕业的学生正处于这样一个人生阶段——学生的游戏后来在工作中成为现实。

一、反思性照片——观察放大镜的审查镜

在我们的研究中,我们考察了学生构建自我身份的反思性照片和视觉叙事。选择以视觉叙事作为研究数据来源的原因在于,作为视觉艺术专业人士,我们相信视觉叙事的力量;作为研究人员,我们相信视觉民族志的可能性。就像莎拉·平克(Sarah Pink,2001)提到,我们认为摄影是观察和记录的绝佳工具,对研究人员和艺术家都是一种有用的记录技巧。这种看法是基于摄影的"真实性"及它的准确性和非选择性而言,但无论如何,相机捕捉的也还是摄影师选择记录的镜头。

在研究中,我们对照片的使用有些不同:我们强调其故事般的叙述性。照片可以讲述故事,也可以诠释色彩、塑造现实。照片也会歪曲现实:照片上的谎言很容易被人相信。在学生们的身份照片中,他们通过摄影构建了自己

的身份;准确地传递给人们他们想要别人了解的关于他们的信息,这正是有趣之处。

最重要的是,身份照片是一种反思性工具。相对于学习,反思也是必要的。深度学习需要理解理论和实践两方面。这种有意识的理解恰恰是反思过程的目标。在字典中,反思(reflection)被定义为冥想、思考和映像。通过反思,我们能够看到自己的学习情况,也能及时观察到它,并在必要时对其进行改进(Winnicot,1981)。

二、皮尔斯的符号三元结构

在本章中,我们将重点放在学生的反思照片上,把他们写好的故事放在背景中。我们想把照片作为独立的叙述来处理,不需要解释或者学生的解读。至于工具,我们采用美国实用主义哲学家查尔斯·皮尔斯(Charles S.Peirce)著名的符号理论。[①]按照皮尔斯的说法,一个标志、一件艺术品或者在此背景下的一张照片,可以有三种不同的方式与现实发生关系:作为图标、作为索引和作为符号。皮尔斯的理论被广泛地应用,有时以一种粗暴的简单化的方式应用(Seppänen,2002)。我们也是以一种不太正统的方式来使用皮尔斯的理论,也许是为了研究目的而应用它。

一幅标志性的图片往往与它所代表的物体相似,所以描绘性是绘画和其他视觉作品的一个特点。正因为如此,人们常着迷于这样一种想法:一簇随意形成的线条或者颜色的对比都像是在描绘什么。例如,对于图画上一只兔子的图案,任何国家的人都能理解这是什么。从本质上看,照片是具有标志性的,尤其是纪实照片,在现实中总能找到一个对应的对象。许多交通标

---

① 在下文我们将介绍皮尔斯理论的应用。在作为艺术家和美术教师的这些岁月里,我们创造了它。

志和路标是以图标为基础的。例如,道路弯道的标志显示前方道路的弯道。然而值得注意的是,在现实中,即使没有对应物、参照物,一幅画也可以是标志性的。例如,蒙娜丽莎的画像在丹·布朗(Dan Brown)的《达·芬奇密码》(*The Da Vinci Code*)一书出版之前,很难让人提起兴趣。因为人们不知道这是谁的画像,甚至不知道这幅画是否有现实的参照物。然而在几个世纪的时间里人们一直在思考蒙娜丽莎的微笑背后的奥秘。我们可以凭借自己的想象力创造和建构标志性的照片,比如科幻电影中的世界。同样,学生们的身份照片也是建构的照片;尽管具有标志性,但并不一定要描绘出现实的样子。而这正是它们的有趣之处。

索引与现实有因果关系。例如,烟是火的标志。旗杆上的旗帜表示国旗日或家庭庆典。在摄影或视觉艺术领域,索引也可以与后现代的特征相关,即一件艺术品几乎在所有情况下都与其他艺术品有关。一张兔子的照片在欧洲背景下指的是约瑟夫·博伊斯(Joseph Beuys)的视觉世界;在芬兰背景下指的是里斯托·苏米(Risto Suomi)的作品。此外,电影也参考了其他电影,它们的意义也是由它们所参考的那些电影的意义所构建的。索引关系可以是有意识地建构的,也可以是由观者建构的。因此在这种情况下,身份照片的解读取决于解读者自身的经验。我们从自己的角度来解读学生的身份照片,可能会偏离学生想要表达的意思。

符号是一种约定俗成的标志,其意义是基于约定的。例如,我们已经认同一些字母组合意味着什么。书面语就是一种完全契约性的符号语言。视觉符号也可以是契约性的,比如基督教符号,但这种联系相较于书面语更模糊。例如,根据所处的地理位置和环境类型,一只兔子和其他动物一样可以有很多不同的象征意义。此外,人们也可以用自己的方式来理解兔子代表某物或某一特征。

另一方面,视觉语言在某种程度上是通用的。图片可以被任何国籍和背景的人解读和理解。然而基于照片构建的意义总是与文化传统及主观和经验上建立的象征意义相联系。

三、身份照片中哪些东西"吸引眼球"?

罗兰·巴特(Barthes,1980)在分析照片时将意趣(Studium)和刺点(Punc-tum)分开。意趣是指照片中能引起观者共同兴趣但并非真正震撼人心的东西。而刺点是指观者的注意力会附着在某物上（或是某一细节抑或其他事物），使观者对照片或照片中的细节观察的时间更长，观者未必能意识到是什么东西直接吸引了他(她)的注意力。在一张好的照片中，必须有这个穿透意趣的刺点，这样观众才能注意到照片。芬兰语"pistää silmään"（吸引眼球）很好地描述了罗兰·巴特所表达的思想。

当然，刺点也可能是看不见的东西。巴特(1980)解释了一位年轻男人的画像，如何从他即将被处决的事实领悟不同的含义。人们可以从照片中得出结论，他是一个罪犯，因为他有手铐，但他的死亡是看不见的。同样，我们自己的解释也会受到我们对照片的其他信息了解的影响，特别是我们所了解的艺术领域及身份照片所代表的东西。

当我们试图理解在图片中看到的东西时，就会出现如何去解释一幅图片及背后所蕴含的艺术教育等问题。正如科特卡维尔塔(Kotkavirta,2009)所说，当我们专注于照片所产生的含义时，我们会试图用语言将图片的含义转化成文字，并将其翻译为另一种语法和语义。这种方式不一定是有意识产生的。但将图片所承载的意义和形象言语化和意识化，在某种程度上是具有局限性的。毕竟，一幅画所包含的东西要比我们用语言表达的多得多。图片通常会产生无法用语言表达的效果。有时候，让图片用自己的语言说话，而不做无谓的解释才是好的。

尽管如此，我们还是想大胆地解读所选择的一些身份照片。我们相信虽然自己的解读是主观的，但却是在相互对话中完成的。很长一段时间内我们将学生的身份照片放在不同的情景下,从不同的角度观察。我们希望读者能够继续自主地解读这些照片。而作为本章的作者我们所做的是在论文中处理对话,在对话过程中产生艺术,以此形成了一种接近、反思和理解现象的组织方式,并基于阐释学的背景,想要强调理解过程中的反思性和对话性。同韦利·马蒂·维里(Veli-Matti Värri)一样,我们认为对话也是教学中不可或缺的方法(Värri,1997;see also Buber,1999)。对话已被证明是一种接触不同大学和艺术领域的学生的有效方式。与传统上高度自恋的艺术讲座不同,对话是复调的,用敏感的耳朵谦逊地寻找他人和自己的理解(Gadamer,2004;Merta & Pullinen,2008)。在对话中,强烈的、共同的经验与人们自己的起点有关,或如尤哈·索兰塔(Juha Suoranta)在他的文章中所说:"你必须记住你的起点。"随后,甚至在很长一段时间内可以与亲爱的朋友们一起反思和分析强烈的经验(Suoranta,2008)。

图9.1 经一位匿名学生摄影师许可,来自作者的档案

在我们看来,图9.1代表了小学教师工作的一个标志性形象。同时,当我们看到教室中可辨认的、甚至是永恒的细节时,照片中呈现的教室让我们自然地与教师工作联系起来。我们对这张照片感兴趣的地方,即"吸引眼球"的地方,就是放大镜和被放大的眼睛。我们知道照片中的学生即将毕业成为一

名小学教师,并有资格成为一名视觉艺术教师。放大镜与研究事物相关。甚至在几年前,视觉艺术主要被称为自我表达,是眼和手的实践。然而在我们看来,这张照片是在告诉我们视觉艺术教育的新方向。新的国家课程明确了视觉艺术教育的目标——引导学生用艺术的方式审视和表达文化多元的现实(Finnish National Agency for Education 2014)。

图 9.2　经一位匿名学生摄影师许可,来自作者的档案

在许多身份照片中, 学生强化了自身在艺术领域的外在特征。例如图 9.2 的标题可以是"看起来像音乐家的男人"。我们甚至可以从照片中解读出学生所要表现的音乐风格。由于乐器的功能设计通常很有趣,因此它们在视觉艺术中总是扮演着重要的角色。乐器也可以具有象征意义,但在我们的数据中, 我们将放置在突出空间的乐器与演奏它们所需的用法和技巧联系起来。未来的音乐教师在学习期间尤为重视演奏技能和音乐知识。这张高雅的照片完全可以作为他简历中的宣传照。

图 9.3 经匿名学生摄影师许可,来自作者的档案

至少对我们芬兰人而言,图 9.3 通过参考西贝柳斯纪念碑的索引方式,展示了这位学生在古典和民族传统中的知识根基。即使从这个非传统的视角也能辨认出来,这座雕塑是芬兰最著名的公共艺术作品之一。西贝柳斯纪念碑(Sibelius Monument)中管风琴的复调凸显了这位美丽的长发学生的身份和人生价值。如果我们对照片背景中的装置一无所知,它可能会显得非常沉闷,甚至有一丝痛苦。似乎是一个小人物在社会结构压力下挣扎的故事。照片中的一个有趣之处是关于对角线的强调。通过倾斜放置照片,学生在她的照片中呈现出生动或不安全感,这取决于她的解释。

图 9.4 经一位匿名学生摄影师许可,来自作者的档案

　　图 9.4 中的学生看起来像把什么重要的东西放在身上,这是她坚持保留并向他人展示的东西。她怀抱着两张照片,其中一张可以看出是埃琳娜·博劳瑟斯(Elina Brotherus)的作品《流浪者 2》(*Wanderer 2*, 2004)。博劳瑟斯在她的图片中提到了卡斯帕·大卫·弗里德里希(Caspar David Friedrich)的浪漫画作《雾海上的旅人》(*Der Wanderer über dem Nebelmeer*, 1818)。因此,身份照片以索引的方式提及了两件艺术品,可以解读为它承载了这两件艺术品的内涵。在我们的数据中的其他许多照片里,学生们展望着未来的挑战。这对于年轻学生是可以理解的。我们不知道这种浪漫主义的提及是多么自觉和有意识。我们相信同浪漫主义者一样,年轻学生正处于关注情感、想象和自由的人生阶段。在浪漫主义时期,艺术强调自然的意义,人们对精神世界、梦想甚至是人类心灵的黑暗面都非常感兴趣。此外,异国他乡、异域风情也引起了当时的男女主人公的好奇,就像现在的学生一样。我们只需要一点点想象力,就能勾勒出这位少女梦寐以求的事情。

图 9.5　经一位匿名学生摄影师许可,来自作者的档案

　　图 9.5 不同于身份照片系列。因为它的内容主要是象征性的,甚至你只能看到学生的手,其他的什么也看不到。这双手告诉我们,关爱与温柔是教育者的工具。这张具有强烈象征意义的照片揭示了这位学生以"儿童为中心"

的教育理念。孩子们在我们的呵护下成长,他们从我们这里获得庇护,也得到了成长所需的"光照"和"养分"。照片的象征意义支持了这种解释。绿色作为生命的颜色强调了一个成长中的个体的独特性。而选择将颜色集中到小苗身上,使它从照片中脱颖而出,"吸引了人们的眼球"。我们由此知道这位学生是从事幼儿教育。

图 9.6　经一位匿名学生摄影师许可,来自作者的档案

在某种程度上,图 9.6 可以被解释为艺术家被抓到,在晚上做一些秘密和幼稚的事情,这些事情对他而言十分重要,但他不想大惊小怪。艺术家们很少能从他们的工作中获得固定的报酬,在资助申请和偶尔的艺术品销售之间取得平衡也很困难。视觉艺术教育的研究者们一直在为教师的社会地位与艺术家的社会地位之间的矛盾而斗争。教师被视为官僚化且经济稳定,而艺术家仍处于边缘地带,其安全网脆弱。

结　论

尹克瑞·萨瓦(Inkeri Sava,2004)认为,本质问题是,后现代时期的流浪自我到底是一个人的自我选择,还是一个人在社会环境中漂泊的地方。毋庸置疑,在大学学习中,尤其是在艺术大学学习,对一个学生来说是一个特殊的社会环境。地点和同伴都标记和强化了学生的身份认同过程,虽然没有我们预想的那么强烈。无论学生的艺术领域和过去的经历如何,这些学生的身份照片都体现了他们的教学精神。[①]

世界以惊人的速度变得更加视觉化,图片和它们所承载的信息更是占据了主导地位。图片无处不在。尽管我们可能没有注意到,但它们已经或长或短地留存于我们的脑海中(Kotkavirta,2009)。艺术教育的中心任务就是帮助我们分析这种视觉混沌,并提供各种解读照片的方法,让我们能透过表象看本质。其中一种分析方法就是使用皮尔斯的符号三元结构理论。

从解读数据的角度来看,照片的标志性特征特别有趣。通过照片中的标志性元素,我们可以知道摄影师希望如何有意识地构建他或她的身份。摄影师确实精心挑选了构成其照片的一切事物——他如何将自己置身其中,选择了什么样的环境,以及他希望用于裁剪照片的道具。当学生手持乐器或水彩画置身于剧院的舞台上或者教室里,我们就知道他认为对其身份形成很重要的东西。当然,在身份照片中也能寻觅到索引和符号特征的踪迹。但是因为我们的解释脱离了照片的创作者,我们不确定这种解释是否符合创作者的意图,所以我们不可能就身份的构建得出明确的结论。

---

① 我们在之前的文章(Pullinen & Merta,2015)中专门从艺术家和教师的角度解释了身份照片及与照片相关的叙述。这些数据并不能支撑我们的假设,即艺术教师既是艺术家又是教育家的内在身份会彼此矛盾。至少在他们的研究中不是这样的。学生似乎在寻找教师和艺术家之间的共性和支撑性特征。许多学生将艺术创作与教学视为他们身份的不同方面。这些不同方面共同创造了一个和谐的统一体。毕竟,无论这些学生的艺术领域及他们以前受教育的程度或性质如何,他们都是教育学专业的。尽管应用到教育研究的各种原因,选择成为一名教师仍是有意的。然而读者必须判断这在多大程度上受到教育研究中收集的数据的影响。

（一）技能是艺术教育的基础

根据我们的数据，我们认为未来的艺术教师的教师身份建立在技能的基础上。这一点在艺术院校的招生考试中也得到了印证。在音乐和舞蹈领域，弹、唱、跳的技术技能似乎是所有教学的起点。在基于这些数据的第一篇文章中，我们讲述了一个舞蹈家的故事。在这个故事中，当舞蹈练习已经超过身体负荷，教学道路就成了一个容易受伤的事情。有时，人们会怀疑那些想成为视觉艺术、戏剧或音乐教师的年轻人，是否就是那些不能在艺术领域取得成功的艺术家、演员或者音乐家。然而关于技能的问题比这更为复杂。对一个艺术教师来说，教学技能可能比艺术技能更重要。

根据我们长期从事教师教育的经验，我们认为对自己所做工作拥有热情很重要，但这种热情必须发自内心。狂热的态度会吸引狂热的追随者。但如果基础不牢靠，这个结构又能维持多久呢？如果一个学生在专家的帮助下满怀激情地投入学习中，那么一个独自面对这个领域的新手又会怎样？

（二）以自我为中心

在某种程度上，我们的数据也显示了我们这个时代以自我为中心的粗犷图景。未来艺术教师的身份照片在很大程度上与创作者的个性特征、成长环境及个人爱好密不可分。相反，人们必须仔细寻找改革者。在照片中，年轻人对自然、社会活动和多元文化世界的关注并不明显。[①]也许，任务的性质也没有说清让他们拍摄这些。

大多数照片的功能只是为了美观。也许有人会认为这也是一种身份认同的工作，但相对于我们的教学目标而言，这似乎太浅薄。很多年轻人都生活在这种所谓的自拍文化中，他们习惯以照片的形式分享以前的信息：我在

①　这种思维方式在学生根据身份照片写的笔记中是没有的。

公爵官邸前;我和朋友吃饭;我在窃窃私语的桥上;我化着美丽的晚妆。这些照片展现的是"我"在某个地方,在做某件事,不一定是更深层次的东西。也许我们不知道如何强调作业的学术性和反思性。当然,把自己的故事呈现在朋友圈和呈现在两位做研究的大学教师面前是两码事。

(三)授权身份照片

有趣的是,我们数据中的许多照片都是被有意识地构建出来的,即使突出了学生身上不一定有的特征,但学生们希望这些特征存在。在某种程度上,他们试图构建一幅理想的艺术教师的画像作为以后追求的目标。在这个意义上,身份的建构过程可以看作是一种治愈体验(therapeutic experience)。

但我们还是明确身份照片和所谓授权摄影(empowering photography)方法之间的区别。作为一种过程,身份照片可以是治愈性的,但这不是我们这个项目的目标。米娜·萨沃莱宁(Miina Savolainen)将授权摄影发展为一种用于社会关怀和护理的方式。正如萨沃莱宁所说,授权摄影的灵魂在于关注儿童福利方面。严重受虐者需要什么才能感到有价值、参与其中并与其他人联系在一起(Savolainen,2008)?我们的项目颠覆了一个人首先要在别人眼里是珍贵的,才能在自己眼里是珍贵的这种想法。这是一个反思的过程,在这个过程中,学生评估他们与未来教育角色的关系,以及他们成为艺术教师的期望。我们希望学生们能对着自己的"镜子"真诚地审视自己的内心。与其说是赋予他们权力,不如说是让他们意识到这一点(Pienimäki,2013)。

(四)优秀的艺术老师

我们的数据表明,技能是艺术教师的一个敏感点。但谁能胜任艺术教师的工作呢? 当把技能看成是教学理解时,我们接近于汉努·西莫拉(Hannu Simola,2001)和唐纳德·温尼科特(Donald Winnicot,1981)讨论过的"充足"精神。让我们应用温尼科特对于如何成为一名艺术教师的观点。一个既致力于艺术又有教育意识的优秀艺术教师，对儿童和青少年来说是一个非常好的选择。过度的艺术野心会扰乱青少年的学习和成长。最坏的情况是，教师期望被认可的心态会迫使学生努力去实现教师的艺术抱负。我们应该记住，在艺术教育中，失败对学习也是有益的。这就把重点从关注结果转移到了关注过程上。根据我们的经验，那些过于强调自己工匠精神的学生往往会被自己先入为主的观念所困，不敢敞开心扉去学习新的东西，不敢真正地投入未知的世界中去。而那些对自己的能力看法比较怀疑的学生会更加大胆地挑战自己的极限，对世界充满好奇。在一个包容的环境中，这类学生会成为一个有技能而又善解人意的老师，他们会考虑引导学生沿着自己的道路去创造一些有意义的东西。

巴特（Barthes，1980）认为照片展现的是死亡。也许是我们想让自己所珍视的东西永垂不朽。学生们拍摄的照片都是自己身边的事物，甚至可能是对自己最重要的东西：自己的家族史、童年环境、朋友、学生生活，以及自己艺术领域的期望和偏见。岁月不居，时光如流。我们永远无法回到过去。通过学生自己的照片，他（她）可以走到未来的那一刻——把历史带到现在。然而作为研究者，透过照片展望未来，如果能看到艺术教育工作者在十年后如何看待自己的艺术教师身份也将会十分有趣。

参考文献

1.Barthes,R. 1980. *Valoisa huone*. Helsinki：Suomen valokuvataiteen museon säätiö.

2.Buber,M. 1999. *Minä ja Sinä*. Porvoo–Helsinki–Juva：WSOY.

3.Finnish National Agency for Education. *Core curriculum for Basic Education 2014*. Helsinki：Finnish National Agency for Education.

4.Gadamer,H. G. 2004/1953 –1980. *Hermeneutiikka. Ymmärtäminen ti -*

eteissä ja filosofiassa. Tampere：Vastapaino.（I. Nikander，Trans.）（Selected texts from Gesammelte Werke 2 and 4，1953–1980）.

5.Hall，S. 1999. *Identiteetti.* Tampere：Vastapaino.（M. Lehtonen & J. Herk-man，Trans. and eds.）

6.Huttunen，M. 2013. Narratiivisen identiteettiprosessin kehittyminen varhais lapsuudesta nuoruuteen. In E. Ropo & M. Huttunen(eds.) *Puheenvuoroja narrati-ivisuudesta opetuksessa ja oppimisessa.* Tampere：Tampere University Press，125–154.

7.Kotkavirta，J. 2009. Miksi kuvia on hankala lukea? In L. Haaparanta，T. Klemola，J. Kotkavirta & S. Pihlström(eds.) *Kuva.* Acta Philosophica Tamperen-sia，42–52.

8.Merta，J. & Pullinen，J. 2008. *Sanansaattaja. Pohdintoja taiteellisen di-alogin mahdollisuudesta.* Tampere：Grafiikanpaja Himmelblau.

9.Pienimäki，M. 2013. *Valokuvien kriittinen tulkitseminen medialuku-taitona. Lajityypittely sen kehittäjänä.* Väitöskirja. Jyväskylän yliopisto. Taitei-den ja kulttuurin tutkimuslaitos.

10.Pink，S. 2001. *Doing visual ethnography.* London：Sage Publications.

11.Pullinen，J. & Merta，J. 2015. Art Student Exploring Their Identities. In M. Kallio–Tavin & J. Pullinen(eds.) *Coversation on Finnish Art Education.* Helsin-ki：Aalto University，82–98.

12.Ropo，E. 2009. Identity development as a basis for curriculum develop-ment. In P–M. Rabensteiner & E. Ropo(eds.) *European dimension in education and teaching：Identity and values in education.* Schneider Verlag，Hohengehren，20–34.

13.Ropo，E. 2019. Curriculum for identity：Narrative Negotiations in Auto-biography，Learning and Education. In C. Hébert，N. Ng–A–Fook.，A. Ibrahim，

& B. Smith(eds.) *Internationalizing curriculum studies: Histories, environments and critiques.* Cham: Palgrave MacMillan, 139–156.

14.Sava, I. & Katainen, A. 2004. Taide ja tarinallisuus itsen ja toisen kohtaamisen tilana. In I. Sava & V. Vesanen–Laukkanen(eds.) *Taiteeksi tarinoitu oma elämä.* Jyväskylä: PS–kustannus, 22–40.

15.Savolainen, M. 2014. *Voimauttava valokuva website.* Retrieved from http:// www.voimauttavavalokuva.net/menetelma.htm in May 5 th 2015.

16.Savolainen, M. 2008. *Maailman ihanin tyttö.* Helsinki: Blink Entertainment.

17.Seppänen, J. 2002. *Katseen voima. Kohti visuaalista lukutaitoa.* Tampere: Vasta paino.

18.Simola, H. 2001. *Koulupolitiikka ja erinomaisuuden eetos* [Inaugural speech]. Retrievedfrom http://www.mv.helsinki.fi/home/hsimol/ KoPo%20ja%20 erinomaisuusden%20eetos%2001.pdf in May 5 th 2015.

19.Suoranta, J. 2008. Täytyy vain muistaa lähtökohtansa. In J. Merta & J. Pullinen(eds.) *Sanansaattaja. Pohdintoja taiteellisen dialogin mahdollisuudesta.* Tampere: Grafiikanpaja Himmelblau, 83–93.

20.Varto, J. 2001. *Kauneuden taito.* Tampere: Tampere University Press.

21.Värri, V. -M. 1997. *Hyvä kasvatus –kasvatus hyvään. Dialogisen kasvatuksen filosofinen tarkastelu erityisesti vanhemmuuden näkökulmasta.* Tampere: Tampere University Press.

22.Winnicot, D. 1981. *Lapsi, perhe ja ympäristö.* Espoo: Weiling & Göös.(I. Hollo, Trans.)(Original work The Child, the Family and the Outside World published 1964).

专题十　师范生的专业成长

——基于"教师作为研究者"课程实践的案例研究

奥蒂·斯特伯(Outi Stüber)

安妮·杰尔基宁(Anne Jyrkiäinen)

本研究基于门特科夫斯基(Mentkowki)及其合著者的理论(Mentkowski et al.,2000),探讨了师范生的专业成长过程。本案例研究旨在探讨、设计及评估教师教育课程与教学实践,以支持教师教育过程中通过合作学习与知识建构的专业成长。案例研究遵循教育设计研究(EDR)的原则,呈现了教育设计研究的一个周期。研究数据包括师范生的项目报告,旨在促进师范生的社会学习,同时促进他们的专业成长。结果表明,这种类型的教学实践强化了门特科夫基等人提出的关于专业成长的四个领域:推理、表现、自省和发展。

引　言

在芬兰,以研究为基础的教学方式是教师教育的核心原则,被视为其优势之一。学术型教师教育以研究为基础,为师范生提供了一个能够反思、发展、更新他们的教学和学校的平台(Niemi & Jakku-Sihvonen,2009;Uusiautti & Määttä,2013)。因此在其专业范畴,教师应具备能力去分析不同情况,从哲学到实践层面,探究和解决教育问题。此外,教师还要发展在合作知识建构方面的能力,并准备在整个职业生涯中发展自己的工作。教师学习和发展的最重要的目标是提升教师促进学生学习的能力（Kaasila & Lauriala，2010；Beijaard，Korthagen & Verloop，2007）。

索斯沃思（Southworth，2009）建议，学校需要发展一种以合作、共享领导力（sharing of leadership）、对个人和集体学习负责及专业发展为特征的文化，以此形成专业学习社区。这种合作应该能促进对不同观点、想法和创新的开放、回应及准备（Southworth，2009）。然而许多教师面临着困难，尤其是在他们职业生涯的早期。他们面对的问题是控制、挫折、愤怒和困惑，而不是从经验中汲取智慧。这给他们的专业发展带来了阻碍和挑战（Beijaard et al.，2007；Moate & Ruohotie-Lyhty，2014）。

这些对于未来教师的期望和他们在学校面临的挑战对教师教育提出了更多要求。开发教师教育课程是发展教师教育的一个解决方案。梅基宁和安娜拉（Mäkinen & Annala，2011）认为，高等教育的课程应该是广泛的和综合的，以平衡学术界、社会和工作的需求。在教师教育背景下，这可以理解为理论与实践的结合，以支持学生的专业知识发展。据此，卡西拉和劳里亚拉（Kaasila & Lauriala，2010）认为，在教师教育中，各种形式的合作为来自不同背景和拥有不同技能的学生提供机会、伙伴关系和指导。应该鼓励学生相互合作，以促进彼此的学习（Kaasila & Lauriala，2010；Niemi & Jakku-Sihvonen，2006；Niemi & Nevgi，2014；Moate & Ruohotie-Lyhty，2014）。在师范生的专业理解、专业身份和培养机构同时得到支持的情况下，也可以获得有意义的学习经验（Ahonen，Pyhältö，Pietarinen & Soini，2015；Moate & Ruohotie-Lyhty，2014）。

以坦佩雷大学为例，芬兰的教师教育包括理论和实践研究。本章以学科教师教育为主，在一学年内进行教学研究。根据教学研究的课程设置，各种课程都提供了参与学习社区的机会，积极鼓励教学、学习和研究。这些研究强调以研究为本的教学方法，以支持师范生的专业成长（坦佩雷大学，2014年）。然而教师教学研究的课程可能显得支离破碎，各门课程之间的联系也很浅，除非引导学生实现专业成长。因此本研究的目的在于探讨如何开发课程,以支持师范生在学习期间通过社会学习实现专业成长。

一、研究背景

(一)教育设计研究

我们的兴趣是探索和了解教师的学术教育,以便更好地支持师范生的专业成长。作为研究者,我们理解现实是由社会建构的,因此研究范式可以被视为建构性的(MacKenzie & Knipe,2006;Schwandt,1994)。本研究从社会、教育学和教育发展的角度出发,鼓励师范生和教师教育工作者之间进行研究性对话。本章所介绍的案例研究是教育设计研究(EDR)周期的一部分。教育设计研究的前提是整体性的,这意味着尽管有兴趣研究特定的对象、过程和语境,但目标是作为一个有意义的现象来研究 (Plomp,2013;Van den Akker et al.,2006,5)。

本研究的方法框架是教育设计研究(EDR),它可以用来制定和确认教育过程的规划,是基于设计、颁布、分析和再设计的连续循环。教育设计研究支持真实的教育设计过程,并产生干预、专业成长和发展,甚至课程改革的结果 (Design-Based Research Collective,2003;Nieveen,2013;Plomp,2013;Van den Akker,2013)。换句话说,EDR 旨在搭建理论与实践之间的桥梁,具有很强的实用性。本案例研究是教育设计研究的一部分,其目的是课程开发。根据范登·阿克(Van den Akker,2013)的观点,包括以下几个阶段:

(1)初步调查:这一阶段包括类似于深入和系统地熟悉课程、挑战和背景。也包括文献综述和专家咨询。

(2)理论嵌入:在这一阶段,研究者旨在将理论知识与课程开发设计相联系。这种理论嵌入可以增加论证的透明度和可靠性。

（3）实证研究：在这一阶段，研究人员收集了在选定的背景下干预的实用性的经验证据。经验测试的周期可以看作是小型案例研究（例如本章介绍的案例研究）。

（4）对过程和结果进行记录、分析和反思：最后阶段包括对进程中的不同阶段进行系统的记录、分析和反思（Van den Akker，2013）。

阿克曼等人（Akkerman et al.，2013）认为教育设计研究可能包含不同的动机，从而形成不同的"认识论文化"。在以本研究为代表的形成性设计研究中，突出了实践的设计和变化。因此过程的有机性及参与者的角色成了核心（Akkerman et al.，2011；Engeström & Sannino，2010）。索因等人（Soini et al.，2013）撰写了不同层次的设计研究，而不是动机或文化。他们认为设计研究的过程和结果可以从理论设计、发展设计和实证设计三个层次来看待。前提、过程、创新或结果的出现方式取决于所选择的层次。

（二）建构师范生的专业成长模式

本教育设计研究的第一阶段建立在对高等教育和教师教育专业发展研究的审视和反思上（e.g. Mentkowski & et al.，2000；Ruohotie，2003；2004；Korthagen & Vasalos，2005；Beijaard et al.，2003；Niemi & Jakku-Sihvonen，2006；Moate & Ruohotie-Lyhty，2014）。对学科教师的教学研究课程进行了全面解读，并确定了支持师范生专业成长的不同模块。此外，还结合这些模块编制了相应的课程作业。以往的研究表明：与课程脱节的方案相比，能够传达一致的教学观点，并将这些观点贯穿于不同课程和实习中的教师教育，对师范生的教师理念影响更大（DarlingHammond et al.，2005）。因此通过制定和建构课程，教师教育工作者可以强化自身与教师教育方案的一致性。

我们开始将自己在课程中和文献中发现的主题（如不同的教学环境、师范生对学与教的看法的影响、实践和专业认同）放入基于拉普兰大学（the University of Lapland）教师教育课程的模型中（Kaasila & Lauriala，2010；Lauriala et al.，2014）。图 10.1 阐明了我们所创建的师范生专业成长模型，并与本案例研究相联系。值得注意的是，虽然在图中师范生的专业成长过程似乎是静态的，但在该模型中我们将师范生视为积极主动的学习者（Mentkowski & et al.，2000；Niemi，2002；Ruohotie，2004a）。我们发现，该模式是理解和发展教师教育中的教学实践的有效工具，并可引导教师教育实践走向课程开发。

在模型的中央，我们放置了从以往研究和课程分析中发现的主题。在模型的右侧，我们放置了对教师理解有重要影响的各种教学环境，师范生也在其中开展教学实践。至此，该模型在一定程度上与拉普兰大学的模型相似（Lauriala et al.，2014）。在看研究报告时，我们讨论了在每个教学任务中可以使用哪些科学方法和途径。模型的左侧是需要完成的最后一部分，在教学研究中将积累的数据进行分组和收集分析。我们为模型左侧选择的学习任务，阐明了如何鼓励师范生寻求理论与实践的联系。

在该模式中，不同部分在横向和纵向上相互影响。从纵向来看，一个学生的专业成长和发展，首先要反映师范生的出身、定位和本体论问题。指导性教学实践为学生提供了一个与指导教师和同伴共同反思教师经验的机会。随后，在研究过程中对观念和信念进行处理和分析。从横向来看，师范生扩展了对教师职业的理解，学会了感知不同教学环境之间的联系。教育学研究的目标是为师范生提供实现可持续的职业认同和个人实践所需的知识和技能。值得注意的是，教师身份和个人理论是在职业生涯中重构的。因此我们不认为这些在研究中就已经完成了。尽管如此，教师教育的目的应该是给予足够的理解和途径，以帮助学生构建专业的教师身份（van Huizen et al.，2006；Jakku-Sihvonen et al.，2014）。

本章介绍的案例研究主要关注了一门名为"教师作为研究者"的课程设计的实践，旨在支持该模型的基础：课堂和学校社区的表现、教学创新、学校课程的解读和应用、学校发展。接下来，我们将介绍指导我们课程规划的教育理论，进而介绍案例研究。

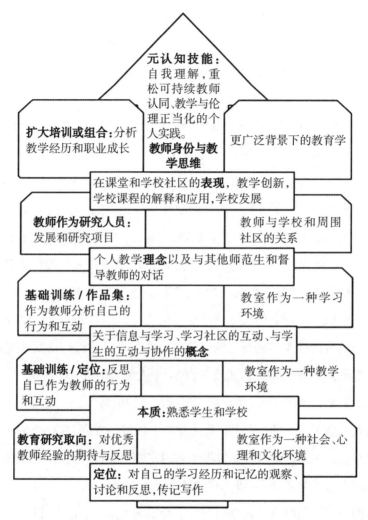

图 10.1 由斯特伯（Stüber）和耶尔基宁（Jyrkiäinen）修改的师范生专业成长模型

（Lauriala，Kyrö-Ämmälä & Ylitapio-Mäntylä，2014）

二、理论背景

（一）专业成长

我们根据门特科夫斯基（Mentkowski）及其合著者（2000）的理论和教育

模式建立了专业成长的理论框架。根据他们的观点,一个教育方案可以同时影响学生对学科和专业思维的掌握、有意义的自省、各方面的发展,以及在工作、家庭和社会环境中的表现。此外,以发展的眼光看待学生的思考、反思和成长的教育者,可以创造出能促进学生持久学习的课程(Mentkowski et al.,2000)。据此,我们认为这个框架对于帮助我们理解师范生专业成长的过程,并规划支持师范生学习的教学实践来说是一个有用的工具。

门特科夫斯基及其合著者(2000)提出了一个整合学习、发展和表现的专业成长模式。在个人成长的四个转型整合领域中,主动学习者是这个过程的核心。这些领域包括:①推理,②表现,③自省,④发展。推理注重沉思技能的作用。它与陈述性知识结构,形式化、抽象化、系统化的推理和基本认知及其基本结构有关。在专业成长过程中,交互激活了思维、理解和推理。表现作为第二个领域与学习者的人际情感和性情有关。学习者通过想象行动前后的不同行为可能性来扩展自己的经验。合作和事后分析行动共同促进表现技能的发展。第三个领域,自我反省,在于个人经验中意义的建构。学习者可以挑战和判断自己的假设,并与他人谈论自己的生活经历。疑惑和问题也是通过自我反省来学习的一部分。作为第四个领域的发展,其特征是深刻持久的自我结构。它侧重学习者如何将个人的完整性和目的性的问题联系起来。发展要求学习者朝着独立、协作和道德责任的方向成长。

这四个领域与学习的转变周期有着密切的关系。在这一过程中,学习者通过使用元认知策略、自我评估及参与不同的方法、观点和活动,从一个领域转向另一个领域。此外,各领域之间是相互促进的。因此,通过支持一个领域的学习和成长,教师也可以促进其他领域的成长(Mentkowski et al.,2000;Ruohotie,2004a,b)。虽然我们特别将这一领域理论作为本研究周期的理论基础,但它与本章前面提出的师范生专业成长模式并不冲突。学习的转变周期支持了该模式中不同部分、不同方面的学习,从而促进师范生的专业成长。

(二)社会情境中的学习

当把学习理解为一个社会建构的过程时,它应该影响教师教育实践,因为师范生对学习的理解方式会影响他们如何看待教学,最终影响他们如何教学生(Hammerness et al.,2005;Darling-Hammond et al.,2005;Shulman,2000)。然而似乎学习的社会性方面,如合作行动的重要性、协作解决问题和分享作为获得更深层次学习过程的工具,以及支持它的实践活动往往在教师教育中缺失(Moate & Ruohotie-Lyhty,2014;Niemi,2002)。因此,教师教育工作者应该开展加强这种学习品质的实践。

李(Lee)和朱迪思·舒尔曼(Judith Shulman,2004)总结了教师学习的各个方面:"一个有成就的教师是一个专业团体的成员,他做好准备,愿意且能够进行教学,并从他(她)的教学经验中学习"(Shulman & Shulman,2004)。因此,如果一个学习群体支持一个人的元认知意识和反思,学习就能得到促进(Shulman & Shulman,2004)。我们相信这也适用于教师教育。此外,维果斯基(Vygotsky)认为,学生之间的交流引导学习走向学生的发展性水平。维果斯基向在校儿童提出了他的理论,其理论在高等教育中也得到了广泛认可。因此,维果斯基的教师教育观(van Huizen et al.,2006)强调,"专业学习和发展最好是作为参与社会实践的一个方面"。

上述论证强调了社会交互和社会情境在学习中的重要性。有许多理论描述了学习是如何在社会环境中发生的(例如 Lave and Wenger,1991;Vygotsky,1978;1982;Säljö,2001;Scardamalia & Bereiter,2006)。例如,温格(Wenger,2006)用三个属性来描述集体学习:第一,群体有一个共同的兴趣领域。第二,群体成员建立关系使他们能够相互学习。第三,实践群体开发共享的资源。此外,根据斯卡达玛利亚(Scardamalia)和贝雷特(Bereiter)(2006)的观点,当学生成为知识构建共同体的成员时,谈话可以被视为是合作解决问题(Scardamalia & Bereiter,2006)。

因此,合作学习需要拥有能够进行互动和建构知识的情境。涅米(Niemi,2002)认为,主动学习需要参与讨论、对话及负责任的合作。在我们的案例中,我们在教师作为研究者的课程中,使用的教学方法支持了主动、集体的学习和协作性的知识建构的实践,同时也借鉴了其他社会学习的理论。此外,我们相信这些来自社会学习理论的教学方法和实践,可以促进师范生的专业成长。

三、案例:促进师范生的专业成长

在学科教师教育学研究的课程中,有一门课程叫"教师作为研究者"(坦佩雷大学,2014年)。我们决定在设计研究的第一阶段,使用并测试师范生的专业成长模型来作为该课程的工具和核心。在本案例研究中,我们应用了诠释学方法,着重从不同领域专业成长的角度分析师范生的项目报告。尽管专业成长的发展过程并非只发生在一门课程中,但我们认为这些成长领域可以通过教学方法得到强化。因此我们的研究问题框架如下:在学生制作的项目报告中,专业成长的领域(推理、表现、自省和发展)以何种方式呈现。

(一)研究对象及研究数据

研究对象是一组16名不同教学科目的师范生,既有女性也有男性,他们在一学年内参与了教学研究。所有师范生在接受教师教育之前都曾在不同领域从事专业工作。他们的年龄在27至51岁之间(平均年龄38岁,大多数是36岁)。我们使用了师范生撰写的项目报告作为研究数据。在此之前,我们向参与者介绍了本研究的背景和目的,并强调参与研究的自愿性原则。师范生知道报告会被发表,但还是允许我们使用本案例研究中的数据。因此任何人都可以使用这些数据。我们意在对参与者不造成任何伤害的情况下,以合乎道德的方式执行EDR过程。

（二）课程大纲和数据收集

我们首先要求师范生将他们在教学实践过程中有意义和重要的经验放在模型中呈现的不同教学环境中。接着要求他们写下问题和产生问题的过程。这一阶段是单独进行的，但主题是以小组为单位进行讨论。之后，要求学生选择一两个对自己有意义的话题，根据共同的经历和兴趣组成小组。在这些小组中，学生们需要找到一个他们想要进一步探究的问题。这个过程的目的是为了激发学生学习并反思专业成长的进程，让学生更加了解自己的发展。

会议结束后，各小组开始了自己的小课题。在教师作为研究者课程中所做的四个项目是：

（1）不同学科教师之间的合作：在各科教师的合作经历中可以发现哪些类型的叙述？

（2）高中数学教学的未来：数学教学应该如何发展？数学教育的未来应该是什么？教学应如何应对不断发展的技术可能性？

（3）学生的群体动态：学生如何体验和理解群体动态？

（4）戏剧作为一种教学方法：如何发挥作用，并促进多元文化群体中的语言研究？

各小组采用不同的方法和途径，如访谈、调查和行动研究来执行这些项目。学生们撰写了项目报告并设计了海报，将这些报告发表在一本名为《合作圈》(Circles of Collaboration)的书中(Jyrkiäinen, Kovalainen & Stüber, 2014)。在学生期末的研讨会上，他们展示了这些项目和海报。其中一名学生对这些项目进行了总结分析，寻找共同的主题和理论。他将该项目置于社会建构主义的背景下，发现了项目之间的各种联系。这些联系包括研究性学习和知识构建、群体现象、民主教育和综合性学习(Kovalainen, 2014)。然而我们只把分析的重点放在四个项目的报告上，并确定专业成长的不同领域。

（三）分析和结果

学生们的报告展示了师范生如何从最初的想法和问题到构建不同类型的项目来完成他们的合作。此外，报告中描述的过程也表明了研究小组对自己专业成长的思考。但作为教育工作者，我们见证并支持了学生在合作过程中具有挑战性的阶段谈判。这种克服挑战的方式可以被视为专业发展和协作学习过程中的一个重要因素（Lave & Wenger，1991；Säljö，2001）。当我们根据门特科夫斯基及其合著者的专业成长的四个领域来研究这些报告时，我们发现虽然每个报告中都有不同的领域，但是每个报告对这些领域的强调都不一样。我们对这些报告进行了这种理论指导下的内容分析（Miles & Huberman，1994），讨论和协商构成每个成长领域的因素。

在表 10.1 中，我们描述了门特科夫斯基及其合著者（2000）在师范生项目中的四个领域，并给出相应例证。通过对每个项目的引证，我们希望展现学生丰富的教学经验。成长的领域主要涉及学生描述项目的前提和动机，以及思考结果和结果所产生的意义。把这四个项目放在一起观察，会发现它们有一个共同的特点就是社会学习。一方面，社会学习一直是项目的目标；另一方面，这个过程本身也提供了社会学习的机会。这支持了我们研究的出发点和理论背景——在课程中发生的合作知识构建（Scardamalia & Bereiter，2006）。

虽然报告中呈现了专业成长的所有领域，但报告的特点在于强调其中两个领域多于其他两个领域。重点要么是推理和发展，要么是表现和自省。在推理与发展领域，成长发生在内在结构中；而在表现与自省领域，成长与情境相关。这种重点的不同可能是由项目主题或项目执行方式所导致的。同样重要的是要考虑到这些报告是作为课程作业写的，而不是用来描述学生的专业成长。尽管有这些局限性和不同的侧重点，但数据表明，专业成长确实发生了。正如门特科夫斯基及其合著者（2000）所说：一个领域的成长也会促进其他领域的成长。

表 10.1　师范生的项目与门特科夫斯基及其合作者(2000)的四个领域的关系

领域	项目	形式	引用为特征
推理 抽象 合理 洞察力	数学教学的 未来	对了解数学教学 内容和教学方法 感兴趣	"为了把数学教学发展成更实用的数学,数学教师教育也应更注重实践。"
表现 有效	戏剧作为一种 教学方法	师范生与多元文化 群体之间的互动	"值得一提的是,我们作为教师也以平等的身份参与到练习中去,而不仅仅指导。"
	学生中的 群体动态	教师的行为对 群体动态的影响	"教师是群体精神的骁勇善战的发动机,他(她)是尊重他人的榜样。"
自省 敏锐性 洞察力 适应性	学生中的 群体动态	反映群体动态 这一现象,并通过 这一现象培养 教学技能	"我们的研究表明教师的态度和行为会影响学生的安全感,进而对群体动态产生影响。——因此,通过了解群体动态,它是如何形成的,它的组成部分,教师可以对学生的学习过程产生影响。"
	戏剧作为一种 教学方法	对反馈的反思	"我们可以想象,我们任何一个人都可以在成功的戏剧课后继续与同一批学生合作。"
	不同学科教师 之间的合作	对合作教学的 反思	"我们觉得这个话题(合作)很有意义,因为我们都不想只教一门课,而是要合作教学。"
发展 综合性 伦理性	不同学科教师 之间的合作	理解对小组具有 深刻意义的 教学主题	"成为一名优秀的教师与成为任何其他领域的专家是一个相似的过程。——这就是为什么教师应该与其他教师合作,以发展成为专家的原因。"
	戏剧作为一种 教学方法	了解学习过程	"戏剧过程让我们对移民的日常生活有了新的看法。学习过程成为一种合作体验。"

四、结论与讨论

在本研究中,我们提出了一个教育设计研究周期,其中重点是支持师范生的专业成长。基于对师范生发展的各种研究,我们构建了一个师范生专业成长的模型(Jyrkiäinen et al.,2014)。我们在"教师作为研究者"这一课程中使用并测试了该模型的一部分。这一实证测试阶段的理论背景倾向于专业成长(Mentkowski & al.,2000)和社会学习(例如 Lave & Wenger,1991;Vygot-sky,1978;Scardamalia & Bereiter,2006)。在课程中,学生小组执行基于他们共同兴趣的项目,书面项目报告作为本研究周期的数据。结果,这些项目表明,这些类型的学术教学实践支持了师范生在不同领域的专业理解:推理、表现、自我反思和发展。

我们设计研究的总目标是通过模拟师范生的专业成长,在坦佩雷大学开发教学研究课程。在我们的研究中,尤其是在这个研究周期中,重点一直放在发展教学实践上。当以索因等人(Soini et al.,2013)定义的不同层次来审视研究周期时,研究结果表明:在理论层面上,成为一个有责任感的共同体成员,能够促进师范生的专业成长。因此我们可以将门特科夫斯基及其合著者(2000)的理论与社会学习的理论放在一起考虑和研究。在发展层面,师范生专业成长的模式使得教师教育者可以进行各种教学实验和创新。然而为了加强该模型的理论背景,该模型需要进一步的循环实证检验。每个层面的结果表明,门特科夫斯基等人(2000)的模型和专业成长理论可以为教师教育课程的开发提供有用的视角。

根据范·惠曾等人(van Huizen et al.,2005)的研究,当师范生的参与包含对教学形象的承诺时,其专业身份就会在这一过程中发展。教学形象对个人和大众都有意义,也是专业知识和技能获取的基础和指导。这种维果斯基式的视角要求教师教育能够确保实践与理论、行动与反思之间富有成效的互动,并且个人能够通过社会实践实现个人意义。在我们实施教师作为研究者的课程中,我们鼓励师范生寻找自己的观点,反思自己的经验和想法,并将其落实到合作项目中。最终,我们成功地搭建了理论与实践的桥梁,师范生之间的合作也获得了成功。在教师教育过程中,教育工作者可以努力营造一种融洽的氛围,让学生能在一种富有成效和专业激励的氛围中一起学习和做研究。

最后,教师教育的实质和基调是以社区、理论和实践联系为支撑的师范生的专业成长。本研究表明：使用和发展社会性和协作性的教学实践，可以为支持师范生的专业成长提供更多可能性。

参考文献

1.Ahonen,E.,Pyhältö,K.,Pietarinen,J. & Soini,T. 2015. Student teacher's key learning experiences−Mapping the steps for becoming a professional teacher. *International Journal of Higher Education*,4(1),151−165.

2.Akkerman,S. F.,Bronkhorst,L. H. & Zitter,I. 2013. The complexity of educational design research. *Quality & Quantity:International Journal of Methodology*,47(1),421−439.

3.Beijaard,D.,Korthagen,F. A. J. & Verloop,N. 2007. Understanding how teachers learn as a prerequisite for promoting teacher learning. *Teachers and Teaching:theory and practice*,13(2),105−108.

4.Beijaard,D.,Meijer,P. C. & Verloop,N. 2003. Reconsidering research on teacher's professional identity. *Teaching and Teacher Education*,20,107−128.

5.Darling −Hammond,L.,Hammerness,K.,Grossman,P,Rust,F. & Shulman,L. 2005. The design of teacher education programmes. In L. Darling−Hammond & J. Bransford(eds.) Preparing teachers for a changing world. *What teachers should learn and be able to do.* San Francisco:Jossey−Bass,390−441.

6.Design−based research collective. 2003. Design−based research:An emerging paradigm for educational inquiry. *Educational Researcher*,32(1),5−8.

7.Engeström,Y. & Sannino,A. 2010. Studies of expansive learning:Foundations,findings and future challenges. *Educational Research Review*,5(1),1−24.

8.Hammerness,K.,Darling−Hammond,L.,Bransford,J.,Berliner,D.,Cochran−

Smith,M.,McDonald,M. & Zeichner,K. 2005. How teachers learn and develop. In L. Darling-Hammond & J. Bransford(eds.) Preparing teachers for a changing world. *What teachers should learn and be able to do.* San Francisco:Jossey-Bass,358-389.

9.Jakku-Sihvonen,R.,Koskimies-Sirén,T.,Lavonen,J.,Mäkitalo-Siegl,K. & Virta,A. 2015. Opettajankoulutuksen kehittäminen. In N. Ouakrim-Soivio,A. Rinkinen & T. Karjalainen(eds.) *Tulevaisuuden peruskoulu.* Helsinki:Opetus-ja kulttuuriministeriön julkaisuja 2015:8,96-105.

10.Jyrkiäinen,A.,Kovalainen,H. A. & Stüber,O. 2014. *Tutkiva opettaja.* Kehittämishankkeiden raportit. Tampere:Tampereen yliopisto,Kasvatustieteiden yksikkö,OPE-PEDA II.

11.Jyrkiäinen,A.,Stüber,O. & Roisko,H. 2014. Opettajan ammatillisen kasvun malli.[picture]In A. Jyrkiäinen,H. A. Kovalainen & O. Stüber(eds.) *Tutkiva opettaja. Kehittämishankkeiden raportit.* Tampere:Tampereen yliopisto, kasvatustieteiden yksikkö,OPE-PEDA II,4.

12.Kaasila,R. & Lauriala,A. 2010. Towards a collaborative,interactionist model of teacher change. *Teaching and Teacher Education,*26(4),854-862.

13.Korthagen,F. AJ. & Vasalos,A. 2005. Levels in reflection:core reflection as a means to enhance professional growth. *Teachers and Teaching:theory and practice,*11(1),47-71.

14.Kovalainen,H. A. 2014. Tutkivaa opettajuutta etsimässä:yhteistyön rakentumisia ja risteyksiä. In A. Jyrkiäinen,H. A. Kovalainen & O. Stüber(eds.) *Tutkiva opettaja. Kehittämishankkeiden raportit.* Tampere:Tampereen yliopisto, Kasvatustieteiden yksikkö,OPE- PEDA II,5-16.

15.Lauriala,A.,Kyrö-Ämmälä,O. & Ylitapio-Mäntylä,O. 2014. Tutkivaksi opettajaksi kehittymisen edistäminen Lapin yliopiston luokanopettajakoulutuksessa. In S. Mahlamäki-Kultanen, A. Lauriala, A. Karjalainen, A. Rautiainen, M. Räkköläinen, E. Helin, P. Pohjonen & K. Nyyssölä(eds.) *Opettajankoulutuksen tilannekatsaus.* Helsinki: Opetushallitus, Muistiot 2014: 4, 98-106.

16.Lave, J. & Wenger, E. 1991. *Situated Learning: Legitimate Peripheral Particpation.* Cambridge: Cambridge University Press.

17.MacKenzie, N. & Knipe, S. 2006. Research dilemmas: Paradigms, methods and methodology. *Issues in Educational Research*, 16(2), 193-205.

18.Mentkowski, M., Rogers, G., Doherty, A., Loacker, G., Hart, J. R., Rickards, W., & Diez, M. 2000. *Learning that lasts: Integrating learning, development, and performance in college and beyond.* San Francisco, CA: Jossey-Bass.

19.Miles, M. B. & Huberman, A. M. 1994. *Qualitative data analysis* (2. edition). London: Sage.

20.Moate, J. & Ruohotie-Lyhty, M. 2014. Identity, agency and community: reconsidering the pedagogic responsibilities on teacher education. *British Journal of Educational Studies*, 62(3), 249-264.

21.Mäkinen, M. & Annala, J. 2011. Korkeakoulutuksen opetussuunnitelma tulkintojen kohteena. In M. Mäkinen, V. Korhonen, J. Annala, O.Kalli, P. Svärd & V.-M. Värri(eds.)Korkeajännityksiä. *Kohti osallisuutta luovaa korkeakoulutusta.* Tampere: Tampere University Press, 104-129.

22.Niemi, H. 2002. Active learning—a cultural change needed in teacher education and schools. *Teaching and teacher education*, 18(7), 763- 780.

23.Niemi, H. & Jakku-Sihvonen, R. 2006. Research-based teacher education. In R. Jakku-Sihvonen & H. Niemi(eds.) *Research-based teacher education in Finland-Reflections by Finnish teacher educators.* Research in Educational Sciences 25. Turku: Finnish Educational Research Association, 31-50.

24.Niemi, H. & Jakku-Sihvonen, R. 2009. *Teacher education curriculum of secondary school teachers*. Helsinki：University of Helsinki.

25.Niemi,H. & Nevgi,A. 2014. Research studies and active learning pro-
moting professional competencies in Finnish teacher education. *Teaching and
Teacher Education*,43,131–142.

26.Nieveen,N. 2013. Formative evaluation in educational design research.
In T. Plomp & N. Nieveen(eds.) *An introduction to educational design research*.
Enschede：SLO. Netherlands institute for curriculum development,89–102. Re-
trieved from http://international.slo.nl/ariadne/loader.php/projects/slo/slo2/site/
downloads/2013/educational–design–research–part–a.pdf/in April 29 th 2016.

27.Plomp,T. 2013. An introduction. In T. Plomp & N. Nieveen(eds.) *An
introduction to educational design research*. Enschede：SLO. Netherlands insti-
tute for curriculum development,10–51. Retrieved fromhttp://international.slo.
nl/ariadne/loader.php/projects/slo/slo2/site/downloads/2013/educational –design –
research–part–a.pdf/in April 29th 2016.

28.Ruohotie,P. 2003. Asiantuntijana kehittyminen. In E. Okkonen(ed.)
Ammattikor–keakoulun jatkotutkinto –lähtökohdat ja haasteet. Hämeenlinna：
Hämeen ammattikorkeakoulu,64–79.

29.Ruohotie,P. 2004a. Metakognitiiviset taidot ja ammatillinen kasvu
yliopisto–koulutuksessa. In A. Järvinen,A.–R. Nummenmaa,E. Syrjäläinen,T.
Takala,A. Savisaari & T. Järventie(eds.) *Puheenvuoroja kasvatusalan yliopistok-
oulutuksen kehittämisestä*. Tampere：Tampereen yliopisto. Kasvatustieteiden
tiedekunta,27–38.

30.Ruohotie,P. 2004b. *Työelämän osaamistarpeet*[Power Point slides]. Re-
treived from http://www5.hamk.fi/arkisto/portal/page/portal/HAMKJulkiset Doku-
mentit/Tutkimus_ja_kehitys/Tupa1/Pekka_Ruohotie.pdf in October 13th 2015.

31.Scardamalia,M. & Bereiter,C. 2006. Knowledge building：Theory,pedagogy,and technology. In K. Sawyer(ed.) *Cambridge Handbook of the Learning Sciences*. New York:Cambridge University Press,97–118.

32.Schwandt,T. A. 1994. Constructivist,interpretivist approaches to human inquiry. In N. K. Denzin & Y. S. Lincoln(eds.) *Handbook of qualitative research*. Thousand Oaks,London,New Delhi:SAGE Publications,118–137.

33.Shulman,L. S. 2000. Teacher development:Roles of domain expertise and pedagogical knowledge. *Journal of Applied Developmental Psychology*,21 (1),129–135.

34.Shulman,L. S. & Shulman,J. H. 2004. How and what teachers learn:a shifting perspective. *Journal of Curriculum Studies*,36(2),257–271.

35.Soini,T.,Pietarinen,J. & Pyhältö,K. 2013. Design research approach in large scale educational innovations. In I. R. Haslam,M. S. Khine &I. M. Saleh (eds.) *Large scale school reform and social capital building*. London:Rout-legde,70–92.

36.Southworth,G. 2009. Learning–centered leadership(2nd edition). In B. Davies(ed.) *The essentials of school leadership*. London:SAGE Publications,91–111.

37.Säljö,R. 2001. *Oppimiskäytännöt:sosiokulttuurinen näkökulma*. Helsin-ki:WSOY.

38.University of Tampere 2014. *School of Education. Subject Teacher E-ducation*. Retrieved from http://www.uta.fi/edu/en/subject_teacher_edu –cation/index.html in April 29th 2016.

39.Uusiautti,S. & Määttä,K. 2013. Good teachers and good teacher–edu-cators:Aglance at the current teacher education in Finland. *Asian Journal of E-ducation and e–Learning*,1(1),1–6.

40.Van den Akker,J. 2013. Curriculum design research(3rd edition). In T.

Plomp & N. Nieveen(eds.)*An introduction to educational design research*. Enschede:SLO. Netherlands institute for curriculum development,53–71. Retrieved from http://international.slo.nl/ariadne/loader.php/projects/slo/slo2/site/down loads/2013/educational–design–research–part–a.pdf/in April 29th 2016.

41.Van den Akker,J.,Gravemeijer,K.,McKenney,S. & Nieveen,N.(eds.) 2006. *Educational design research*. London:Routledge.

42.Van Huizen,P.,van Oers,B. & Wubbels,T. 2006. A Vygotskian perspective on teacher education. *Journal of Curriculum Studies*,37(3),267–290.

43.Vygotsky,L. S. 1978. *Mind in society:The development of higher psychological processes*. Cambridge,MA:Harward University Press.(M. Cole & V. John–Steiner,eds.)

44.Vygotsky,L. S. 1982/1934. *Ajattelu ja kieli*. Espoo:Weiling+Göös.(K. Helkama & A. Koski Jännes,trans.)(Original work Mysšlenie i reč 1934)

45.Wenger,E. 2006. *Communities of Practice:Learning,Meaning,and Identity*(first published in 1998). Cambridge:Cambridge University Press.

后记　身份课程:在自传、学习与教育中的叙事探讨

艾诺·瑞珀(Eero Ropo)[①]

　　人类在出生时并没有对自己的身份有清晰认知，也对周围的事物没有任何概念。关于我们是谁,我们在哪里,周围有什么,这些都需要在生活过程中逐渐学习。因此,学习是人类了解世界和认识自我的关键过程。在这一章中,我把学习描述为一种连续的整体过程。在学习过程中,人通过与自我、他人和不同的生活环境进行交互逐渐建构意义。身份的概念，尤其是身份定位,将有助于理解这一过程的本质。这也有助于理解国际化课程研究中复杂对话的难点。

　　"身份"在日常话语中是一个简单的概念。然而在研究和理论性文献中,对这一概念并没有一个确切的定义(Brubaker & Cooper,2000)。关于身份的文献大致可以分为哲学、社会学和心理学视角(Alcoff and Mendieta,2003;Bruner,1986;Côté and Levine,2002;Giddens,1991;Erikson,1959;Marcia,1994;McAdams et al.,2006;Leary and Tangney,2011;Ricoeur,1987,1991;Taylor,1989)。

　　在心理学研究中,身份概念通常与自我概念同义。心理话语中的身份同一性(ontology of identity)是指人从童年发展到成人的过程中自我或人格具有的同一性。因此从经验的角度来看,身份是一个值得研究的话题。例如,研

————————

　　① E. Ropo(*)Faculty of Education,University of Tampere,Tampere,Finland e-mail:Eero.Ropo@staff.u-ta.fi? The Author (s)2019C. H é bert et al.(eds.),Internationalizing Curriculum Studies,https://doi.org/10.1007/978-3-030-01352-3_9.

究者可能会对人们有什么样的身份，以及这些身份在生命过程中是如何发展等产生好奇。在社会学的研究中，身份概念主要用在社会机构及结构的成员之间。从米德（Mead，1934）的开创性著作《心智、自我和社会》到吉登斯（Giddens，1991）和威格特（Weigert，1986）等人的后期研究中都提到了这一观点。

在哲学中，关于自我和身份的研究对理解同一性的起源和本质至关重要。在这里要提及泰勒（Taylor，1989）和利科（Ricoeur，1991）对理解现代身份起源的贡献。泰勒将这一讨论与道德问题联系起来，利科则将身份的叙事理论化。

从社会学的角度出发，考特（Côté，2006）根据认识论（客观主义，主观主义）及关注焦点是个人还是社会，将有关"身份"的内容分为八类。个人和社会关注又分为现状关注和批判/语境关注两种方式。本文所指的生命历史叙事方式属于考特提到的主观主义和个人焦点（现状）范畴。

然而在学校教育背景下，身份一直被忽视（Lannegrand–Willems and Bosma，2006；Limberg et al.，2008）。例如，在2004年芬兰国家课程框架的校本课程中，尽管提到需要加强学生的文化认同感，但身份仅被提及了几次（Finnish National Agency，2004）。

信息时代是否改变了我们对教育的基本假设，这一话题仍然具有争议。然而显而易见的是在现代化时代，人们在不同的制度、传统和信仰下获得了更多的集体身份和道德基础。当前的意识形态变化要求我们对以前想当然的知识和道德基础提出质疑。在西方社会，所谓的后现代秩序已经改变了制度情境的角色。这种社会条件的变化（即远离集体）带来了个性的增加和对个人身份的要求。这些过程也改变了教育和教师的角色（Ropo and Värri，2003）。在社会、文化和环境的话语体系下，作为学生身份协调的促进者，教师角色比任何时候都变得更复杂。在教师教育中，教师应该学习什么？在许多有争议的全球、社会或道德对话中，他们应该采取什么立场？

不可否认，作为教师的基础，学科专业知识的重要性。就像我们十年前写的：

现代教师队伍、目前的教师教育和目前的学校制度都是建立在科学教育和课程设计的基础上的（Hargreaves，1994）。教师有意识地通过强调教育和学科专业知识来进行专业定位（Ropo and Värri，2003）。

知识很重要，但现在可能需要的不只是知识。我的主要论点是，身份的建构比以往任何时候都更重要。有以下几点原因：第一是身份意识的根源在于启蒙运动和教育的早期历史（Giddens，1991）。在那时，人们通过教育把自己的本性解放出来。当人们意识到受过教育的人对国家的凝聚力和增加社会福利起积极影响时，教育便成为国家建设的共同利益。（Ropo & Värri，2003）。

第二，是当前从集体身份到个人身份的趋势。教育作为能力或资格的提供者不再是美好生活的唯一资本。正如考特（Côté，2005）所建议的，身份可能越来越被视为生活所需的一种资本（Goodson，2006），它在工作和私人生活中，成为一种帮助人们进行个人决策的手段。

第三，身份是在社会关系中通过协调和表达得以发展。从这个角度来看，承认一个人的身份非常必要。如果关系的性质和背景发生变化，身份就必须重建。很多研究者认为，我们并不是单一的身份而是拥有多种身份。我们身份的某些部分总是在重建中，而另一些可能会随着时间的推移会变得更稳定。

第四，关于学习和身份认同过程之间的关系。与学习一样，身份的形成是一个过程，不应被视为一种固定的结构或一个人在某个年龄或生命阶段达到的特征。为了理解这一过程的本质，我们需要了解身份定位（identity positioning）的概念（Langenhove and Harré，1999）。对于身份的定位和再定位是影响我们看待人、问题或现象之间关系的重要途径。身份再定位的过程是改变交互过程中所建构意义的过程，而新的意义进而会影响我们的身份认同。时间定位和具体情境定位也是我们在意义建构中需要重要考量的要素。正如梅洛-庞蒂(Merleo-Ponty,1986)所指出的，我们在诠释和整合时间流中所获得的经验正在逐渐建构我们的身份。

总之，我们可以认为，教育要在信息时代和新秩序的剧变中生存，有必要先理解，然后再行动。学校需要提供工具和概念，以保证教育的成功。尽管缺乏对未来世界及要求的描述，但我们需要为未来培养有生产力、健康的公民。自我身份的不断重构不仅仅是个人的问题，学校和教师也必须为这一过程提供必要的支持。

在论证身份在教育中的重要性和潜力之后，我也会进一步讨论身份理论对课程设计的影响，以及理解身份协调作为人类的学习发展的主要过程等相关内容。

一、自传、叙事和身份

身份的概念如何使教育不同于现在呢？对于研究生活史和自传体身份的研究者来说，关注的问题是"我是谁，我从哪里来？"当我们在创作和重构自己的生活故事时，也会思考很多关于"为什么"的问题。理解这些"为什么"对于理解我们的学习、兴趣、决定和动机至关重要。

我将从我自己的叙述开始，来说明反思生活在建构身份和生活定位中的重要性。这种反思式的自我交互在应对危机时的生存至关重要，在许多其他方面，如创造梦想和抱负，实现意愿，或引导一个人的生活价值观也很重要。

我出生在战后的芬兰，父母是卡累利阿人。我的母亲是所谓的"避难者"，她1918年出生在维堡市附近的一个小村庄。"避难者"是指战争结束后(1940年和1944年)被迫离开家园的人，因为芬兰和苏联之间的边界发生了改变，他们被迫搬到了芬兰的其他地区。在和平条约(1940 年和 1944 年)中,芬兰东部地区和卡累利阿地区的一部分,包括维堡及其附近地区并入了苏联。在芬兰独立(1917 年)初期,人们的生活条件普遍比较艰苦。我的祖母在我母亲出生八周的时候就因为 1918 年的大流感(西班牙流感)而去世,那场流感还夺去了欧洲和世界各地的其他人的生命。后来,我祖父和当地一位女士再婚,又生了 4 个孩子。从 1921 年起,学校立法保证所有人都能接受几年的基础教育。然而对于贫困的农村家庭来说,把孩子送到像维堡这样的城镇接受中等教育是不可能的。我母亲由于会读写,直接跳过了一年级,她上了五年学。当然,在那时能够在家庭的小农场和亲戚的农场工作,是一个农村少女的期望。

战争摧毁了很多年轻人的梦想。在冬季战争(1939—1940 年)期间,我母亲在卡累利阿的家乡的村庄做奶场工人,和两个十几岁的女孩一起为士兵们提供牛奶和黄油。其他人都已经撤离了,这些年轻的女人们对前线附近的生活充满了恐惧。在 1941—1944 年的持续战争中,我母亲在战争结束前的最后几个月(1944 年 7 月)失去了她的弟弟,他还只是个 20 岁的年轻士兵。

我父亲也是南卡累利阿人,是家里 10 个孩子中的长子。他的三个哥哥在五岁前就去世了,他算是第一个坚强活下来的人。在之后 1918 年至 1938 年间出生的五个弟弟和一个妹妹都活得比较长寿。

回想我父母的故事,很难想象是什么激发他们对生活的想象和梦想。在这样的条件下,作为儿童和年轻人要建立积极的身份肯定很困难,但他们没有其他选择。疾病夺去了家庭成员的生命,受教育的机会也非常有限,战争摧毁了整整一代人的梦想。九万多名士兵阵亡,几乎每个家庭都失去了一到多位家庭成员。在这种情况下,一个人怎么能建立一个健康的身份认同呢?

我想我童年的忧郁氛围正是源于父母和他们那一辈人情感上的痛苦。这些感觉和情绪不会分享给孩子们。男人们有时只在喝酒后彼此谈论战争经历。而在公共场合,他们传递的信息是忘记过去,继续生活。因此,教堂和宗教是克服不良情绪的方法。不过好的结果是这个国家最终独立了。

在战争结束后，人们试图挽回被战争而推迟的个人生活。战争结束后的前三年，儿童出生的数量创下了纪录。国家重建，战争债务也还清了。我父母将生活的重点开始放在工作和教育上。尽管他们这代人只上了几年学，但他们觉得应该给孩子们上学的机会，让孩子们过上比自己更好的生活。

学校确实改变了我和姐妹们对未来的期望和想法。由于我们的父母对我们没有预设的"蓝图"，比如一定要务农或接手家族企业。因此，教育是通往独立成年的唯一途径。

20 世纪 60 年代，芬兰的教育是以双轨制为基础的，所谓的民间学校是 7 年学制，然后进入职业学校或从事工人职业。从四年级到八年级，可以申请八年的中学教育，然后参加大学入学考试并进入大学学习。我和我的姐妹们后来都上了中学。

如上述所示，自传性的叙述对重新定位身份发挥着重要作用。在我目前的理解中，正是学校提供给我们不同的未来前景，改变了一个避难者儿子的身份，让我敢于思考更大的事情。学校让我能够重新定位对未来工作和职业的梦想。

我在学校发展得很好，在知识、技能和理解力方面都得到了提高。突然之间，我们有了比父母更多的选择。身份作为一种资本在选择未来时发挥着作用，资本意味着承担风险的勇气，也意味着相信能获得更好的未来。当你的计划因为这样或那样的原因被破坏时，重新定位是必要的。我的这种身份资本有几个来源，其中一部分源于我在学校里公认的优势、知识和表现。这与来自老师们的鼓励分不开，因为老师们以某种不可估量的方式为我们创造了积极的前景。反思自己的叙述，我意识到我从中学老师身上获益良多，他们都受过大学教育，对学生采取协商和支持的态度。

在我的童年时期，家里还有一个朋友，是一个年长的叔叔，也是灾区避难者，他一直是林业工头。在一起下棋的时候，我们也会谈论关于我的未来的话题。他鼓励我攻读硕士学位，对他那一代人来说，这是属于社会上层阶级的标志。回想我的童年，很明显这种来自核心家庭之外的支持让我对未来开始产生不同的选择，也让我对最初也是最渴望的职业——成为一名军事飞行员进行了深入思考。

为了理解和描述我是谁，我来自哪里，我属于哪里，我需要创造和理解我的故事，也意识到人生故事不能只从别人那里借鉴。故事不是个人的，除非它与你的自传体记忆、自己的经历和通过反思创造的意义有关（Kihlstrom et al.，2003），这些故事从来都不是现成的。它们扎根于某一时空，同时也根植于创作和反思的时代和背景。这些故事与人、机构和事件所组成的复杂的社会网络有关。当我们创造一个情节和意义并把历史和自我的经历联系起来时，它们就变得鲜活起来。这些故事尽管描述了我和我的身份定位，然而我又不仅仅是故事。正如艾弗古德森（Ivor Goodson，1998）所指出的：

> 重要的是把自我看作是一种突发和不断变化的"事物"，而不是一个稳定和固定的实体。随着时间的推移，我们对自己的看法会改变，因此我们讲述的关于自己的故事也会随之改变。从这个意义上讲，将自我定义为一个持续的叙事体是有意义的。

自传体叙事的作用是将人的生命历程按时间顺序和背景、地理位置和环境及日常生活的条件进行定位。将这些叙事融入自己的故事中进行解释，从而构建个人意义。这些意义随后会作为自己身份叙述的一部分，进一步得到反思。反思的叙事构成了身份再定位的资本，也成了未来生活语境中的一种资源。反思可以改变一个人的生活，就比如我的生活经历。然而对成长中的儿童和年轻人来说，用这样的细节来讲述一个人的生活，并将自己定位为一个局外人来反思，有时可能比成年人更难。

二、叙事存在的本质

到目前为止,我已经将身份发展描述为一个叙事过程。在这个过程中,我们构建自己的生活故事,通过反思我们是谁及我们与外部世界的关系来理解自身。这些故事在人生的转折和经历中被重建、再解释和反思。这种叙事过程的结果通常可被描述为理解,但也可被描述为某种情感状态,如归属感、爱、喜悦、愤怒或挫折。这是一种个人经历,我们能将其与叙事理论联系起来吗?

汉娜·玛丽托嘉(Hanna Meretoja, 2014)在她的新书《小说和理论中的叙事转向》(*The Narrative Turn in Fiction and Theory*)中提出,"文学中的叙事转向,其特征是不仅承认叙事让我们对这个世界存在认知关联,而且叙事让我们对于存在于世界的复杂情境存在认知关联。从这个角度来看,我建议将其概念转向一种诠释学的理解,理解讲故事对于人类存在的本体论的意义"。

根据这一理论,故事或叙事对于理解自身存在至关重要。理解是一个复杂的过程,但就目前我们所说的目的而言,在理解过程中,一个故事的元素与个人记忆或与时间、情境和语境相关的情节都有自传意义的联系。自传也与学习概念相关。自传影响着我们学到的东西及我们能够构建的故事。这个过程永远不会停止。

一个重要的本体论问题涉及叙事对人类存在的影响。从叙事的角度看,人们在多大程度上能理解他们的存在和整个现实(Meretoja, 2014)? 与此相关的一个重要问题是,我们通过认知和建构过程所创造的关于存在的叙事有多少是真实的? 不过,对于叙事研究者来说,这些问题在某种程度上是不相干的。叙事或故事总是从一个特定的角度,更确切地说,是从一个身份定位建构而成的。因此它们总是对存在的个人、社会和文化进行诠释。这些不同层次的诠释对我们的身份定位有着明显的相关性。可以说,叙事将事件和经历与时间线、前后、意义和情节联系起来。

在研究中,对身份术语的使用并没有完全统一。我们是该谈论意义还是经历,或者两者都谈? 我认为反思是一种建构个人意义的叙事过程。根据玛丽托嘉(Meretoja,2014)的观点,经历中有意义的联结很重要,但以何种方式联结还没有达成一致。那些引用传统现象学、解释学和叙事心理学的人通常倾向于经验的概念。他们对叙事感兴趣,是因为叙事可以作为一种实践,通过这种实践,主体可以理解自己的经历,并与他人进行交流(Ricoeur,1984)。在叙事学的传统中, 叙事最常见的方法是根据事件或者表征来创造事件的联系和因果关系。因此对于叙事学研究者来说,经验不是对事件的解释或意义,而是对事件的心理表征。

在之前的一篇文章中, 我们提到人类处理信息的目的是为了建构所获得信息表征(Yrjänäinen and Ropo,2013)。最终结果可以是一个语言化的故事,或其他可以表述为故事的东西。然而从理解的角度来看,这个故事往往是片面或不完整的。理解或创造意义是一个详细阐述的过程,或者是一种对表征事物的反映,它与人们可能拥有的早期记忆、经验、叙述和知识相关。这也可以当作协调来说明。我们可以和我们的表征事物或叙事进行交互。这种交互有时是一种自言自语,有时通过他人的反应而强化。写作、绘画或其他创造性的表达方式也能加强我们叙事的建构和反思。

对于那些认为叙事在组织和解释经验中很重要的人来说, 一个重要的问题是,叙事从根本上是本体论(是什么)还是认识论(意义)。我们真的是通过叙事来感知世界,还是通过叙事来让我们的经历变得有意义,并且只创造与我们的感知相关的意义呢? 就像玛丽托嘉所说(Meretoja,2014),我们可以问,叙事是否是一种认知工具,或者更确切地说,是让我们认识和理解现实、创造意义,让我们的经历和周围的现实更有意义的工具。

我倾向于从本体论和认识论的角度来看,叙事都是重要的。我们似乎没有直接进入现实,也不通过与语言叙述相似的表征方式建构知识,这些对获取信息阶段的视角或定位是现实的、不完整的，充满细节的，但同时也有未知方面的缺失。这是建构身份叙事的自然过程。身份以本体论的形式存在于一个叙事过程中。它们是否基于叙事以外的东西，我们现在可以把这个问题当作一个开放性的问题。在认识论上，意义是我们创造、协调、重建和努力理解叙事和因果关系的过程（Goodson et al.，2010）。这里的关键点不仅仅是从故事中学习，更重要的是通过故事来重构。首先，一个人愿意改变他/她的叙事身份，其次，身份的改变需要通过一个新的叙事再建构成为现实，其中叙事的细节支持对自我身份的新理解（Ropo & Värri，2003）。

　　同样的叙事过程也适用于儿童。当考虑童年时期的身份协调时，家庭通常会提供基本的家庭叙事。这些叙事也会提供个人的身份定位，例如，根据年龄、性别或出生顺序。这些故事是由现实生活中对父母、兄弟姐妹、大家庭等真实的认知观念支撑的。当人们既存在于现实中，又存在于故事中，叙事就成为本体论的现实主义；然而在认识论上，儿童必须解释和理解这些人是谁，以及在他/她自己的叙事中给这些人赋予了什么样的意义。人类所有的知识都是这样的，都是由认知和获取的信息构成的叙事。这些叙事具有经验主义和现象学的已知元素，同时在某些方面是模糊和开放的（Yrjänäinen and Ropo，2013）。

　　保罗·里科（Paul Ricoeur，1987）的"拟态三阶段过程"（three-stage Mimesis process）很好地描述了叙事的建构和协调。叙事形成的第一个阶段是认知、行动和经验层次（Mimesis1）。在第二阶段（Mimesis2），这些经验作为原始材料，叙事者会在此基础上表明自己的立场，以创造最初的叙事。第三层次（Mimesis3）是关于如何将所创造的叙事应用并返回到认知、行动和经验的层次（Mimesis1），作为解释新信息的基础。

　　这种模式也适用于学校学习。特别是在特定学科学习领域，叙事学习模式似乎非常有吸引力（Yrjänäinen & Ropo，2013）。第一阶段（Mimesis 1）是前认知和感知阶段。我们以之前对现象的认识为基础，来认知、解释和体验现象。通常,这些认知和预测是基于我们在日常生活中学习到的理论。第二阶段(Mimesis2)涉及小组合作和课堂对话,在这个过程中,先前的知识受到挑战,通过实验,学生获得新的信息和概念,并进一步对理论和原理进行发展。教师在这一阶段的目标通常是强化创造和构建科学创新、社会接受、共享意义的情境。第三阶段(Mimesis3)是处理在新的认知中对现象新叙述的应用过程。在这种学习中,我们通常基于个人(或自传体)意义、社会共享意义(社区、阶层)和文化共享意义(科学)构建故事。这些都是通过叙述与情节来理解现象的不同方面。在课程中,教师的任务是确保学生对主题、现象或领域(如重力、力或电)的叙事具有科学意义。

综上所述,我认为理解人类本体论和认识论的叙事转向也适用于理解学习。从这个意义上说,了解关于我、其他人和世界是相似的叙事过程。在这个过程中,我们都在建构故事,并通过反思、思考和解决问题来重建故事,进一步将它们应用于感知、获取和完善关于个人、社会和文化所接受和分享的叙事,以及完善我们作为其中一部分的理解。

三、身份协商与课程

如果我们认为学习是一个叙事过程,在这个过程中,我们通过自传体、社会和文化的角度来确定自己的意义, 问题是如何将这种理论应用于重新思考课程。在拉丁语中,"curriculum"一词表示:①赛马(人或马);②赛马场的一轮比赛;③赛马场。然而目前对课程概念的理解并没有涉及生命历程的过程。根据德国的教学计划,"curriculum"是指学校或其他教育机构对某一特定学科的某一特定课程的描述,是一门课程的学习计划。当前芬兰的课程模式包括目标、内容、教学方法和评估的描述,遵循泰勒原理(Tyler,1949)。但我认为泰勒的课程模式也有一定问题,比如我们很难(如果可能的话)指定精确的教学方法来实现特定的目标。课程规定性越强,就越少给教师提供教学选择的机会,也越少让学生从教师自己的情境直觉、个别学生的知识和现象叙述中获益。如果各方面表现要求达到上述描述便是成功的标准,在这一方面,对教师作为学习促进者的工作其实不一定是好事。

我认为课程可被视为一个想象的空间或微观世界,教师和学生应该在其中不断地探索、处理和协商(Ropo,1992)。这个微观世界不仅是一个学习的空间,而且是一个生活、成长和学习的空间,从个人、社会、文化和历史身份的角度来理解,什么需要知道(本体论),什么需要理解(认识论)。这种对课程的理解才接近于课程这一术语的本质含义。

当然,在课程史上有许多理论化的概念。如经验、自传或生活史是熟悉的文字表述。博比特(Bobbitt,1918/1972)将课程定义为一系列或连续的问题,这些问题是孩子们必须表现或经历的。博比特(1972)对课程进行了双向定义。首先,课程可以是一系列的经验,其目的是展现孩子的能力。[①]这些经历可以是有意义的、有指导性的,也可以是没有老师的支持。其次,博比特(1972)将课程定义为旨在发展和完善孩子能力的学校教学的所有有意计划和指导的经验。对他来说,教育的目的是为孩子们打开未来,帮助他们找到自己的优势和兴趣的来源。

威廉姆·皮纳尔(William Pinar,1994)强调自传过程和课程之间的密切相似性。他发展了一种自传体方法,称为"currere 方法",这种方法是基于对学校科目和个人生活史的反思,目的是为了更好地了解自己和重新构建自己的身份。"currere 方法"包括四个阶段:回溯阶段(回到过去:已经是什么),展望阶段(接下来是什么,未来会是什么样子),分析阶段(同时反思过去和未来)和合成阶段(回到当下)。每一个步骤都与个体对其个人经历和生活历史的处理和反思有关。

---

① 课程可以用两种方式来定义:一是与展现个人能力有关的、无指导的和有指导的全部经验;二是学校为完善和完成任务所开展的一系列有意识指导的培训经验。我们的专业中通常习惯使用后一种意义的术语(Bobbitt,1918/1972)。

尽管皮纳尔(Pinar)从未将这种方法推荐给学校教学，但它为提高教学的叙事质量提供了一个有趣的观点。如果方法的使用者愿意的话，这种反思的结果可以用叙事的形式来表达。把学校看作教育的缩影是一个相当迷人的比喻。这样的一个微观世界并不能保证个人的自传体叙事能够被重构。参与者心中会产生怎样的叙事，取决于自我的建构和个人的反思程度。只不过老师们常常对这些还没有认识到。

四、加强叙述协调类课程

课程通常包含对学科、目的、目标的描述，也可以规定教师遵循的教材、教学方法和评估标准。具体目的是增加教育及其结果的透明度，减少差异，指导教师和教育者的工作。然而对学生来说，目标、目的和应用方法的相关性和意义仍然存在问题。我建议在学校及教育中加强叙事协调类课程时，以区别于我们的惯性思维来思考学生的个性。个性与智力或才能差异并没有太大的关系，而更多与学生的意义经历有关。为了打开与意义相关的语境，我建议更明确地应用自传、社会和文化定位来加强教育中的叙事协调类课程。例如，这些定位可以应用于本土和国际相关的问题。我们可以假定它们是紧密相连和相互交织的。下表中也分别描述了它们的定位：

本土和全球的身份定位和教学目标

视角：身份定位	本土和全球的教学目标
自传	本土：在不同领域，以个人生活史和对本土需求的见解来建构叙事 全球：在不同领域，以个人生活史和对国际需求的见解来建构叙事
社会	本土：在不同领域，以社会社区的立场及对本土需求的见解来建构社会共享的叙事 全球：在不同领域，以社会社区的立场及对国际需求的见解来建构社会共享的叙事

视角：身份定位	本土和全球的教学目标
文化、社会和宇宙	本土：在不同领域，以公民和社会文化成员身份、对本土需求的见解和共同认知建构叙事 全球：在不同领域，以公民和社会文化成员身份、对国际需求和见解和共同认知建构叙事

　　这类课程没有规定，教师自主决定实现目标的最佳方法。不过，这种思考越来越多地建立在认识到学生的身份定位在意义和意义处理过程中对教学中涉及的主题和现象的重要性。我们可以推断，这三种定位角度都需要学生主动做出决策。自传定位需要从个人资源、生活经历、生活情境、身体经历、梦想与希望、效能信念、信心等方面寻找意义。这种搜索可以从本土和全球的视角来考虑。我们可能会问自己，我在本土的资源是什么，在全球的资源又是什么。而社会定位与社会成员、归属感、接受共同的价值观、习惯和知识基础来加强成员的方式有关（Wenger & Lave，1991）。从成员的立场、局部或全局的角度来看问题会产生不同类型的意义，包括从社会文化和全球定位以一种更抽象的"鸟瞰"视角来看待自己的生活、他人的生活、历史、文化和未来。意识形态、宗教、政治环境、价值观就是这种定位视角很好的例子。我在这里提出的模型表明，"身份定位"作为一个概念的重要性。意义是在复杂的语境中通过话语和对话产生的，而在这些情境中，视角和语境很重要。

　　在本章中，我并不是一定要建议或介绍这种叙事协调的方法。我相信方法的采纳并不是最大的问题。如何将"注重学习和学习结果的思维模式"转化为一种"将学校、教育机构和课程视为学生叙事空间和场所的思维模式"，这才是最大的挑战。从教师教育、职业教育甚至公共基础教育中都可以看到，一些教师实际上在潜心应用这种方法。例如，在外语教学中，自传体教学法已经扩展为一种流行的方法（Kohonen et al.，2014）。教师教育也将这种方法应用于当前的职前教师教育中（Yrjänäinen，2011）。在基础教育中，加强叙事协调类课程的实验研究表明，学生在上学期间对身份定位的获取和意愿从个人自传扩展到了社会和文化。基础教育采取这种方式，进一步表明学生的要求和意愿正在从自传转向社会和文化的思考（Kinossalo，2015）。希望这种理论化的方法能够帮助我们更好地理解国际化课程对话的复杂性。

结　语

教育是一个复杂的系统，改变它是一个很缓慢的过程。衡量结果透明化的制度增加，导致学校的标准化测试增多。结果在实践中，许多国家的学校和教师的自主权被削弱。我们的教育工作者现在是时候应该挑战那种只通过考试和教育结果衡量学生能力的简单化观点。课程作为一个被社会接受的、用于叙事协调的知识空间，在研究者们看来可能已经不是一个新概念了，但我还是希望将学习视为在不同语境中进行复杂身份协调的过程，这至少是我所建议的方向之一。

参考文献

1.Alcoff,L. M.,& Mendieta,E.(2003). *Identities：Race,class,gender,and nation-ality*. Oxford：Blackwell.

2.Bobbitt,J. F.(1918/1972). *The curriculum*. Boston,MA：Houghton Mifflin. Brubaker,R.,& Cooper,F.(2000). Beyond "identity". *Theory and Society*,29(1),1-47.

3.Bruner,J. S.(1986). *Actual minds,possible worlds*. Cambridge,MA：Harvard University Press.

4.Côté,J.(2005). Identity capital,social capital and the wider benefits of learning: Generating resources facilitative of social cohesion. *London Review of Education*, 3(3), 221–237.

5.Côté, J.(2006). Identity studies: How close are we to developing a social science of identity?—An appraisal of the field. *Identity: An International Journal of Theory and Research*, 6(1), 3–25.

6.Côté, J. E., & Levine, C. G.(2002). *Identity, formation, agency, and culture: A social psychological synthesis*. New York, NY: Psychology Press.

7.Erikson, E. H.(1959). *Identity and the life cycle*. New York, NY: W.W. Norton & Company. Reprinted in 1994.

8.Finnish National Agency for Education.(2004). *National core curriculum 2004*. Retrieved from http://www.oph.fi/english/curricula_and_qualifications/basic_education/curricula_2004.

9.Giddens, A.(1991). *Modernity and self-identity: Self and society in the late modern age*. Stanford, CA: Stanford University Press.

10.Goodson, I. F.(1998). Storying the self: Life politics and the study of the teacher's life and work. In W. F. Pinar(Ed.), *Curriculum, toward new identities*(pp.3–20). New York: Garland Publishing.

11.Goodson, I.(2006). The rise of the life narrative. *Teacher Education Quarterly*, 33(4), 7–21.

12.Goodson, I. F., Biesta, G., Tedder, M., & Adair, N.(2010). *Narrative learning*. New York: Routledge.

13.Kihlstrom, J. F., Beer, J. S., & Klein, S. B.(2003). Self and identity as memory. In M. R. Leary & J. P. Tangney (Eds.), *Handbook of self and identity* (pp.68–90). New York: Guilford Press.

14.Kinossalo, M.(2015). Oppilaan narratiivisen identiteetin rakentumisen tukeminen perusopetuksessa[Enhancing narrative negotiations of identity in basic education]. In E. Ropo,E. Sormunen,& J. Heinström(Eds.), *Identiteetistö informaatiolukutaitoon:tavoitteena itsenöinen ja yhteisöllinen oppija*[From identity to information literacy:Towards independent and social learner](pp. 48 – 82). Tampere:Tampere University Press.

15.Kohonen,V.,Jaatinen,R.,Kaikkonen,P.,& Lehtovaara,J.(2014). *Experiential learning in foreign language education.* New York:Routledge.

16.Lannegrand-Willems,L.,& Bosma,H.(2006). Identity development-in-context:The school as an important context for identity development. *Identity,*6 (1),85-113.

17.Leary,M. R.,& Tangney,J. P.(Eds.).(2011). *Handbook of self and identity.* New York,NY:Guildford Press.

18.Limberg,L.,Alexandersson,M.,Lantz -Andersson,A.,& Folkesson,L. (2008). What matters? Shaping meaningful learning through teaching information lit- eracy. *Libri,*58(2),82-91.

19.Marcia,J. E. (1994). The empirical study of ego identity. In H. A. Bosma,T. L. G. Graasfma,H. D. Grotevant,& D. J. De Levita(Eds.), *Identity and development:An interdisciplinary approach*(pp.67-80). Thousand Oaks, CA:Sage.

20.McAdams,D. P.,Josselson,R.,& Lieblich,A. (Eds.). (2006). *Identity and story:Creating self in narrative.* Washington,DC:APA.

21.Mead,G. H.(1934). *Mind,self and society*(Vol. 111). Chicago:University of Chicago Press.

22.Meretoja,H.(2014). *The narrative turn in fiction and theory:The crisis and return of storytelling from Robbe-Grillet to Tournier.* Basingstoke,UK:Palgrave Macmillan.

23.Merleau -Ponty,M. (1986). *Phénoménologie de la perception* [Phenomenology of perception]. London:Routledge(Original publication,1945).

24.Pinar,W. F.(1994). *Autobiography,politics,and sexuality.* New York: Peter Lang.

25.Ricoeur,P.(1984). *Time and narrative* (K. McLaughlin & D. Pellauer, Trans.). Chicago:University of Chicago Press.

26.Ricoeur,P.(1987). *Time and Narrative* Ⅲ. Chicago:The University of Chicago Press.

27.Ricoeur,P.(1991). Narrative identity. In D. Wood(Ed.),*On Paul Ricoeur: Narrative and interpretation.* London:Routledge.

28.Ropo,E.(1992). Opetussuunnitelmastrategiat elinikäisen oppimisen ke-hit-tämisessä[Curriculum strategies for developing lifelong learning]. *Kasvatus,* 23(2),99–110.

29.Ropo,E.,& Värri,V.-M.(2003). Teacher identity and the ideologies of teaching:Some remarks on the interplay. In D. Trueit,W. E. Doll,H. Wang,& W. E. Pinar(Eds.),*The internationalization of curriculum studies*(pp.261–270). Selected Proceedings from the LSU Conference 2000. Peter Lang. ISBN 0-8204-5590-3.

30.Taylor,C.(1989). *Sources of the self.* Cambridge:Cambridge University Press.

31.Tyler,R. W.(1949). *Basic principles of curriculum and instruction.* Chicago:University of Chicago Press.

32.Van Langenhove,L.,& Harré,R.(1999). Introducing positioning theory. In R. Harré & L. van Langenhove(Eds.),*Positioning theory*(pp.14–31). Malden, MA:Blackwell.

33.Weigert,A. J.,Teitge,J. S.,& Teitge,D. W.(1986). *Society and identi-ty:Toward a sociological psychology.* Cambridge:Cambridge University Press.

34.Wenger,E.,& Lave,J.(1991). *Situated learning:Legitimate peripheral partic−ipation(Learning in doing:Social,cognitive and computational perspec− tives).* Cambridge,UK:Cambridge University Press.

35.Yrjänäinen,S.(2011). *'Onks meistä tähän?'Aineenopettajakoulutus ja opet−tajaopiskelijan toiminnallisen osaamisen palapeli* ['But really,are we the right sort of people for this?'The puzzle of subject teacher education andthe teacher student professional practical capabilities]. Acta Universitatis Tam− perensis 1586. Tampere:Tampere University Press.

36.Yrjänäinen,S.,& Ropo,E. (2013). Narratiivisesta opetuksesta narrati iviseen oppimiseen [From narrative teaching to narrative learning]. In E. Ropo & M. Huttunen(Eds.),*Puheenvuoroja narratiivisuudesta opetuksessa ja oppimisessa* [Conversations on narrativity in teaching and learning]. Tampere:Tampere U− niversity Press.

本书相关作者

约翰娜·安娜拉（Johanna Annala）

坦佩雷大学讲师（高等教育），图尔库大学讲师/兼职教授（高等教育教学），ORCID ID：0000-0001-6531-9627。

特罗·奥蒂奥（Tero Autio）

坦佩雷大学名誉教授（教师教育、课程研究），

爱沙尼亚塔林大学名誉教授（课程理论）。

里塔·贾蒂宁（Riitta Jaatinen）

坦佩雷大学讲师/兼职教授（外语教学法），

ORCID ID：0000-0003-2281-5895。

安妮·杰尔基宁（Anne Jyrkiäinen）

坦佩雷大学大学讲师（教育）。

保利·凯科宁（Pauli Kaikkonen）

坦佩雷大学名誉教授（语言教育），讲师/兼职教授（语言教育）。

维尔霍·科霍宁（Viljo Kohonen）

坦佩雷大学名誉教授（外语教学法），

于韦斯屈莱大学讲师/兼职教授（语言教育）。

阿尼卡·库西斯托（Arniika Kuusisto）

瑞典斯德哥尔摩大学教授（儿童和青年研究，ECEC），

芬兰赫尔辛基大学研究主任、讲师/兼职教授(教育),

英国牛津大学名誉研究员(教育),

ORCID ID:0000-0002-6085-576X。

埃莉娜·库西斯托(Elina Kuusisto)

坦佩雷大学,大学讲师(多样性和包容性教育),

赫尔辛基大学讲师/兼职教授(教育),

ORCID ID:0000-0001-5003-547X。

吉里·林德恩(Jyri Lindén)

坦佩雷大学讲师(教育),

ORCID ID:0000-0001-8369-3137。

尤哈·梅尔塔(Juha Merta)

坦佩雷大学大学讲师(教育)。

玛丽塔·梅基宁(Marita Mäkinen)

坦佩雷大学教授(教育、教师教育),

ORCID ID:0000-0002-0496-0792。

劳拉·皮卡拉·波斯蒂(Laura Pihkala-Posti)

坦佩雷大学博士生,

坦佩雷市德语讲师。

亚斯卡·波拉宁(Jaska Poranen)

坦佩雷大学,大学讲师(数学科目教学法)。

尤科·普林嫩(Jouko Pullinen)

坦佩雷大学,大学讲师(艺术教育)。

因卡里·里萨宁(Inkeri Rissanen)

坦佩雷大学大学讲师(多文化教育)。

艾诺·瑞珀(Eero Ropo)

坦佩雷大学名誉教授(教育、教师教育和学习研究),

挪威北方大学名誉教授（教师教育），

国防大学讲师/兼职教授（学习和教学研究），

ORCID ID：0000-0003-3545-3272。

哈利·西尔弗伯格（Harry Silfverberg）

图尔库大学名誉教授（数学和科学教育），

坦佩雷大学讲师/兼职教授（数学教育）。

奥蒂·斯特伯（Outi Stüber）

坦佩雷大学教育专家。

皮尔霍·维蒂宁（Pirjo Vaittinen）

坦佩雷大学名誉讲师（母语教学法）。

雅克科·武里奥（Jaakko Vuorio）

坦佩雷大学博士研究员，

ORCID ID：0000-0002-7419-064X。

马伊娅·伊利·乔基皮（Maija Yli-Jokipii）

坦佩雷大学博士生，大学导师（教师教育，多语言教育）。